上海地情普及系列
《上海滩》丛书

上海制造

黄浦江畔的中国品牌

上海通志馆 编
《上海滩》杂志编辑部

上海大学出版社

图书在版编目(CIP)数据

上海制造：黄浦江畔的中国品牌/上海通志馆，
《上海滩》杂志编辑部编.—上海：上海大学出版社，
2020.12
（上海地情普及系列.《上海滩》丛书）
ISBN 978-7-5671-4082-0

Ⅰ.①上… Ⅱ.①上…②上… Ⅲ.①制造工业－工业史－上海 Ⅳ.① F427.51

中国版本图书馆 CIP 数据核字（2020）第 240703 号

责任编辑　陈　强
装帧设计　缪炎栩
技术编辑　金　鑫　钱宇坤

上海制造
——黄浦江畔的中国品牌

上海通志馆
《上海滩》杂志编辑部　编

上海大学出版社出版发行
（上海市上大路99号　邮政编码200444）
（http://www.shupress.cn　发行热线021-66135112）
出版人　戴骏豪

*

南京展望文化发展有限公司排版
上海华业装潢印刷厂有限公司印刷　各地新华书店经销
开本710mm×1000mm　1/16　印张23　字数286千
2020年12月第1版　2020年12月第1次印刷
ISBN 978-7-5671-4082-0/F·200　定价 52.00元

版权所有　侵权必究
如发现本书有印装质量问题请与印刷厂质量科联系
联系电话：021-56475919

《上海滩》丛书前言

宋代大文豪苏东坡曾有诗云："故书不厌百回读，熟读深思子自知。"前两年，我们在编辑《上海滩》杂志丛书过程中，对这一点体会颇深。2018年和2019年，我们编辑出版了两辑《上海滩》杂志丛书，共7种（另有一种待出）。我们原本以为将历年在《上海滩》杂志上发表的文章，按主题分成若干本编成丛书，其功多显现在为学术研究提供较为完整的资料上；而对广大的普通读者来说是难有多大兴趣的。然而，出乎我们意料的是，丛书出版后受到了广大读者的热烈欢迎。这些读者中既有几十年来订阅《上海滩》杂志的老读者，也有不少对上海史感兴趣的年轻朋友；既有许多生于斯长于斯的"老上海"，更有来上海打工创业的"新上海人"。他们既想了解五六千年前的老上海，也想知道70年前走进"新世界"的新上海，更愿意了解改革开放40多年来发生地覆天翻的大上海！据出版社的编辑同志告诉我们，2018年的《上海滩》丛书中的《海上潮涌——纪念上海改革开放40年》一书出版后，大受读者欢迎，读者踊跃购买，一年多来已加印了3次，总发行量达8 000余册。而2019年5月推出的《五月黎明——纪念上海解放70周年》一书，仅在半年里也已经加印一次，发行量也达四五千册。而《申江赤魂——中国共产党诞生地纪事》和《海上潮涌——纪念上海改革开放40周年》两书不仅读者喜欢，而且还被中共一大会址纪念馆收藏、研究和展览。有一家旅行社的老总专门买了《申江赤魂——中国共产党诞生地纪事》和《五月黎明——纪念上海解放70周年》等书，作为向游客介绍上海历史的重要资料。前两年，上海大学出版社在上海书城举办的两次《上海滩》丛书读者见面会上，因听众太多，许多读者没有座位，就站着听专家学者讲述书中的精彩故事，并提出问题请专家学者解答，气氛十分热烈。散会后，读者们纷纷排队购买《上海滩》丛书。有些老读者高兴地说，这些书的内容大多是亲历者所见所闻，因此更显得弥足珍贵，读起来也就觉得亲切可信。特别是一些老读者说，丛书里的文章过去都读过，但如今同一主题的文章集中阅读所产生的冲击力就更强，思考就更深了。所以，他们纷纷建议我们今年要继续编辑出版《上海滩》杂志丛书。为了不辜负大家的期望，我们经过慎重考虑和仔细研究决定，今年继续编辑出版4本一辑的《上海滩》杂志丛书，分别是《英雄儿女——志愿军老兵朝鲜战场亲历记》《上海制造——黄浦江畔的中国品牌》《影坛春秋——上海百年电影故事》《城市之光——上海老城区风貌忆旧》。

古人云："多难兴邦。"中国自1840年鸦片战争以来，饱受列强欺凌，战乱不断，国家动荡，民生凋敝。但几乎是与此同时，中国人民为了国家独立和民族解放开展了一次又一次的反帝反封建的斗争，最终在中国共产党的领导下，推翻了帝国主义和封建主义的统治，建立了中华人民共和国。可是，以美国为首的帝国主义势力不愿意看到一个社会主义中国屹立在世界东方，悍然发动了侵略朝鲜的战争，并且迅速地将战火烧到鸭绿江畔的中朝边境，直接威胁刚刚成立不到一年的新中国。与此同时，盘踞在台湾的蒋介石政权幻想借助美国的力量卷土重来，反攻大陆。

以毛泽东同志为核心的党中央面对狂妄不可一世的美国军队，面对朝鲜战场上日益危急的战况，面对新中国受到的侵略威胁，经过慎重研究，仔细谋划，毅然决定动员全国军民"抗美援朝，保家卫国"！

1950年10月19日，中国人民志愿军数十万名将士奉命秘密进入朝鲜，在朝鲜人民军的密切配合下，对武装到牙齿的以美国为首的"联合国军"连续发起五次战役，打得骄横的美国王牌军队丢盔弃甲，逃窜到"三八线"一带。最终迫使美国在板门店签署了停战协议，取得了抗美援朝战争的胜利。

　　在这场抗美援朝的战争中，上海也有许许多多优秀儿女，响应党的号召，踊跃报名参军，"雄纠纠，气昂昂"地跨过鸭绿江，不怕天寒地冻，不怕流血牺牲，在打击侵略者的战斗中，立下了不朽的功勋。《上海滩》杂志自创刊以来，十分重视组织发表当年的志愿军老战士撰写回忆抗美援朝斗争故事的文章，同时还组织发表了当年许多新闻界和文艺界名人到朝鲜战场采访和慰问演出的感人故事。今年恰逢纪念抗美援朝70周年，我们从中遴选了28篇精彩文章编成了《英雄儿女——志愿军老兵朝鲜战场亲历记》。其中既有讲述志愿军里上海籍指挥员指挥作战的故事，又有上海战地记者亲历上甘岭战斗的惊险场面；更有著名作家巴金在朝鲜战场采访后创作了中篇小说《团圆》，后来改编成电影《英雄儿女》的秘闻；还有我军官兵如何严格按照日内瓦公约善待美国及其他国家俘虏的回忆……这些文章大都是亲历者所写，故而内容真实，情节感人，值得一读。

　　1953年7月27日，朝鲜停战协定签订之后，上海和全国一样掀起了社会主义经济建设的高潮。上海工人、农民和广大知识分子在党中央和上海市委领导下，充分发挥上海工业基础雄厚的优势，团结奋斗，勇于创新，创造出许多令世界震惊的奇迹，制造出许多令人自豪的"大国重器"。比如，1962年在上海重型机器厂制造安装的第一台万吨水压机，就打破了西方国家对我国的封锁。这些西方国家的政客和某些媒体始则不相信，继而进行污蔑。为此，美国著名记者斯诺还专程来上海现场采访，有力地反击了西方政客和一些媒体的谣言攻击。不久，上海又造出第一台十二万五千千瓦双水内冷发电机，再次引起世界瞩目。后来，中国第一枚火箭在上海升空，第一艘万吨轮在上海下水，尤其是改革开放之后，上海制造的汽车、大飞机、互联网络，建造的大桥、地铁、机场、港口、高楼大厦等，都充分显示出上海是制造"大国重器"的重要基地。30多年来，《上海滩》杂志非常重视组织这方面的稿件，先后发表了近200篇文章，既歌颂了上海人民在党的领导下，勇于创新，用"蚂蚁啃骨头"的精神，创造人间奇迹的动人事迹，也讲述了不少爱国企业家在旧中国遭受到洋人、买办倾轧的情况下，坚持自主创业，坚持中国制造，抵制洋货倾销的艰辛历程。我们从中挑选了30余篇文章编成《上海制造——黄浦江畔的中国品牌》，呈献给大家。

长期阅读《上海滩》杂志的读者都知道，上海是一座时尚之都，世界上只要一开始流行什么时尚的东西，很快就会出现在上海街头。比如：1895年12月28日，法国人路易·卢米埃尔放映了他拍摄的宣传片《工厂的大门》，开创了世界电影的先河。仅过了半年多，上海徐园就放映了第一部西洋电影。1913年，郑正秋和张石川拍摄了中国第一部故事片《难夫难妻》，放映时受到市民的热烈追捧。从此，上海的电影业迅速发展，培养了一代又一代的影迷。上海很快成了中国电影的"半壁江山"，上海电影业也成了海派文化的一个重要组成部分。

《上海滩》杂志的编辑和许多读者一样，都是热情的影迷，因此，我们从创刊伊始就注意挖掘整理有关中国电影的史料。特别是著名导演、演员在戏里戏外的感人故事，不断地刊登在《上海滩》杂志上。其中有中国电影开拓者郑正秋清除滥剧淫剧恶俗剧的故事，有陈铿然、徐琴芳等冒险深入现场拍摄"五卅"惨案，张石川闯入火线拍摄"一·二八"淞沪抗战的新闻纪录片的义举，还有详细讲述影剧先锋应云卫拍摄电影的轶闻,以及著名导演汤晓丹谈拍摄故事片《红日》的幕后故事。至于赵丹、胡蝶、白杨、阮玲玉等著名演员的趣闻逸事更是遍布于刊物之中,俯拾皆是。如今,我们从260多篇文章中精选出30多篇编成这本《影坛春秋——上海百年电影故事》,以满足诸位读者的阅读需求。

熟悉上海地情知识的读者都知道,上海滩上的每一条马路、每一幢老房子、每一条里弄、每一个老城区都记载着厚重的历史,镌刻着优秀传统文化的记忆,记录着感人的故事。

比如,上海"八仙桥"地区的名字来源于一条马路的名字之争。1860年英法联军攻下北京东大门的咽喉——八里桥后,咸丰帝仓惶逃命。消息传到上海,英法侨民欣喜若狂,并将"八里桥"作为法租界内的一条路名,但遭到上海人民的强烈反对,并按照地名中近音转换的方法,将这条路叫作"八仙桥路",在地图上也各标路名。毕竟中国人多,时间一长,不仅有"八仙桥路",而且在河上还真的架有几座八仙桥,再后来大世界这一片城区也被唤作"八仙桥"了,再也没有人知道原来的那条路名了。因此,《上海滩》杂志自创办以来,十分重视挖掘上海老城区、老弄堂、老马路的珍贵史料,先后刊登了近百篇文章。比如,19世纪末清末状元张謇到上海办实业,在十六铺建造大达码头;上海知县黄爱棠在十六铺创办电灯厂,让电灯在十六铺的马路、码头、店铺亮起来,与租界"并驾齐驱",等等。

这些老城区里的故事,真实感人,深受读者欢迎。为此,我们从中遴选了几十篇文章,编成《城市之光——上海老城区风貌忆旧》一书,奉献给大家。

今年春节前,我们虽然遭受了新冠肺炎病毒疫情的袭击,但是我们有信心在以习近平为核心的党中央的坚强领导下,一边抗击疫情,一边坚持做好各项工作,按时将今年的《上海滩》丛书,奉献给广大读者朋友,为彻底战胜疫情贡献一份力量。同时,我们希望今年的《上海滩》丛书也能像前两辑丛书一样,受到广大读者朋友的喜爱,并希望能听到你们的宝贵意见,将我们的丛书编得更好。

上海地情普及系列·《上海滩》丛书项目组

2020年3月

目录

1/ 话说江南制造局

11/ 中国最早出口的万吨运输舰

13/ 吴蕴初三十年"天原"梦

26/ 方液仙与中国化学工业社

39/ 刘鸿生与他的"象牌"水泥

45/ 严氏父子与大隆机器厂

56/ 中山陵设计建造秘闻

72/ 建造中山陵的上海三家营造厂

84/ "华生牌":中国最早的电扇商标

89/ "汗衫大王"智创"鹅牌"商标

95/ 郭氏兄弟与永安纱厂

105/ 项氏父子与五洲大药房

116/ "铅笔大王"吴羹梅

131/ 上海铅笔厂风雨录

140/ "商务":近代出版"龙头"企业

159/ 商务印书馆的世博情缘

170/ 陆费逵精心打造中华书局

184/ 世界书局盛衰记

205/ "王开"的故事

218/ 中国第一枚火箭上海升空秘闻

229/ 新中国汽轮机厂第一家

243/ 上海锅炉厂九十年风雨录

257/ 铸造万吨水压机的英雄们

272/ 双水内冷汽轮发电机诞生记

286/ "导弹之叔"萧卡的风云历程

299/ 金山石化工程建设我见我闻

312/ 上海:中国重型卡车诞生地

317/ 上海轿车"三个第一"

323/ 创新发展中的上海汽车

333/ 目睹亚洲1号卫星升空

338/ 大国工匠胡双钱一生坚守飞机梦

345/ 中国唐装倾倒世界

话说江南制造局

潘君祥

在2010年举行的上海世博会,规划了自南浦大桥到卢浦大桥、横跨黄浦江两岸的一大块土地作为展览场馆的建设用地,一下子这里成了万众瞩目的热土。其实,这块沃土曾经和浦江两岸的其他地块一样,有着辉煌的开发历史,至今还留驻着一个个上海城市文明发展的坐标。

江南制造总局大门

江南造船厂的前身——1865年诞生的江南制造局，就是一个见证上海城市文明发展历史的醒目坐标。

中国近代机器工业的发祥地

经过鸦片战争和太平天国农民运动冲击的清王朝虽然暂时逃脱了覆灭的命运，但战场上西方殖民者的坚船利炮的威胁却成了他们心头挥之不去的一块心病，借助外国军队和洋枪洋炮的威力也使他们尝到了西方先进科技的甜头。于是，一场以引进西方国家先进科技、制造外国新式武器为基本内容的自强运动开始了。

1862年，曾国藩在安庆设立军械所，试制船炮。因采用手工生产方式，故而收效不大。1863年，他为了进一步设厂制造，干脆派最早留学美国的容闳用规银68 000两赴美购买制造机器的工作母机。

1862年，李鸿章建立上海洋炮局。1864年，他认为曾国藩派人到美国采购机器路远价贵，"不若于就近海口，访有洋人出售铁厂机器，确实查验，议价定买，可以立时兴造"。于是，他就委派办事干练的丁日昌就地求购"各制器之器"。不久，丁日昌就获悉当时上海最大的一家外商铁工厂——虹口美商旗记铁厂愿意转让。于是，丁日昌一面将此事上报，一面开始积极筹划经费。丁日昌拟以4万银两购下该厂全部机器设备，另以2万两收购厂里的全部钢铁、木材等原材料。李鸿章很快就批准了这个计划，并把设立的厂名定为江南机器制造总局（简称江南制造局），还将原来的上海和苏州洋炮局也全部并入。

1865年，由曾国藩派遣的容闳从美国采购回来的全套100多台工作母机也运到上海，全部归入江南制造局。鉴于原虹口美商旗记铁厂地处美租界，租界当局反对在租界里生产军火，加上随着机器的不断添购，人员的增加，原厂场地也显得太狭小了。为日后的管理方便，丁日昌便奏请朝廷，在1867年把江南制造局迁到了上海城区西南面近黄浦江的高昌庙地方。于是，一个全新的中国近代企业就在今日世博会场馆区这块土地上诞生了。曾国藩、李鸿章、左宗棠、张之洞等人都担任过江南制造局的最高职务——督办，其中李鸿章任职期最长。我国近代一流的科学家和工程专家徐寿、华蘅芳等都曾任职于斯，为江南制造局的发展打下了良好的基础。

江南制造局在尔后的几十年里，取得了出乎人们意料的发展，先后建成了一批机器厂、木工厂、铸铜铁厂、熟铁厂、轮船厂、锅炉厂、枪炮厂和火药厂，还在1890年建立了炼钢厂，成为中国第一个大规模的近代化的综合军事企业。至1891年，江南制造局已拥有了13个分厂，占地400多亩，全局人员达3 500多人。在设备上，当时的江南制造局也堪称国内第一，拥有大小车床、刨床、钻床等工作母机622台；在动力上，大小蒸汽炉和大小蒸汽动力机的总马力达10 657匹。当时，连代表在华外国人利益的《北华捷报》也惊奇地表示："真没有预料到它（指江南制造局）后来在历任两江总督的培植下，竟会发展成为今天这样一家庞大的机器制造局。"

江南制造局是国内率先使用近代机器、摆脱了封建传统的手工生产方式的企业，为我国生产了首批军用产品和工业产品。1868年，江南制造局生产了我国最早的木壳机器动力的明轮兵船"恬吉"号，此后又建造了"操江"号等用螺旋桨为推进器的兵船。1876年开始又建造了铁甲结构的"金瓯"号等新式兵船。

江南制造局还为我国制造了第一批机器设备，其中有车床138台、刨床47台、钻床55台，首创了我国的机械工业。1891年，江南制造局下属的炼钢厂炼出了我国的第一炉钢，开创了我国的炼钢事业。到了20世纪初，江南制造局炼出的钢材日益增加，"除本局自用外，商厂购办，纷至沓来"，赢得了自己的市场。从前全部要向国外购买的钢材，"自制造局创办炼钢后，沪上商厂，同声称便"。

1867年建成的局属机器正厂

1867年建成的局属铸铜铁厂

1869年建成的局属汽锤厂，1879年改成炮厂

1891年炼出中国第一炉钢的局属炼钢厂

这第一炉钢、第一磅火药、第一支枪、第一门炮、第一艘兵轮的出厂，使江南制造局成为我国近代工业的发祥地。

中国产业工人的摇篮

江南制造局的工人是我国近代最早的产业工人。江南制造局正式合并建成时，共有中国工人二三百人，其中一部分来自美商旗记铁厂，另一部分来自丁日昌等创办的上海洋炮局和苏州洋炮局。经过二十几年的发展，在1890年左右，江南制造局已经拥有工人约两千名。到1904年，江南制造局的工人总数已近三千人，是当时中国工人人数最多的企业。据统计，当时江南制造局拥有的工人数要占整个上海近代工人总数的8%，占全国近代工人总数的3.84%。

江南制造局的早期工人中，广东籍、福建籍和宁波籍的工人占了很大比重，因为当时外国人所办的工厂和洋务派所办的工厂中，工人大部分是从这些地区招募而来的。特别是大部分技术骨干——工匠和匠目，都是原有企业从上述地区招募而来的技术熟练工人。这批近代工人在江南制造局大机器生产的进一步熏陶和锻炼中，充分显示了中国劳动人民的勤劳、勇敢、聪明、能干的优秀品质。

1879年，《北华捷报》记者在观察了江南制造局制造洋炮的工艺后写道："全部制造过程都由中国工人动手，他们的技艺不下于任何欧洲工厂的工人。"后来，外国记者又报道说："外国监工们看着那些中国工人工作的迅速和灵巧，十分敬佩和惊叹……他们显然具有控制和使用机器工具的天赋能力。"有感于此，外国记者也不得不承认："中国人是一个敏慧的民族……中国工人比得上世界任何国家的工人。"

这批聪明、灵巧的近代机器工人，随着洋务企业和中国近代机器工业的发展，走向了全国。从东南沿海的福州船政局，到天津机器局以及东北的机器局，都可以见到这批来自江南制造局的"熟练可靠员匠"。在西北的陕西、甘肃的军用工厂里，甚至远在边陲的哈密和吐鲁番等处设立的局厂中，也可以随处见到他们的身影。

进入20世纪以后，江南制造局经历了局坞分家及商务化等行政上和经营方针上的变化，江南造船所工人的造船技能突飞猛进。在1918年至1921年，江南造船所的产业工人还曾为美国建造了4艘万吨级的运输舰，开了中国大型船舶出口的先河。

事实证明，正是这批掌握了制造和使用近代机器的工人，构成了近代中国产业工人的中坚，他们是近代中国新的生产力的代表，江南制造局也就成了名副其实的中国产业工人的摇篮。

中西文化和科技交流的枢纽

洋务派创设江南制造局的一个宗旨是为了"师夷之长技以制夷"，所以除了建立工厂以外，在江南制造局里还附设了广方言馆、翻译馆和工艺学堂，用以引进技术和培养人才。

广方言馆的前身是李鸿章在1861年设立的上海同文馆，原设在城内学宫西面，1869年迁入江南制造局。广方言馆学制四年，开设国文、英文、法文、算学、舆地等课程，每年招收学生，培养翻译和外交人员，实际上是洋务派培养人才的机构。

早在曾国藩创办安庆军械所时，一批从事科研的志士仁人就开始注意到翻译西书的重要性了。徐寿、华蘅芳等人十分留意搜集当时外国人在华出版的介绍西方科技的书籍，并将重要的西方书籍翻刻出版。通过钻研近代西方工艺，他们还建造出了中国第一艘蒸气

1911年,江南造船坞建造的"江华号"长江客货轮,排水量4 130吨,为当时上海建造出的排水量最大的轮船

上海制造

1868年创立的全国规模最大的局属翻译馆

中国近代杰出的科学家和翻译家（右起）：徐寿、华蘅芳、徐建寅

轮船。1867年，徐寿等调入江南制造局襄办造船事宜，他们就提出："将西国要书译出，不独自增识见，并可刊印播传，以便国人尽知。"这一建议得到了曾国藩的支持。

设立于1868年的翻译馆和广方言馆，先后聘请了英美诸国学识渊博并"通晓中国语言文字"的译员，如英国的傅兰雅、伟烈亚力，美国的林乐知、玛高温等，从事翻译西方书籍的工作。在翻译馆中，还汇集了一批中国科技人员，如精于数学的华蘅芳、华世芳兄弟以及精于化学物理的徐寿、徐建寅父子等，均直接参与了翻译西书的工作，他们或直接译著，或协助外国译员共同译书。

在刚开始翻译西书的时候，由于外国学者尚难以精通中文，而中国学者大多还不能通晓外文，所以一般采用那时通用的"西译中述"的合作翻译方法。即外国学者先熟悉全书的内容，将全书逐句用中文读出，中国学者作笔录。如碰到难以表达的内容，双方就共同切磋如何正确表达。如果中国学者在理解上还有疑问，外国学者就作进一步的解释。经过这样的共同翻译后，中国学者再将译稿修正润色，使语句合乎中文文法，最后定稿。

最早翻译出版的西方译著，大部分是介绍近代科技知识的著作，时间在1870年前后。如《汽机发轫》《制火药法》等工艺类书籍是介绍制造蒸汽轮机和制造火药的具体方法，《开煤要法》《矿井要法》等矿学类书籍是介绍采矿知识的读本，《代数术》《微积溯原》《化学鉴原》《化学分原》等是数学、化学学科的入门著作。不少书籍以后还被各种新式学堂采用，成为学生使用的正式课本。由此可见，翻译馆译出的介绍近代科技的著作，在传播近代科技和生产知识方面起着十分有益的作用。

除了自然科学方面的西书外，翻译馆还翻译了一部分社会科学方面的书籍，内容包括政法、外交、军事、商务、教育等。政治学方面的著名译著有《佐治刍言》，英文名为《政治经济学》，是当时介绍西方社会政治思想最系统、最完备的一部著作，曾多次重版，康有为、梁启超、章太炎等学者都曾认真地读过，影响颇大。1873年到1899年，翻译馆还编译了《西国近事汇编》，分年编辑，这是一部西方各国的大事要闻录，时效性较强，是当时人们了解世界时事的重要参考资料。

中国最早出口的万吨运输舰

施南薰

中国最早出口的万吨级运输舰,要属江南造船所(今江南造船集团)在1919年1月开工、1921年2月竣工的"官府"号(MANDARIN)了。该舰长443英尺,宽55英尺,吃水21英尺,排水量14 750吨,马力3 669匹,航速11节(即每小时11海里)。另三艘姐妹舰也先后在两年内竣工。

1920年6月3日,"官府"号运输舰下水典礼

当时，美国政府为什么要向江南造船所订购这艘运输舰船呢？其中自有缘由。

原来，美国白宫运输部计划订造此舰时，第一次世界大战烽火正酣，参战的美国远征军正积极筹划圣米耶尔战役，急需增强越洋运输能力。于是运输部长电示驻沪领事沙蒙斯寻找合适船厂。这一信息被江南造船所知道后，立即派英籍技术总管摩根赴美洽谈，在会谈中确定经济技术协议，由美国大来洋行提供机电设备及器材，建造与试验都由工厂承担。这四艘舰船造价总计为780万美金（当时一盎司黄金为32美元）。协议草签结束后，1918年7月10日在华盛顿又由运输部长维利与中国驻美公使顾维钧正式签订并交换文本。

"官府"号是在1920年6月3日下水的，典礼盛况空前。当时参加典礼并讲话的主要有美国驻华公使克兰、美驻沪总领事克翰宁、海军总长刘冠雄等。最后由克兰公使夫人致命名颂词："余致汝于水，汝尽汝之职，使汝主人成功，使船人平安，因其将支配汝也，余名汝官府号。"接着夫人敲香槟，军乐齐鸣，酒花四溅，欢呼再三，船缓缓驶入黄浦江。《东方杂志》撰文称："今江南造船所承造美国万吨汽船，除日本外，乃远东从未所造之船也……"

当"官府"号在1921年2月交船时，第一次世界大战早已结束，于是首航改走旧金山。

事隔60多年后，1985年江南造船厂建厂120周年之际，美国驻船局（ABS）局长威廉·克翰斯顿来信祝贺，信中说："我们ABS早在60年前就曾与贵厂合作，为此我感到自豪。据我们所知，贵厂第一批四艘运输舰，其经济性、承用性足以表明质量与水平。作为历史见证，我们把首次入级纪录原始拷贝送给贵厂……同时表示良好祝愿……随时准备与贵厂协作。

吴蕴初三十年"天原"梦

吴红婧

说起我国的化学工业,人们都不会忘记上海的天原电化厂。当"天原"在上海的苏州河畔破土而出时,它的创办人吴蕴初也成了中国化工史上第一个"吃螃蟹"的人。

"天原"初建 一波三折

20世纪20年代末,"味精大王"吴蕴初仅依靠味精发明权的利益提成,每年的收入就有上万元。但他并不满足于自己的优裕生活,而是常有一种忧患意识萦于心怀。就在天厨味精风行市场时,吴蕴初注意到味精的主要原料面筋和盐酸,面筋可以就地取材,盐酸则完全依赖进口。天厨的盐酸主要从日商洋行购得,四两白银一箱(50公斤),价贵且含硫量高。在当时的国内市场,天厨味精是日本"味之素"唯一的劲敌,万一日商在原料供应上进行刁难,天厨的生产势必受影响。加上当时国内抵制日货的风潮日渐高涨,日商在盐

吴蕴初

酸供应上故意刁难势所难免。为此，吴蕴初便转而向法商订购盐酸。

其实，吴蕴初的心里一直有一个创办中国化工企业的梦想，这也是打破外商刁难、确保天厨味精正常生产的最佳选择。他曾在上海兵工学堂攻读了六年化学专业，25岁时烧制成功矽砖和锰砖，正是这次成功，鼓起了他创办中国第一家氯碱厂的信心。

1927年，吴蕴初开始为筹建氯碱厂而四处奔忙。他看中了当时外国一家公司生产的最先进的纳尔逊式电解槽设备，想用20万元建一座小型氯碱厂，但终因对方要价太高而没能谈拢。1928年，就在他苦苦寻觅先进设备时，突然得到越南海防一家法商的远东化学公司因经营不善、急于将主要设备脱手的信息，其120只艾伦·摩尔式电解槽连同蒸发机、滚动式漂粉机等，加上设备运抵上海的运费，仅开价8万银圆。如此低价无疑是天上落下的馅饼，让吴蕴初兴奋不已，他当即拍板成交。

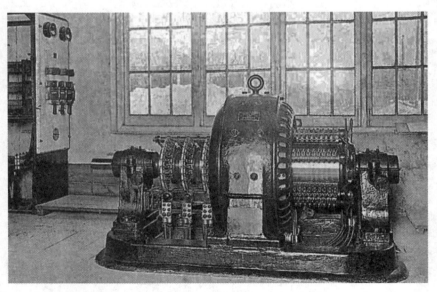

天原厂初建时的变流机

天原厂的滤盐机

当机械设备运抵厂内安装时,开工必备的电力却成了大问题。吴蕴初原本打算将电化厂建在市区,曾向工部局电气处和华商电气公司核价,华商电气公司报出最低价每度需银三分,而工部局电气处出价仅为每度一分三四厘,考虑到酸碱工业经营与电气价格息息相关,故将厂址选在了白利南路(今长宁路),因为这里是租界越界建筑,沿路工厂都接用工部局电气处的电,价格便宜。不想当他开始建厂时,工部局刚好推出新规定:凡在越界筑路范围内的中国厂商,必须接用华商闸北电厂的电力。这样一来,吴蕴初的电化厂还是必须使用价格昂贵的华商电力。为此,他不得不致函上海市社会局局长潘公展,请求特许接用工部局电气处(时已由美商收购改为上海电力公司)的电气。但闸北电厂态度强硬就是不松口,公用局也有意让电化厂迁至闸北电厂供电范围内的军工路。而这时的上海电力公司,又推翻了已谈好的低廉电价的协议,涨价一倍。焦头烂额的吴蕴初一面向闸北电厂陈述自己的困难和苦衷，承诺"敝厂在公用局特许及贵公司同意之下，向上海电力公司订购电气。惟至贵公司可以供电时，立即改用贵公司电气"，一面请出公共租界工部局华董虞洽卿、徐新六、袁履登等，与闸北电厂总经理陆伯鸿通融，总算得到他们的允许。然后又向上海电力公司求情，才终于接上了电力。

1929年4月15日，经过一波三折，吴蕴初创办的天原电化厂召开了第一次股东大会暨成立大会，将公司定名为天原电化股份有限公司。取名"天原"，是指为天厨味精厂供应原料的意思。公司资本总额20万元。张逸云和朱子谦等被选为董事，吴蕴初任总经理。工厂建在沪西白利南路的苏州河畔，占地24亩。其生产的产品烧碱、盐酸、漂白粉等均以太极商标注册。

紧接着，电化厂的原料之首——盐又成了拦路虎。1930年7月，天原即将进行试车生产时，被告之有运盐偷漏税之嫌，罚款1 000元。第一批盐运到厂后，松江盐务稽核分所就是不派员到厂监督过秤放盐之事。眼看停工以待，耗损不赀，吴蕴初一次次致函松江盐运副使署，恳请派员过秤以解燃眉之急，都遭蛮横拒绝。不得已，吴蕴初只得上书时任财政部长的宋子文，由宋子文出面调停才放盐成功。

1930年11月10日，经过三年多的筹划和建设，天原电化厂终于在苏州河畔迎来了隆重的开工典礼。吴蕴初亲自开车，首批40只电解槽投产。南京国民政府实业部长孔祥熙到会并致词，称赞吴蕴初："独能首创此厂，开中国电化工业之新纪元。"

击败日货　独步海内

天原开工的第一年，各类产品的产量完全达到了设计要求。其生产盐酸44 855瓶，烧碱25 134.44担，漂白粉6 066箱。以现代工业眼光看，这样的产量实在微不足道，但在当时是开了中国化工业的先河。盐酸完全能满足天厨味精厂的原料自给，烧碱和漂白粉则直接冲击了英日商人垄断多年的中国市场。尤其是日商的盐酸，在上海的销量大幅滑坡。天原的漂白粉更显出了优势，因为漂白粉是时效性很强的化工产品，漂白效果以出厂一月内为最佳，时间长了便会失效，保管条件要求又高，尤忌潮湿。日货漂白粉在海上漂泊一月余，使用率自然大打折扣。吴蕴初随时跟踪洋货的价格信息，确保天原产品价格始终略低于洋货，日货漂白粉当然不是其竞争对手。

在和日商的竞争中，还出现过一个小插曲，那就是轰动一时的"鸿盛福"案。1932年春，南昌抗日救国会查获鸿盛福五金行装运的盐酸20箱，疑为日货，行主被关押、游街，重罚5 000元。由于当时内地尚不知上海的天原已能生产盐酸，故任凭天原事务所、吴蕴初等再三解释，始终未能说服对方。后来吴蕴初设法请出著名报人史量才，致函国民党江西省主席熊式辉解释此事，盛赞"上海天原电化厂为国内唯一之制酸工厂，际兹困难，贡献颇多"。天原代表朱鼎文又致电国民党中央党部、国民政府、江西省政府申诉"鸿盛福"的蒙冤实情，最后，经江西"鸿盛福盐酸案"审查委员会审查，证明盐酸确系天原厂出品之国货，所装瓦坛为日货，责令天原在上海各报申明道歉，才了却了这桩纠纷。

初战告捷，天原在化工市场站稳了脚跟，吴蕴初又将目光投向了扩大再生产。1932年6月和1933年3月，余下的80只电解槽先后投产。在营销手段上，他显出超乎一般的精明：委托各地中小商号代销天原产品，商号以九九折付款提货，获取2.5%佣金，天原承诺一埠内只设一家代销商号。天原先后与常州、常熟、无锡、苏州、江阴、嘉定、嘉兴、松江以及广东汕头等地的商号建立了代销关系。当时太湖流域的蚕农纷纷弃用日本漂白粉，改用"太极"漂白粉消毒，每年春季的苏州河里，到天原装运漂白粉的木船随处可见，成为一道独特的风景。

至1934年9月，当年买进的二手电解槽已严重腐蚀，天原一时没有多余资金进口新设备，敢想敢做的吴蕴初有了个大胆的想法——自制电解槽。他专程赴英考察，并派专人赴美学习，在搜集和反复研究国外资料的基础上，提出用上海金山的花岗岩替代易腐蚀的水泥槽的设想。在新民机器厂的通力合作下，成功仿制出90只国产艾伦·摩尔式电解槽，并且顺利投产，平均每只电解槽成本仅500元，比进口货节省了一半投入。

天原公司初创时资本总额为20万元，至1937年全面抗战前夕，天原共增资扩本四次，总资本达到了105万元，拥有电解槽256只，居世界领先水平的柴伦巴三效蒸发设备一套，远远望去，苏州河畔天原的两栋高高的蒸发楼引人瞩目。1937年，天原厂的烧碱日产量已达10吨，成为我国实力雄厚的化工厂家之一。

万里搬迁　困难重重

1937年"八一三"淞沪抗战爆发后，为保存国家长期抗战的实力，国民政府决定将沿海工厂向后方迁移。天原厂是内迁重点对象，3套电解槽及辅助设备亟待搬迁。当吴蕴初指挥工人争分夺秒抢拆机器的时候，日军轰炸机已频繁光顾上海上空，天原厂每日都处在挨炸的危险中。关于当时的情形，吴蕴初曾写道："车至周家桥附近，不能通过，转辗步行，进抵距厂不足二百码处，正值敌机第二次轰炸我厂，并到处扫射，稍事躲避，仍再前进，嗣又遇第三次之轰炸。"

等到机器装箱完毕，却发现已雇不到像样的机动船，天原的机器设备只得依靠木船搬迁。船队在长江上航行时真是险象环生。1937年11月3日，押船的船员报告：押船已近数日，苦不堪言。大炮飞机之下，两日未沾粒米。11月14日报告：11日早晨遇到了一小队日兵，均荷枪实弹，勒令船只靠近岸边，一一上船搜查。经过三次搜查，实质是掳掠了一通，才放行了。穿过三二号洋桥，遇到两架日本飞机围着我们船只低飞盘旋，高度仅及桅樯以下。12月29日报告：船到离无锡十余里地方，黑夜遇到日机袭击，照明弹高挂船顶，炸弹、机枪两者并施，但船队很幸运地躲过了。11日晚上过芜湖，那时芜湖正起大火，船才过数小时，就响起了很密的大炮声和枪声。据后来的船工说，那天晚上是中日两军隔江对轰，有很多船只被击沉……

当搬迁的设备还在长江上漂泊时，吴蕴初已多次赴汉口挑选厂址了。没想到厂址刚确定，正为资金和电力发愁时，汉口又危在旦夕了。无奈之下，又急急觅船，将堆在汉口码头的设备重新装船，运往四川。船过三峡，风高浪险，木船行走更如命悬一线。尽管他们小心加谨慎，还是有两条木船触礁翻沉，经打捞，部分机件出水。1938年初，留守上海天原的员工又抢拆了80多吨设备起运，赶上先行船队后合而为一。因武汉、广州失守，设备只得通过海防运至云南，然后历经千辛万苦，辗转运到重庆。

1940年5月，天原电化厂终于在重庆嘉陵江边的猫儿石建成投产。由于政府补助的搬迁费在长途跋涉中已消耗得所剩无几，吴蕴初只好向国民政府求援，最后把从上海带来的全部机器，加上在猫儿石新建的厂房以及工厂所占土地一同抵押上，才换回30万元的贷款。新厂建设可谓一切从简，100只电解槽、一座砖砌漂白粉塔，还有几幢青砖楼，就是全部家当。6月22日，在敌机轰炸的威胁中，重庆天原的第一批产品下了生产线，立刻被抢购一空，还供不应求。吴蕴初抓住时机，又投建了两座漂白粉塔，增建电解槽。重庆天原投产一年，共销烧碱612吨、漂白粉503吨、盐酸88吨。

重庆大后方的经济状况始终不稳定，内迁的工厂面临重重考验，尤其经常断电，造成工厂停工。1943年6月，一心谋求在大后方大发展的吴蕴初看中了嘉陵江下游的宜宾，那里电力供应有保证，宜宾

抗战期间,吴蕴初(前排右二)陪同美国总统特使威尔基(戴礼帽者)参观重庆天原化工厂

中元造纸厂刚好大量需要烧碱和漂白粉。天时地利的条件,促使吴蕴初于次年在宜宾兴建了一座新的天原电化厂。

当重庆天原在艰难求生存时,上海天原已遭受到日军的洗劫。其贵重的设备已被吴蕴初抢运走,车间里早已空空荡荡,加上日军连续的轰炸,厂区已成一片废墟,只有十几个漂白粉大铁桶"劫后余生"。日军本以为能得到一座完整的化工厂,可是闯入天原一看,令他们大失所望,于是便把一通怒气发泄在漂白粉桶上。大铁桶给毁了,他们还不解恨,伺机对天原进行更大的报复。1938年4月,日军

蒸发室被炸后的景象

借口从黄浦江打捞上来的天原沉船上有日商钢铁厂的物件（一只标有"中"字商标的锅钉），栽赃诬陷天原有人偷了日商的设备。他们闯进天原搜查所谓的赃物，强行绑走了同日军评理的天原事务所主任顾迺智。坚强不屈的顾迺智始终否认天原偷盗日本人的东西，最后被折磨致死。1943年，汪伪政府实业部公然将天原占为己有，并将经营权转让给日本维新化学公司，天原的厂门口挂上了日本维新化学工业株式会社第一工厂的牌子。为了应付各战区的需求，日本人在修复了部分设备后匆匆开工。但是，工人们消极怠工，工厂的生产能力极低。

在吴蕴初为上海、重庆两处的工厂呕心沥血、日夜操劳时，天原董事会内部却纷争不断。先是一些董事见工厂内迁和在重庆重建，生怕个人利益受损，在几次股东大会上大吵大闹要求收回股本，出让股权。结果被看好后方投资的金城银行以157万元的价钱，买下了上海股东手里的105万元的天原老股。通过股权易手，天原增资达到

300万元，其中吴蕴初夫妇占有股本127万元。然而，新加盟的金城银行很快成了搅局者，擅自决定将天原内迁前藏匿起来的那批器材卖给日商。吴蕴初知晓后勃然大怒，痛斥这种卑鄙的"资敌"行为。1943年3月，两家决定分手，经济部资源委员会以600万元收购金城银行17 300股天原股票。1943年10月，天原增资到1 000万元，其中资源委员会认购470万元，吴蕴初认购530万元，成为天原的第一大股东。

上海复工　受尽磨难

1945年8月，日本投降的消息传到了山城重庆。吴蕴初在为抗战胜利欢呼的同时，不免心牵上海天原。过去的八年里，他忙于内迁和重庆厂的建设、经营，没有回过上海，但上海的一切无时无刻不揪着他的心。在安排工厂内迁时，吴蕴初专门在租界内租了一处仓库，用于保管天原的资产、档案、账册等。到重庆后为安抚人心，还派人给上海留守人员每人捎去过一根金条。现在抗战胜利了，他急切希望回到上海。9月20日，吴蕴初被国民政府上海市接收委员会任命为天原的首席接收委员。接到任命的当日，他就搭乘美国盟军总部的飞机飞回上海，可谓归心似箭。时隔八年再见天原，迎接他的是满目疮痍，蒸发室、电解室、贮碱室、变电室、锅炉房等被毁，漂粉部设备无存，一百余台漂粉机被日军抢去，房屋已拆毁大半。以抗战初期的币值估算，天原约损失了370万元。

1946年，随着天原厂总管理处迁回上海，工厂的修复迫在眉睫。按照最低的估算，天原厂修复需要5亿元。经再三交涉，天原以全部资产作抵押，从上海中国银行和交通银行贷款2亿元，期限为两年。修复工厂所用的器材，则经特批优先购买原中央化学工业公司寄放在江南厂内的10吨铁料和建材。1947年5月，上海天原电化厂终于修复开工。遗憾的是，吴蕴初原想趁这次修复工厂时更新一些设备，却因受制于政府的所谓"外汇统制"而搁浅。

复工后的天原产品上市后被一抢而空，但这种好景象只是昙花一现，伴随着如脱缰野马般上涨的物价，是产品价格上涨和市场萎缩。这是吴蕴初始料不及的。继之而来的是内战爆发，导致国内经济危机，加之美国商品倾销，致使民族工业举步维艰。当时一桶美国产的漂白粉在中国市场售价9元，而天原的漂白粉仅成本就是它的两倍。到了8月，天原回笼的资金还不够购买下半年的原料和偿还贷款。天原厂工人的工资和物价一起上涨，但工资越涨，工人生活越艰难，原因是物价上涨程度远远超过了工资的涨幅。

至1948年底，原材料价格上涨了二三十倍，电费亦涨了十八倍，12月10日因浦东电力又涨一倍，天原浦东工厂被迫停工。在此后的三个月里，心急如焚的吴蕴初上书上海市长吴国桢，请求合理减少电费。吴国桢的回复竟是："电价因政府之管制，既不能任意上涨谋取暴利，亦不能顾及其自身之成本而遭亏蚀，更不能因用电工厂出品价格之涨落而削足就履。"天原几乎陷入了绝境。

屋漏偏逢连夜雨。重庆天原在抗战胜利后也陷入困境，盐酸的客户几乎仅剩天厨一家，其他产品的客户不外乎一些小作坊，根本维持不下去。好在宜宾的天原厂开工后一枝独秀，产品全部被中元造纸厂包销，3个月就创收3亿多元，靠着它的"输血"，上海和重庆天原才喘过一口气来。然而好景不长，1947年中元造纸厂部分迁回南京后，痛失"衣食父母"的宜宾天原厂也不得不关车熄火。吴蕴初眼看着自己苦心经营了17年的天原厂频遭重挫，却回天无术，不免痛心疾首，仰天长叹。

1948年10月，天原再遭厄运。蒋经国来上海"打老虎"，有特务密报说天原厂囤积香烟，蒋经国下达了追查令。蒙受不白之冤的天原只得写下保证书，申明自己确实没有投机囤积，如确有此事，愿受严惩。1949年元旦,内外交困中的天原不得不停产了。面对政府的腐败和经济的崩溃,吴蕴初心灰意冷,对国民党政权已丧失信心。上海解放前夕,京沪杭警备总司令汤恩伯要他选择去香港或去台湾,并要他带头迁厂时,吴蕴初不愿跟国民党逃往台湾。为了免遭国民党特务纠缠,他便于3月初以去美国考察为名离开了上海。

　　在解放上海的隆隆炮声中,天原的工人自发组织了护厂队。解放的第二天,天原即宣布复工。随着其他工厂的先后复工,漂白粉、碱又有了通畅的销路。眼看天原厂一天一个样,吴志超欣喜地把看到的一切写信告诉父亲,请他速回上海主持大局。1949年10月下旬,吴蕴初悄悄回到了北京,中共中央统战部得知后,立即对他热情接待,妥善安排,关怀备至。在陈毅市长的直接指示下,天原等厂给他发来了欢迎电报,让他惊喜万分。

1950年"二六"轰炸后,上海天原化工厂工人抢修被炸坏的设备

吴蕴初回到天原厂后,产品出现库存积压,市军管会出面让上海化工原料公司垫款收购天原的大批产品,而工人们的生产积极性更是高涨,主动提出暂时减薪帮助工厂渡过难关。1950年"二六"轰炸后,上海大部分地区水电中断,天原被迫停产,银行立即伸出援手给予贷款,杨树浦发电厂抢修42小时便给天原厂首批送电。这种种现实,给了吴蕴初恍如两重天的感受,重燃起他开拓中国化工事业的雄心。至1952年底,天原实现生产总值926.1亿元,超额完成国家计划任务110.3%。

1953年,与吴蕴初同甘共苦的夫人病逝了。受此打击,他也因糖尿病复发和心脏病而倒下,两个月后猝然病逝。今天,我们翻开沉沉的天原电化厂的档案,其走过的艰辛之路历历在目,从它的初建、发展、内迁到解放前的气息奄奄,几乎就是同时期中国民族工业发展的缩影。

方液仙与中国化学工业社

彭晓亮

20世纪初，国外日用化工产品和其他洋货一起涌进上海。随后，不少民族日用化工企业纷纷创立，生产出各种国产日用品，以改变洋货独霸一方的局面。其中，方液仙辛勤打造的中国化学工业社是创办最早、规模最大、产品最多的企业。

产品是香的 生意是臭的

方液仙

方液仙，名傅沆，1893年12月生于上海，是近代著名的宁波镇海方氏子弟。方家世代经商，在上海、杭州、宁波等地经营钱庄、典当、银楼、南北货等业，仅钱庄就有二十多家。方液仙少年时曾就读于宁波斐迪中学和近代上海著名的教会学校中西书院，接受了良好的西学教育。他尤其喜欢化学，师从上海公共租界工部局化验师、德国人窦柏烈，其同学中有后来著名的"味精大王"吴蕴初和"香料大王"李润田。方液仙在家

新中国成立后中国化学工业社车间一角

里设立简易的实验室，购阅有关制造日用化学品的书籍，苦心钻研，历时数载，居然成了化学里手。

1910年至1911年，上海发生钱庄倒闭风潮，方家大部分钱庄亦未能幸免，仅存3家，勉强支撑。其父方选青不擅经营，原打算让方液仙继承家业，可是见他对经营钱庄无半点兴趣，非常失望。方液仙却有自己的打算，他看到当时洋货化妆品充斥市场，决心"自行设厂，以与外货相抗衡"。

1912年，19岁的方液仙开始筹设中国化学工业社（简称中化社）。这立刻遭到了父亲的强烈反对，但方液仙得到了母亲的支持，母亲拿出私房钱1万元给他作启动资金。于是，方液仙在圆明园路安仁里的家中购置了一些简单设备，带了几个工人和学徒办起厂来，生产雪花膏、白玉霜、生发油、花露水、牙粉等化妆品。然而这个家庭作坊式的小厂，生产的商品实在难与洋货的质量相比，他们雇人挑着扁担沿街叫卖或在电车上向乘客兜售，甚至以半卖半送的优惠相号召，都难以打开销路。家人、亲友见此情形，都劝方液仙停手，可他仍不改其志，执意支撑着。

1915年，在1万元全部打了水漂后，他又设法自筹到3.5万元，并争取其舅父李云书投资1.5万元，这才使中化社颇有了几分规模，在重庆路租了田丰记营造厂的三间厂房，添置了设备，增加了产品，还聘请了经理、推销员，可惜营业仍是年年亏损，不见起色。方液仙曾愤慨地说："我们的东西是香的，生意却是臭的。"1919年初，中化社又亏损殆尽，濒临倒闭。

日后有成就　莫忘此"三星"

真是天无绝人之路。五四运动的爆发，给方液仙带来了生机，全国抵制洋货、振兴国货的运动方兴未艾。此时中化社的产品，在质量上也与洋货相差无几，因此颇受国人欢迎。三星牌各类化妆品、日用品迅速打开销路，生产迅速发展，不久便转亏为盈，甚至一度出现了供不应求的局面。1920年，方液仙请求上海钱业巨擘、四叔方季扬投资。冲着当时的良好势头，方季扬同意入股，却提出一个条件：要求李云书撤资。这让方液仙好不为难，一边是舅父，一边是叔父，两面都是长辈。他权衡利弊，思虑再三，最终决定劝说舅父李云书退股。这样，中化社重组资金5万元，方液仙自认七成股份，方季扬认三成，中化社改组为无限公司，方季扬任董事长，方液仙任总经理。自从方季扬入股后，中化社得到了金融界支持，有了稳固的后盾，在河南路设立总公司，采用新的管理方式，建立各项规章制度，扩大了生产规模，企业面貌焕然一新，先后推出四大名牌产品——蚊香、牙膏、调味粉和洗衣皂。

1923年，方液仙的同学吴蕴初试制调味粉成功，由张崇新酱园老板出资投产。起初，方液仙见调味粉市场前景不错，打算投资参与，但张崇新老板坚持独资，于是方液仙决定中化社自己生产调味粉。他责成徒弟王修荫按照公开发表的制造方法试制，但生产环节繁多，整个生产过程需要2个月，而且质量也不稳定。方液仙遂偕王修荫同赴日本，通过郭永康介绍，参观了日本"味の素"厂，并取回一些半成品，回国后经过进一步分析研究，终于解决了技术问题，生产出"观音粉"

张乐平创作的三星牙膏广告

和"味生"。"观音粉"质量不如天厨味精，所以销路不好，可"味生"的售价比天厨味精低30%，因此颇受欢迎。中化社调味料品的副产品酱油精、酱色的销路也不错。中化社与天厨味精厂作为同业有竞争，同时也有共同利益，在质量与价格方面形成互补，最终将日货"味の素"挤出了中国市场。

20世纪初，方液仙研制出"三星"蚊香，并以爱国理念相号召打开销路，最终将当时霸占着中国市场的野猪牌打败。

中化社生产的一系列日用品都取名为"三星"，这其中有一段故事。据说，方液仙的母亲方李氏在家中常年供奉着福、禄、寿三尊神像。在方液仙创业之初，母亲拿出私房钱给他作启动金时，曾经关照："'三星'会保佑你成功，你的产品必须以'三星'为名。日后有所成就,切莫忘此'三星'。"方液仙是个孝子,虽然他觉得福、禄、寿三星图案过于俗气,但还是不愿违背母命,不少产品都以"三星"为名,只是他偷偷地把商标上的"三星"之意改成了"日、月、星"。

放弃做牙粉　投资制牙膏

辛亥革命以前,日本生产的狮子牌金刚石牙粉一直盘踞着中国市场。1912年,方液仙瞅准时机,开始生产牙粉,也取名"三星牌",成为最早的国产洁齿剂。一上来的势头非常好,三星牌牙粉在国产牙粉市场上可谓独领风骚。但短短几年后,随着其他品牌牙粉的相继出现,三星牌失去了昔日的辉煌,境况大不如前。这些新品牌各有所长,如无敌牌香味宜人,嫦娥牌包装精美,都是三星牙粉的劲敌,形成三足鼎立之势。在牙粉市场遭遇激烈竞争的情况下,方液仙思考再三,最后决定与其苦苦纠缠,不如另辟蹊径。

那时的国际市场,牙膏作为新生代,以其独特的优势逐步成为牙粉的替代品。但在中国市场上,牙膏却只有洋货,最著名的是美国产的丝带牌牙膏(即今天的高露洁)。方液仙灵机一动:何不仿照丝带牌的配方和包装,试制牙膏呢?功夫不负有心人,牙膏研制成功了,但却遇到一个瓶颈,牙膏

"评弹皇后"白玉霜为白玉牙膏做广告

管怎么办呢？那时国内无人会做这种牙膏软管，几经周折，方液仙决定从薛路登洋行进口软管。虽然成本不便宜，但国产三星牌牙膏终于在1923年问世了。

当时，丝带牌牙膏每支卖7角5分钱，平民百姓都觉得是奢侈品。而三星牌牙膏最初定价2角5分，后来又降为2角，对百姓来说绝对是物美价廉，因此甫一问世，便风靡一时。不久，1925年五卅运动爆发，国内再度掀起抵制洋货运动，三星牙膏更是供不应求。

相对于蚊香来说，牙膏虽利润不高，但其优势在于产量大，不受季节限制，资金周转快，中化社从中大大地赚了一笔。由于三星牙膏的先锋效应，一时之间，其他各种品牌的牙膏如雨后春笋般冒了出来，比较著名的有黑人牙膏、留兰香牙膏等，而三星牙膏却一直遥遥领先，是同业中的领头羊。三星牙膏不仅在国内畅销，而且远销东南亚，甚至连非洲都有售。直至太平洋战事爆发，迫于无奈才停止了国外市场的销售。

职员太粗心　"剪刀"变"箭刀"

甘油为牙膏的主要原料之一，同时又是洗衣皂的副产品。为了能做到原料自给，方液仙决定生产洗衣皂。1935年，中化社从德国进口精炼甘油的全套设备，并把洗衣皂品牌定名为通俗易辨的"剪刀牌"。为使剪刀牌肥皂的质量能赶超当时英商中国肥皂公司的"祥茂牌"等洋货肥皂，中化社派人细致地进行市场调查，走访了许多家庭主妇，听取她们对洗衣皂的要求，然后给自己的产品设置了"三不"特点，即"不缩布料、不易变形和不伤皮肤"。

1938年春，"剪刀牌"肥皂研制成功，并达到了"三不"要求，遂正式投产，进入市场。它脂肪酸含量高达55%以上，质量好，受

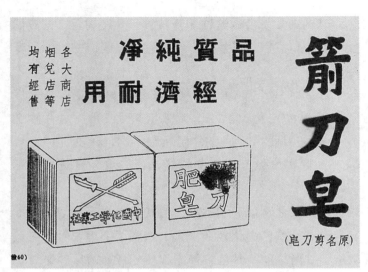

箭刀皂广告

到消费者的青睐。"剪刀牌"肥皂价廉物美，加上中化社将其商标在各大报纸上做广告，使"剪刀牌"的名声越来越响，并对英商中国肥皂公司的"祥茂牌"的销售造成了影响。

可是风头正健的剪刀牌竟遇到了意外的波折。原来中化社负责经办商标的职员粗心大意，没有发现"剪刀"商标已为英商中国肥皂公司所注册，因此向商标局申请注册时遭驳回。无奈之下，由方液仙表弟、经理李祖范亲自出面，商量转让商标事宜。李祖范曾回忆这段往事："我亲往中国肥皂厂，与该公司董事长商量，请其转让'剪刀'商标。这位董事长乘机提出，要中化社放弃肥皂生产，至于中国生产牙膏所需用的甘油，可由中国肥皂厂供应，价格比市价便宜。我闻言大骇，答以厂房设备均已就绪，肥皂也已投产，不能停止。对方表示，一切投资损失可由他们补偿，并推说转让商标，伦敦总公司不会同意。这样，双方谈判未得结果。但据我们了解，中国肥皂厂的'剪刀'商标，早已不用，他们不同意转让，主要是为了阻止中化社生产肥皂，减少在市场上竞争的对手。他们为了防止中化社使用'剪刀'商标，曾恢复少量剪刀皂的生产，运往厦门鼓浪屿一带销售，并将成交单存入法律档案，准备作为提起诉讼的根据。"中化社本无冒牌之意，于是便把商标改为一支箭和一把刀交叉在一起，做成剪刀状，以谐音"箭刀"代替"剪刀"，自1939年起改用"箭刀牌"商标。

聘任李祖范　企业达全盛

虽然创业艰难，商海凶险，但是方液仙领导着中化社起起伏伏渡过了一浪接一浪。有人说，这是因为方液仙是宁波人，天生会做生意。其实让企业赖以生存的关键，还是领导者独特的经营方式。

中化社的组织管理比较严密有序。行政管理分为四级，各司其职。中化社的职员人数最多时达200人，占到全厂总人数的三分之一。在管理的章程上，订有五大章则：《组织章程》《各厂、部、科（室）、股的办事细则》《外部发行所组织办法》《各项会议组织规则》和《职工同守规则》。其中《组织章程》是最重要的，因为企业其他的章程均据此而订。在生产方面，中化社实行分级质量检查制度，从原料进厂到成品出厂，各个环节都有专职人员负责检查，保证产品质量。中化社最重视会计科的职能，建有成本会计和统计制度，实行经济核算，每月的产销效果都能及时、快速地反映出来。每年12月20日为会计年度的终限，12月31日前必须做出年终结算，为1月5日召开的董事会提供准确的盈余分配数字。

方液仙非常重视生产技术的改进，1938年中化社引进的德国全套精炼甘油设备，据说是当时世界上最先进的。他多年来还数度派人或亲自去日本、美国考察，学习国外的先进经验。对培养人才的投资，方液仙是从不吝啬的。他的第一个徒弟王修荫的化学知识和英文都是他亲授的。曾任中化总工程师的孙瑞耕，他深厚的化学知识居然也是进中化社后依靠函授和通过工作实践取得的。后来，重视深造进修就成了该企业的传统。抗战胜利后，朱澄曾、李名岳还为进一步改进产品，赴美考察化学工业。

方液仙的知人善用是有口皆碑的。1930年，他聘请表弟李祖范为中化社经理。李曾在美国麻省理工学院留学，谙熟美国学者泰勒提出的那套科学管理体系，他的管理使中化社出现了前所未有的全盛局面。1931至1940年的十年间，是中化社的全盛时期。中化社通过采取一系列措施，加强企业经营管理，生产不断增长，资金快速积累。1935年，中化社改组为股份有限公司，资本额100万元，并成立董事会。1937至1938年间，历届股东红利作为股本，资本额增至200万元。1939年，中化社又开设了设备最新、规模较大的第四厂，制造箭刀牌肥皂，后来还制造甘油、薄荷素油等，并设立了成品仓库。

重视做广告　周璇来助阵

中化社极其重视广告宣传，规定拿出营业额的3‰作为广告费，并在中化社专门成立广告科，科员中居然有后来成为著名漫画家的张乐平。1937年"七七事变"前夕，由中化社投资，上海艺华影业公司拍摄了一部歌舞片《三星伴月》，请来当时上海滩最耀眼的明星"金嗓子"周璇主演并演唱了主题歌《何日君再来》。随着影片的上映以及唱片的播放，《何日君再来》红极一时。1938年，香港大地影片公司拍摄抗日影片《孤岛天堂》，片中也用了这首歌，从而一发不可收，各歌舞团竞相引用。1941年，著名影星李香兰也将该曲灌制成唱片。以"三星牌"冠名影片，随着影片走红，"三星"之名也深入人心。此种宣传手段，真可谓匠心独具。

"孤岛"时期遭汪伪特务暗杀的著名报人朱惺公，也曾任中化社广告科科长。为吸引消费者，他专门为三星牙膏设计了奖券广告，并起名为"玻璃管里的秘密"。在牙膏管内放一个小玻璃管，管内放三种彩券，面值分别为1元、5元、10元。更吸引人的是，还设有"福禄寿"三星奖，凑齐"福禄寿"三星的幸运消费者便中头奖，可以获赠一套住房。这样一来，购买三星牙膏的消费者更多了。为了集齐"三星"，不少人还一直坚持用这个牌子的牙膏。

中化的广告形式多种多样，除了报纸、广播、霓虹灯外，还做路牌广告。他们在沪杭、沪宁铁路沿线都制作了大型的广告牌，甚至专门组织了一个"国货广告旅行团"，长年奔波，从上海到西安、四川，甚至到云南，每到一处，都树立中化的路牌广告。

1922年，中化社在槟榔路（今安远路）建了厂房，这就是后来的中化一厂。1923年在星加坡路（今余姚路）设调味品工场，后来这里成了中化二厂。1928年又在槟榔路开设蚊香工场，后为中化三厂。1939年，在蚊香工场附近再开了肥皂工场，即是中化四厂。这一年中化社的资金累积已经达到了200万元。

为了实现原材料基本自给，方液仙兴办了一批为产品提供原材料的工厂。如创办专门为中化社生产各种玻璃容器的晶明玻璃厂，这是个赔钱的企业，但是为了保证中化社的其他产品生产，赔钱也办。1925年开设永盛薄荷厂，为中化社的化妆品及牙膏生产所需原料薄荷油；1932年与方哲年、方作舟合资兴办肇兴化学厂，供应中化社化工原料；1934年投资开成造酸公司，供应中化社工业用酸；同年创办中国胶木厂，为中化社提供胶木瓶盖等；又合资创办美龙香精厂，供应中化社酒精及香精；此外还盘进天一味母厂，成为中化社的联营企业。

这时的中化社组成了一个大型的工业制造系统，成为近代中国规模最大的日用化学品工业综合性企业。

液仙被杀害　中化渡难关

　　抗战期间，上海租界沦为"孤岛"，局势恶化。中化社的第三工场经常有地痞流氓来惹是生非。不得已，中化社只好去求大流氓樊良伯，请出樊派徒弟沈遂根出面充当该场老板，并将厂牌也改成"沈遂记"。起初还颇为有效，可后来76号汪伪特务活动频繁，沈遂根也罩不住了。因为第三工场与第一工场（即总厂）离得较近，中化社担心万一出事，会殃及总厂，影响整个生产。于是，李祖范与方液仙商量，决定利用自己是中国扶轮社上海分社副会长的有利条件，通过美籍律师阿乐满向美国政府注册，将中化社改为美商美联实业公司，各工场均挂美国国旗，并增加阿乐满、安迪生两位美国人为公司董事。而实际上中化社的经营管理大权仍在方、李之手。

　　1940年7月25日，方液仙因不肯与汪伪政府合作，不幸遭到毒手，被绑架并杀害，年仅47岁。时局动荡，加上当家人方液仙的被害，中化社处境艰难，但是该企业员工仍想方设法坚持生产，不曾中断。

　　太平洋战事爆发后，日军开进上海租界，借口中化社系美商注册，被视为"敌产"，派驻监督官，实行军管长达三年有余。日方先派出高砂香精厂的一个叫土田的日本人为会计监督官，进入中化社并宣布："中化所有资金收付、产品买卖、原料进出等，非经监督官同意，不得擅自进行。"不久，日本油脂株式会社又派来了另外两个日本人接替土田。这两个家伙比土田更加凶狠。为了应付他们，中化社特地聘请了翻译，每天还为日本人准备午饭，由翻译陪席。

　　军管期间，日军大肆劫夺，将原料油脂和成品肥皂约两万箱，以及1 000篓牙膏强行运走。为保存资金，中化社在南京路慈淑大楼内设立了一个德丰昌商号，对外宣称是经营批发中化社产品的商号，实则为秘密转账机构。通过这种方式，在神不知鬼不觉的情况下，将公司大量资金转移，日军从未察觉。直到1945年5月，日军才将公司移交给汪伪政权，解除军管。

谁知抗战胜利后，国民党政府统治腐败，法币政策无济于事，通货膨胀日益严重。在此局势下，中化社采取了一系列应对措施。一是在年终利润结算时，原材料价格以再生产成本计算，而不按账面成本计算。如此便提高了账面上产品的成本，而利润则相应下降。年终分配时，税金、红利减少，在一定程度上弥补了通胀所引起的损失。二是利用银行资金。发售产品前，先向银行借款，购入原料，然后出售产品，实行先进原料后销产品，通过借款来弥补不断下降的币值。所以，中化社在币值稳定时是行庄的存款户，在下跌时是

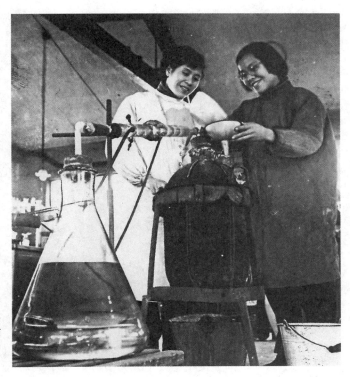

20世纪60年代，中国化学工业社工人为开辟原料新来源而努力

行庄的欠款户。通过这两种方法，中化社保存了实力，才不至于破产。

1949年新中国成立后，中化社实行公私合营，为新中国工业经济的发展发挥着积极的作用。虽然辉煌一时的中国化学工业社已经成了老上海记忆中的故事，但是它部分的生命仍在今天的上海牙膏厂默默延续着。

刘鸿生与他的"象牌"水泥

左旭初

在刘鸿生兴办实业的一生中,创造了不少驰名中外的商标。其中有些名牌商标,至今还在他当年创办的企业中使用。他于1920年创办的华商上海水泥股份有限公司(今上海水泥厂),所使用的"象牌"水泥商标,不但经久不衰,且至今依然焕发着勃勃生机。

"象牌"水泥横空出世

水泥,原本是洋货,国人称它为"洋灰"。水泥英文为"cement"。根据译音,国人又叫它"水门汀""土敏土"或"细绵土"等。水泥是现代建筑最基本的材料之一,1756年由英国人史弥敦发明。水泥从19世纪末开始传入我国后,对我国传统建筑沿用的黏土、石灰、糯米浆等胶凝材料工艺技术,

象牌水泥商标

产生了重大变革。

1920年夏，在水泥市场供不应求的形势下，李翼敬建议刘鸿生开办水泥厂。刘鸿生经过慎重考虑，发觉开办水泥厂不但有利可图，还可以充分利用他原先从事煤炭运输的设备，包括轮船、码头等。于是在同年8月，刘鸿生邀请沪上商界名人朱葆三、谢仲笙等20多人投资，发起成立水泥公司。9月23日，刘氏又召集第二次发起人会议，决定成立"华商上海水泥股份有限公司"（简称"华商公司"），由他购地皮、生产设备及原材料等。1921年1月22日，公司董事会根据大家建议，刘鸿生决定以五彩大象作为今后水泥商标的图样，同时取商标名称为"象牌"。用"象牌"作为商标名称，有这样几层意思：第一，同行业中已有"马牌""龙牌""狮球牌"等用动物名作为商标名称，刘鸿生也想用一种动物名作商标名称，这样今后彼此间可以一较高下。第二，大象是陆地上最大的动物，它在人们的心目中是一种善良的形象。第三，"象"与"祥"是谐音，有吉祥之意，寓示着以后会有好的发展势头。

刘鸿生深知成功经营一个企业，离不开对企业商标的使用和宣传，更离不开对商标的保护。

因此，北洋政府农商部商标局一开始对外公布如何办理呈请商标注册的办法后，刘鸿生便马上派人将"象牌"商标由上海送到北京商标局呈请注册。1923年9月15日，农商部商标局编印出版了我国商标史上第一期《商标公报》，"象牌"商标的审定公告也刊于其中。这里需要指出的是，"象牌"水泥商标虽排列在审定商标第八号，但它是我国水泥行业中的第一个审定商标。1924年3月15日农商部商标局编印出版的第七期《商标公报》上，"象牌"商标被商标局核准，并领到《商标局商标注册证》第112号。核准的专用年限自1924年3月15日起至1944年3月14日止，时间是20年。

"象""马"联手击败日货

1923年3月,"象牌"水泥虽然还没有正式投产,但华商上海水泥公司已开始铺设"象牌"水泥销售网络,和客户签订销售合同。北方的东三省、直隶(今河北)、山东、山西、河南等地,都和刘鸿生签订了推销"象牌"水泥合同。同年8月7日,工厂机器安装就绪,一号窑点火,正式开工生产。随后,公司将"象牌"水泥样品送上海工部局和上海化验室两处化验,包括水泥拉力、压力等各项指标都超过合格标准,取得合格证书。这样,"象牌"水泥一投放市场,即与启新洋灰公司的"马牌"水泥、日商小野田水泥会社等大水泥厂展开了激烈的市场竞争。由于"象牌"水泥是在上海生产,销往江南地区较为方便,因此,"象牌"水泥首先逐步占领水泥需求量较大的上海市场。如当时的大企业江南造船所、华洋德律风公司、耶松船厂、浚浦局等,都曾使用"象牌"水泥来建设厂房、桥梁等。几年下来,"象牌"水泥在上海市场的销售量约占三分之二。但好景不长,"象牌"很快遇到两个很强劲的对手——"马牌"和"龙牌"水泥的冲击。

"象牌"水泥开工生产之际,正值第一次世界大战结束,帝国主义的经济侵略又卷土重来。1924年,在华外资水泥厂的水泥产量及外国在华倾销的水泥数量已达122万桶,占全国水泥总销量的45%。当时中国水泥市场供过于求,国货水泥销售面临困难。由于竞争激烈,国货水泥售价由1923年的每桶4.69元,跌至1924年的3.89元,下降了17%。华商公司因此亏损38 000余元。

面对这种不利局面,刘鸿生审时度势,决定联合国货水泥大厂启新洋灰公司,共同对付日商小野田水泥会社的"龙牌"水泥。

1925年5月,刘鸿生应启新公司之邀北上天津,与启新总经理陈一甫讨论联营问题。双方互有谅解,意见颇为接近。同年6月30日,

"象""马"和好并签订联合营业合同，为期5年。这样，"象牌"水泥退出东北、华北、华中市场，同时"马牌"不再向南方扩张地盘。当时，"象牌"水泥十分之七销于江南地区，失去北方市场，并无大碍，而"马牌"客户主要又在北方，南方市场得失也不重要。合同落实之后，"象""马"两家公司便联合涨价两次，销路居然未受任何影响，使盈利大增。

1927年8月，由于刘鸿生坚定走联合之路，共同抵制洋货的倾销，原先畅销无阻的洋货水泥大不如前，而日货"龙牌"水泥的销售前景也不太乐观。至20年代末，全国水泥市场形成"大象""奔马"战"蛟龙"的局面。到1931年，"象牌""马牌"等国货水泥已占全国水泥总产量的85%，日货"龙牌"水泥在我国的销售锐减。在"象""马"与"龙"之战中，刘鸿生从中获益最丰，纯利高达48.3万元，是联营之前的6倍，跃居全国同行之首。"象牌"也一举成为全国水泥行业的第一品牌，刘鸿生则当之无愧地成为"水泥大王"。

日商冒用"象牌"商标

1931年"九一八"事变后，尽管华商、启新等水泥公司合力抵制日货水泥在我国的销售，但日商依靠日军的军事入侵，小野田的"龙牌"水泥又在东北地区水泥市场出现。当时，英商"青洲牌"水泥也大举输入南方广东地区。

1937年8月13日，日本侵略军进攻上海。华商上海水泥公司地处龙华地区，不断受到日军飞机轰炸，不久公司便全部停产。1938年3月，日军再次入侵龙华地区，华商公司遂被日军占领，后由日商三井物产株式会社与小野田水泥会社托管经营。同年7月间，两家日商便开始使用华商公司内制造水泥的原料、燃料等，并且还无耻地冒用"象牌"商标及印有国货水泥字样的外包装袋，以欺骗国内消费者。9月间，华商公司发现了日本奸商以劣质水泥冒用"象牌"商标,并将其卖给上海潘荣记营造厂来承造工程项目。为了维护自己花了近二十年时间创立的优质品牌,他们当即在中外各报刊登消息,揭露日商冒用"象牌"商标的事实真相。但日商对此置之不理,并继续公开冒用"象牌"商标。无奈之下,华商公司查明冒用"象牌"水泥销售的各个

马牌水泥商标

渠道、代销冒牌水泥的商铺,搜集充分证据,愤然向上海特区第一、第二法院起诉控告日本奸商。至1939年上半年,经过先后两次判决,日商分别被判罚金自法币100至400元不等。当时上海各大有影响的报纸,纷纷刊登两家日商冒用华商名牌水泥商标"象牌"的长篇报道并加社评。在强大的舆论压力之下,两家日商虽然仍霸占着华商公司的厂房、设备、原料,但也只好将他们生产的水泥商标改成"黑龙牌"。

"象牌"水泥获得新生

1941年12月,太平洋战争爆发,日军侵入上海租界。从此,日伪控制上海及江南地区的经济发展。这时,强占华商公司的日商便假惺惺地要与华商公司"合作"经营,并想再度利用"象牌"商标,但被华商公司断然拒绝。刘鸿生曾表示:宁可"象牌"商标不用,也不能让无耻日商借用名牌国货商标来欺骗国人。抗战胜利后发现,原先华商公司好端端的厂房、设备等,竟被日商糟蹋得面目全非。

华商水泥厂的运煤码头

1945年11月,华商公司恢复生产,但生产能力已远不如前。1948年全年"象牌"水泥产销量仅为4.3万吨,不及抗战前的一半。

1949年5月,上海解放。华商公司获得迅速发展的大好时机,"象牌"水泥产量达5万吨。1951年底又创华商公司纪录,产量达10.28万吨。另外值得一提的是,1950年7月28日,政务院颁布新中国成立后第一个商标法规《商标注册暂行条例》。当天,华商公司便向国家私营企业局申请"象牌"商标的重新注册。1950年12月25日是华商公司创建30周年,创建人刘鸿生代表公司在庆祝大会上谈了该公司艰难的创业历史和发展远景规划,同时又指出"象牌"商标今后要以新的面貌为国家水泥行业作出新的贡献。从50年代初至80年代初的30年里,"象牌"水泥产量共翻了10倍。"象牌"商标也多次被评为优质名牌。

从90年代开始,该厂经过大规模技术改造,如日产2 000吨熟料水泥窑外分解干法生产线投产,又创造全国第一,并达到水泥生产世界先进水平。

严氏父子与大隆机器厂

张长根

上海大隆机器厂从光绪二十八年（1902）严裕棠创办至今已经一百多个年头了。在我国民族机器制造工业中，大隆厂是创办最早、规模最大、设备最好、生产技术水平最高的机器制造厂之一。它从清末的弄堂小作坊起家，历经百年风雨，走过艰难历程，从新中国成立前上海生产成套棉纺机械设备的龙头大厂，变为如今的国家大型骨干企业。

上海制造

20世纪20年代的大隆机器厂

由弄堂小作坊起家

大隆机器厂初名大隆铁厂，初创时在杨树浦太和街梅家弄。那两间权作车间的平房，还是向别人租借的。当时厂里仅有7名工人、4名学徒，资本金仅7 500两（银），由铁匠出身的诸小毛和严裕棠合伙经营。严的岳父钱恂如在长治路开着一家米店，厘升要比严裕棠大，故而大隆铁厂周转不灵时经常要向钱恂如调头寸。那时厂里主要的业务是为外国商船修理一些小机件，也给一些缫丝厂和轧花厂修理些零配件。

严裕棠祖籍安徽婺源县（今属江西），其祖辈于清代中叶移居上海，住愚园路镇宁路北严家宅。父亲严介廷是英商杨树浦水厂的买办，家庭受到西方文化的影响，严裕棠小时候就学过英语，19岁时在英商老公茂洋行当boy（仆欧），与英国人交流频繁，因而一口英文越来越流利。不久，徐福寿所办的公兴铁厂需要一个懂点英语的跑街，严裕棠便得以入该厂一显身手。他很善于同洋人船主及工部局有关部门打交道，因此跑街做得得心应手。经过一段时间的磨炼，并积累了一点资本，他就想自立门户了，但他对生产技术不熟悉，于是作为

严裕棠

经理的严裕棠仍负责跑街,而副经理诸小毛则负责厂里的生产技术管理。

1903年大隆机器厂搬到平凉路25号,在两亩半的土地上,租用了严裕棠父亲严介廷的12间铁皮木板平房。厂里仅有原始的皮带车床8部,牛头刨和龙门刨各一部,以20匹马力的水汀炉子引擎作为动力。此时全厂共有工人50名,且大多为学徒工。

那时停靠在上海口岸的外国轮船日益增多,外轮的检修业务也多了起来。大隆机器厂的严老板能与外国大班交流自如,这一点在机修行业中是绝无仅有的,再加上他的工人技术过硬,渐渐在外轮中建立了不错的声誉,该厂的英文名还是位外轮船主给取的。当时许多外轮在上海没有专用码头,也不想花钱租用码头,所以到上海后就停泊在黄浦江中,大隆厂专门购置了两艘小火轮,把修配物资和人员运到外轮上,为他们服务。一次,严裕棠乘小火轮去谈业务,竟不慎从甲板上跌落到黄浦江中,幸好被船上的职工救起。

当时大隆厂除了为外轮做些修配工作外,还为上海的棉纺和轻纺工厂修配设备,如永茂、益泰轧花厂,中兴面粉厂等。那时上海的机器厂比较少,修配业务的利润相当可观。不要说那些工价较高的外轮业务,即使是国内的厂家,利润也有50%到200%。但是三年以后,诸小毛发现这样辛苦下来还是年年亏本,便对自己的合伙人产生了怀疑,继而演变成不可调和的矛盾,直至对簿公堂。一对好拍档就此散伙,大隆厂由严裕棠独资经营。

顾客至上是成功法宝

诸小毛走后,大隆厂缺少资金,要购置机器设备和原材料只好向别的商家赊账。严裕棠的孙子严德泰听长辈讲,有一年眼看年关已至,货款到期,又无力偿付,祖父严裕棠为了躲债,便和同病相怜的荣宗敬一起,大年三十没有在家吃团圆饭,而跑到新闸路北京路口的大观园浴室里躲了一夜。

1905年以后,外商相继来华投资开设纺织工厂。纺织厂的设备多,损耗大,机修工作量亦很大。严裕棠灵机一动,将厂里业务转向棉纺机械修配。他凭借各种社会关系,将多家厂商的机修业务揽到了自己厂里,无论技术难度高还是利润低,大隆不会放弃任何一单生意。有一次内外棉厂发电机上的16英寸S形蒸气管坏了,请英商瑞熔船厂修配被拒绝,因为瑞熔厂无弯管设备,这一工艺比较复杂,利润又不大。而大隆厂的技术工人用手工的方法往管子内灌进沙子,用炉火加热弯头处,正反两次加工成了这件S形蒸气管,帮内外棉厂解决了难题。自此,内外棉各厂的修配任务都转交给了大隆厂,直到1920年他们自己有了机修厂为止。

收费低也是大隆的制胜法宝。专门经营机器设备的恒丰洋行就因为这一点,将纺织厂、面粉厂的传动装置都包给了大隆厂,由他们提供生产图纸和加工要求,这为大隆厂技术水平的提高和加工经验的积累,创造了极好的条件。

大隆厂始终以客户至上来处理业务。上海崇信纱厂的纺纱机经常发生故障,严裕棠之子严庆祥察看后,建议将全部机器的铜轴瓦改装为滚珠轴承。该厂怕停工改装影响生产,大隆机器厂便调动人力,利用春节假期完成了该项调换工作。

经过几年的发展,到1912年前后,大隆厂已同40多家客户建立了业务关系,主要业务由修理外轮转向生产纺织机件,生产水平也日益提高。他们的客户之一

严庆祥(1922年)

上海溥益纺织公司在给大隆厂的信中说:"贵厂承造敝公司第二厂的全部传动装置(包括地轴、轴枕、轮盘、挂线脚等),使用以来成绩极佳,非但选材坚固,工作精良,且设计高明,装置得法,而运转轻灵,较之敝二公司第二厂英国好华厂经造的尤为美。"至1914年,大隆厂已有100多工人,有4—10英尺车床24部、15英尺车床2部、20英尺大刨床1部、大号横臂钻床1部。在生产工艺上分设木模、翻砂、机床加工三部分,车间里还配有五吨手动葫芦吊车。大隆机器厂渐渐在机修行业中声名鹊起。

父子同谋铁棉联营

1916年,严裕棠出差去汉口等地,其长子严庆祥代管大隆机器厂。两个月后严裕棠回沪,见厂务井井有条,遂命高中还没有毕业的儿子辍学进厂工作。

严庆祥和他弟弟严庆瑞进厂,无疑是为大隆添了一支生力军。严庆祥在厂里主要负责技术和跑街,厂里生产的机械零配件图样都由他绘制,因他个子矮小,总是站到小凳子上作图。严庆瑞则负责厂里的内勤、总务等行政工作。严庆祥刚进厂时并不是坐在写字间里指挥工人生产,而是跟着学徒在翻砂车间里清砂。正因为在最底层劳动,严庆祥熟悉了生产工艺流程,体察到工人的辛苦,更对厂内弊端有充分的了解。他发现有工头虚报名额冒领夜班津贴,克扣工人工资占为己有,还有职工上班做私活儿。对原材料的浪费更是严重:切割板材大材小用,零星边角料不注意回收,螺栓螺帽随地乱丢。为此严庆祥制定了许多规章制度。

1922年严庆祥从日本回来后,管理企业的理念就更为先进了,比如大隆厂以计件工资代替了传统的计时工资,用经济手段来刺激工人的积极性。大隆厂还专门组织了一套智囊班子,为企业作决策谋划。其中有日本冶金专家冈岛博士，德国铸造专家顾德华，工具专家许廉士，内燃机制造专家连忠静，经济专家李文杰，法律专家吴麟坤、刘宗元等。

20世纪30年代，严庆麟从德国留学回来后成立了一支工厂足球队。他们的比赛活动消息经常出现在上海的报纸上，简直就是大隆的活广告。

1933年，严庆祥作为资方代表被推举参加瑞士日内瓦国际劳工会议（当时劳方代表是朱学范）。回国后，他在大隆厂率先实行了八小时工作制。该厂的老人严子安回忆说，当时工人们得知这个消息后都欢呼雀跃。他还介绍说，以前大隆厂对学徒工的要求非常严格，满师的学徒都是滚钉板滚出来的。新中国成立以后，不少该厂的学徒工都成为上海机械加工的技术人才。只要是大隆厂出来的师傅，工资都比别人高一些。

大隆机器厂自1902年建厂后的20多年时间里，虽然是日益发展，但总在搞些修修配配，而到了20年代，在上海搞修修补补的机

上海实业界人士欢迎严庆祥参加日内瓦国际劳工会议归来

大隆厂的生产车间

器厂已多如牛毛。严家父子强烈地意识到工厂的生存空间狭小了，只有转向制造纺织机械才是能使企业生存下去的出路。当时充斥国内市场的纺织机都是从美国、日本等国进口的产品，严庆祥立志要制造出国产的纺织机。

他于1922年东渡日本，就生产资料和生产工艺向纺织业的前辈请教。那时，穆藕初先生不仅毫无保留地介绍了国际织机的发展状况，而且还提供了一台美国生产的织布机，让他拿回去作为样机进行解剖仿造。大隆厂组织全厂的技术力量，仿制出12台机器，被荣氏的申新纱厂购去10台，赠送给穆氏的厚生纱厂2台。经纱厂工人的实际操作，发现机器与中国女工的身高不协调，操作时易疲劳。初次尝试的不如意并未使大隆厂失去信心，他们又找来了日本丰田厂的布机进行仿造，并根据中国女工的身材特点作出适当的修改，结果一举成功。成批生产后，受到国内棉纺厂工人的好评而被广泛使用。大隆机器厂开了制造国产纺机的先河，从此一发而不可收，之后又投入了对纺织机械系统的清花机、梳棉机、并条机、钢丝机、粗纱机、筒子车、摇纱车、纡子车、浆纱车的试制。

1925年，大隆机器厂在光复西路5号购地70余亩建设了新厂。1927年，又以低价收购了日商在临青路的仁德纱厂和苏州苏纶纺织厂，同时严庆祥被派往苏纶纺织厂实践铁棉联营的经营方针。收购来的这些厂的设备都很破旧，用的都是一些皮带车，极不安全。大隆厂买下后将布机设备全部更新，改用车头马达布机，光苏纶厂就有1 024台布机由大隆厂制造，这样，大隆厂一下子就活了起来。严庆祥常年奔波于多家工厂之间，据其六子严德泰先生回忆：那时很难见到父亲的身影，每次相见父子都是握手致礼，颇为特别。

至抗战爆发，大隆厂生产用房达470余间、工作母机200余台，工人增加到700余人，资本总额达20万两。

1928年上海举办"中华国货展览会"，大隆机器厂的纺织机械和农业机械在展览会上展出，出尽了风头。1933年到1935年期间，在西方经济危机的冲击下，上海纺织机器制造业的许多厂濒于倒闭，唯大隆厂及下属的企业相互补充，互为依附，反而得到了发展，使企业登上了历史的顶峰。

然而，商海无风亦有三尺浪。1936年，严庆祥在担任大隆机器厂等六厂总经理时，曾参与棉纱期货买卖。当时，市场上流传着白银将要收归国有、法币将代替银圆的传闻，物价扶摇直上，前景看涨，与原来逐月降低的趋势截然相反。得悉市场情况突变，严庆祥及时补进了近期棉纱，获得盈利55万元。不料，其手下一个工厂的负责人虽然接到他的急电，但没有执行，贻误了补进棉纱的机会，损失80余万元巨款，除去三厂盈利抵冲，共亏损25万元。结果严庆祥自掏腰包，拼拼凑凑支付了这笔损失，连他妻子李蕙君的陪嫁也拿出来赔了进去。

大隆厂的办公大楼（1932年）

拒不为日寇生产军火

　　大隆机器厂在新中国成立前的近50年中，几度遭受匪祸兵灾。厂主严裕棠就分别在1928年10月和1932年5月两次遭到绑架，使工厂备受损失。

　　1937年"八一三"淞沪抗战前，国民政府曾要求大隆厂内迁。严家父子对蒋介石有所怀疑，故而消极对待国民政府的迁厂命令，把贵重的机器设备和原材料寄存在租界江西路禅臣洋行的仓库和镇宁路严氏第二公学内，仅仅将一部分工厂迁往苏州。日军占领上海、苏州后，大隆厂被日军所占，原有设备和材料有65%遭到损失，合

20世纪50年代的大隆机器厂大门

法币62.7万余元。大隆机器厂成了一具空壳,被日军改名为内外铁厂,后转向为日军的军工生产。

其时上海及周边的棉纺织厂纷纷关闭,纱布价格日长夜大,在上海的各地厂商又欲重开企业。严家父子就是在这种情况下,以存放在租界的机器和原材料为基础,在江苏路诸安浜路,以美商泰利机器制造有限公司名义开办了泰利机器厂。工人和技术人员都是原来大隆厂的员工,泰利厂筹办时工人仅30人,到1940年底又发展到1 193人。除了保存下来的一部分设备外,还自己制造了龙门刨、锡令车床等装备。泰利机器厂主要仿制英国和日本的纺织机产品,到1941年初共制造和销售42 000锭棉纺机械,其资产总额已近630万元法币。

1941年太平洋战争爆发后,日军对租界实行军管,他们以合作之名胁迫泰利机器厂生产军火,严家不肯接受。于是日军借口其私通重庆,扣押了严庆龄厂长,还抢去2 000余吨生铁、铁板和许多大米。经多方交涉后，严庆龄被释放，日伪同意以华商名义让泰利厂继续营业。可是对泰利厂的迫害并未停止，他们对泰利厂断水、断电。泰利厂当然没有就此屈服，团结工人用木炭引擎发电，掘井取水，解决了水、电的困难，在艰难中挣扎。从1941年到抗战胜利，泰利厂生产下降了78%，工人从1 193人下降到320人，只能靠一些乡下小厂的生意维持生计。

抗战胜利后，大隆机器厂作为敌产被国民政府经济部接收，改为上海机器一厂。1947年9月由国民政府行政院批准，大隆厂被严家以600根金条赎回。新中国成立前夕，严裕棠等人去了香港。经任弼时的妹夫单先麟去香港做了动员工作后，严庆祥回到上海，并于将在香港的外汇资金汇到上海，接办华丰钢铁厂，自任总经理。1952年，又将存在香港的40亿元巨款调到上海仁德纱厂，补充厂内流动资金。

1949年5月上海解放，大隆机器厂在党和政府的支持下恢复了生产，到1952年，职工人数增至1 438人。

1954年大隆厂实行公私合营，生产产品开始以石油机械配件为主，并开发了高强度合金钢链条。至1958年，大隆厂发展成为能生产冶炼、锻压、石油、化肥等成套设备的国家大型骨干企业。如今的大隆机器厂为了配合上海市总体规划，已迁至宝山区，仍是上海电气（集团）总公司旗下的骨干企业。

中山陵设计建造秘闻

王苏红

这是一片圣土。丽鸟成群,古木擎天,松荫柏蔽。巍峨葱茏之中,隐现着一组重檐飞角、高低错落、气势雄伟的建筑群,伟大的革命先行者孙中山先生长眠在这里。中山陵四海仰止,万众瞩目,它的设计者与营造者皆来自上海,在20世纪20年代,这是轰动全国的大事。

设重奖征求陵墓设计图

1925年3月12日,孙中山先生病逝北平。弥留之际,先生嘱曰:"吾死之后,可葬于南京紫金山麓,因南京为临时政府成立之地,所以不可忘辛亥革命也……"

孙中山先生逝世后,灵柩暂厝于北平西郊的碧云寺。先生的葬事筹备处设于上海四川路的大洲公司。1925年9月20日,筹备处召开第11次会议,内容是评审孙中山先生陵墓的设计图。

古今中外,任何一座令世人瞩目的建筑,首先产生于一个非凡的设计。筹备处经多次酝酿,作出向海内外征求陵园设计的决定。孙科与宋子文的英文代表赫门起草了征求设计图的条例。《条例》以中英两种文字拟就,在各大报刊出。规定奖金为:入选陵图,头奖

2 500元，二奖1 500元，三奖1 000元。

在海内外悬奖征图，这在中国建筑史上亘古未有，反响强烈。原定8月31日为征图截止日期，后因国内外的应征者要求延期，筹备处改定9月15日为征图最后的期限。那段时间里，筹备处每天收到大量信函，询问的、报名应征的、陵图寄来又要求退回再加工的……谁都明白，这不是一次普通的大奖赛，征求的墓图是一代伟人的寝陵，它将作为中国历史的一部分永垂千古。

到了截止日，葬事筹备处共收到中外应征图40余种。按《条例》要求，图纸一律不写作者的真实姓名，只注代号或化名，以杜绝评选时徇私舞弊。

9月20日，40余种陵图全部挂在大洲公司三楼陈列厅，评审会场就设在陈列厅现场。除葬事筹备处委员及孙中山先生的家属为当然评委外，还聘请了中国著名画家王一亭、德国建筑师朴士、南洋大学校长凌鸿勋和雕刻家李金发为评判顾问。

40多幅陵图，无论构思、结构，还是布局、色彩，都各具特色，令人目不暇接，动情牵魂。

宋庆龄抱病前来，脚步轻移，一幅幅仔细看去。观至一幅标号Ψ的图前，她驻足凝神，久久没有移动脚步。

这幅图在众图中既不华丽，也不辉煌，乍一看，似乎没有多少醒目之处。但是那由层层叠叠石阶连接的陵门、碑亭、祭堂，依次坐落，蜿蜒而上，直至山顶，给人以"高山仰止"之感；宫殿式仿古木结构的祭堂，雄浑庄重，朴素典雅，极合孙中山的个性与气质。从祭堂朝下望去，自高而低，由窄渐宽，几个主体建筑结合山势地形，呈现出一个钟形。设计者的匠心独运，使宋庆龄百感交集，为之动容。中山先生毕生为唤起民众而奔波，直至临终仍呼念"和平，奋斗，救中国"，不正如长鸣之警世洪钟吗？

画家王一亭、南洋大学校长凌鸿勋亦十分推崇Ψ图，他们的评判结果皆将Ψ图推为首奖。但也有的评判委员认为Ψ图不够华美恢宏，作为国父的陵墓应当更堂皇富丽。

老同盟会员、葬事筹备处常务委员林焕廷道："先生之陵墓，非纯粹纪念建筑，更非历代帝王之皇陵。先生在世之时，国民呼之为'平民总统'，俭朴笃厚为先生毕生奉行之准则。我以为，先生的陵墓首要之点是具有先生之品格、气质、精神，使瞻仰者纵然不能见先生本人，却能睹陵起敬，受到先生精神的感召和默化，以达唤起民众同为革命之目的。为此，本人对Ψ图十分推崇与偏爱，此图可谓千金难觅，当推首奖。"

宋庆龄一直静静地听众评委的发言，此时说道："林公所言极是。先生之所以要葬于南京紫金山，意在默祐共和，唤起民众，使其不泯之灵魂与国民同在，共举未竟之大业。倘若陵墓浮华奢侈，不仅经费不许，与先生的遗愿亦是相悖的。"

孙科插话道："经诸委员多方努力，广州政府决议每月拨5万元大洋储备，备葬事使用。"

宋子文惊讶地说："那怎么够？"

孙科道："所以，我认为夫人之言至为重要，陵墓首要之点在于体现总统之精神，否则即失去建陵的意义。"

Ψ图作为征图首奖，众人的意见渐趋一致。

宋庆龄又道："对于陵图的征求，全国人民都非常关心。陵图除去评委与专家评判外，还应该尊重民意，听听民众的意见，让人民认可。"

于是，《民国日报》《申报》等报刊登了评判结果，并公告民众：从9月22日至9月26日，每天下午2时至6时，在大洲公司三楼展厅公开展出所征陵图。

吕彦直匠心独运夺头奖

大洲公司地处四川路,是上海繁华地段。孙中山先生陵园征求图案展出后,观者如潮,主办者不得不采取分批进入展厅的措施。

来者大都是看了报上的评判结果的,而且报纸已经披露了各图作者的姓名。

大厅里人头攒动,评论纷纷。首奖Ψ图前聚集的人最多。

身材修长的吕彦直也来了,棱角分明的脸上透着一种不苟言笑的冷峻。他原本只是默默地在人群里听取评论,想不到他的挚友李锦沛当众把他推出,宣布了他的身份。

这一下,展厅的气氛骤然升温。观众有幸见到首奖获得者本人,自然是件令人兴奋的事,而设计者如此年轻,却出乎人们的意料。

"请问吕先生,您与孙先生熟悉吗?"

吕彦直摇摇头:"不。熟悉的,只是他的主义、思想。"

"吕先生是专门从事建筑设计的吧?"

吕彦直点点头。

人们不满足,进一步问道:"谈谈您的构思过程可以吗?"

吕彦直推推眼镜,简洁地说:"起初,拟参考法国拿破仑墓式,但思之不合,便采用中国式,局部加以改造,融合了一些西洋式样。"

"您是怎样想到钟形的整体结构的?"

吕彦直

"没有更多的深奥,是孙中山先生的精神和紫金山的地形给予的启示。"

有人还不满足:"能详细谈谈您的设计追求吗?"

吕彦直沉默片刻后说:"如果您在图上看到的仅仅是一座陵墓,那是我的失败。如果这个陵图使你看到陵墓以外的东西,那就是我要达到的目的。"

记者岂肯放过这个极好的机会,又追问道:"吕彦直先生,在此之前,您还设计过哪些重大建筑?"

吕彦直坦诚地摇了摇头。

外表羸弱的吕彦直,8岁丧父,9岁随姐姐侨居巴黎。家道的衰落,精神的困厄,孕育了他内心的坚毅孤傲。他自幼喜爱绘画,天资过人,悟性很高。在巴黎的几年他感受到了灿烂的法兰西文化,回国后进北京五城学堂读书,著名的翻译家林琴南是他的国文老师,这使他从中国传统文化中得益颇多。进入清华大学建筑系后,吕彦直既得名师指点,又在北京对故宫、天坛、地坛等古典建筑进行过实地考察、写生,整理了大量的建筑资料。吕彦直于1913年从清华大学建筑系毕业之后,被公费派往美国康奈尔大学深造,1921年回国。他先与友人在上海设立了东南建筑公司,后又改为"彦记建筑事务所"。这期间,吕彦直设计了不少精美的建筑,但大都是花园洋房。在巨匠林立的上海建筑界,吕彦直还属无名小辈。

中山陵是吕彦直接触到的第一个大型建筑。看到公告那天,性格内向、不苟言笑的他却一反常态,亢奋不已。李锦沛在彦记建筑事务所任建筑师,他对这位好友太了解了,故意激他:"看到公告了?我看不会有多少人应征。"

"为什么?"

"道理很简单。就说你吧,难道有这种胆量?"

"当然!"

整个设计过程中，他把自己关进设计室，潜心研究了中国历代帝陵、古罗马帝王墓冢、埃及金字塔、法国拿破仑墓，任何人都不见，直至陵图完工。迈出设计室的时候，他长发垂肩，满面尘垢，形容枯槁。

头奖的殊荣并没有令吕彦直多么兴奋。他期待的是倾注了心血的图纸变成真正的建筑实体。而头奖是否一定就是建筑蓝图，公告上并没有说明。

为确定建陵蓝图与建筑师，葬事筹备处召开了第12次会议。

作为实用图，必须考虑图与地势的吻合、利用之巧妙。平地陵墓与背山陵墓给人的视觉感观不一样，背山而筑的陵墓，它的正面及斜面观瞻非常重要。吕图在利用地势、地形上，可谓尽善尽美，因而全票通过为陵墓建筑图。但是在确定中山陵工程的建筑师人选上，有些分歧。

委员叶楚伧认为："吕君虽然图案被公认，但就其年龄、阅历，未必能驾驭这个浩大的工程。"

孙科则力荐吕彦直："我与吕先生交谈过，也仔细翻阅过他的一些资料。就其经历、学识看来，可以胜任此职。"

孔祥熙赞同道："采用吕图，起用吕君为建筑师，倒也顺理成章。"

委员张静江说："此次国内外悬奖征图，吕图夺魁，打破了由外国设计师垄断我国大型建筑设计的局面，显示了中国设计师规划大型建筑群、设计大体量建筑的才华。毋庸置疑，后生可畏，我们是应该大胆起用年轻有为之士的。"

如此，吕彦直作为中山陵工程建筑师的提案终于被通过。

姚锡舟舍利投标建陵墓

1925年11月1日，全国各大报刊登了一则重要广告——

本筹备处现拟在南京紫金山坡建造孙中山先生陵墓，自即日起开始报标。凡营造家经承造建筑工程在30万两以下，愿意报标者，请将该工程名目开具上海环龙路44号孙中山先生葬事筹备处，交付保证金1千两整，领取收据、报标条例，再至仁记路5号彦记建筑事务所交手续费10元，领取图样章程，照行报标可也。

孙中山先生葬事筹备处启

为一代伟人孙中山先生营造陵墓，是一项名垂千古的工程，对全国大大小小的营造主来说，是可遇不可求的难得机会。

"念！"上海姚新记营造厂厂主姚锡舟，将这份报纸往桌上一拍。

一职员顺从地把广告念了一遍。

"再念一遍！"

姚锡舟捧着一杯酽酽的茶，边喝边听。

说起这位营造厂厂长，有点特别，虽然说得一口流利的英语，中国字却认不了多少。原来，他出生于上海，自幼因家道贫寒，无力就读，但天资过人的他，竟然在网球场上给外国人捡球的营生中，学得了一口纯正的伦敦腔。

之后，他得到上海营造业前辈杨斯盛的悉心栽培，脱颖而出，于1899年创办了姚新记营造厂。那年，他只有26岁。

在近30年的营造生涯里，姚锡舟凭着超人的勤奋加才智，先后承造了上海电话大厦、上海造币厂、法国总会、杨树浦纱厂、中孚银行大厦、南京和记洋行等知名度较高的重要工程。随着一座座独具特色的建筑落成，姚锡舟也成了十里洋场建筑界举足轻重的人物，成为拥有100万两白银资本的企业家。此时，他虽然已经51岁了，但仍然心高气盛。

孔子说："三十而立，四十而不惑，五十而知天命。"姚锡舟没有读过几本古书，从来不信那一套。他20多岁就立了业，30多岁就没有什么可惑的，51岁自然也不信天命。他要抓住有限生命的余晖，给一生画上一个灿烂的句号。

现在，机会终于来了。而且，赐给他机会的又正是他景仰的孙中山！

一杯酽茶喝尽，姚锡舟的主意已定：投标。

陵图在大洲公司展出时，姚锡舟专程去看过，但他没敢想自己把纸上的陵图变成现实中的建筑群。现在，他心绪镇定，觉得建造孙公之陵非他莫属了。

筹备处自11月1日招标，到12月20日开标，投标者共有7家。

由于资金不足，中山陵工程要分几步完成。此次招标的是第一期工程，即墓室、祭堂、平台、石阶等。

这7家营造厂的最低报价为39.3万两白银，最高价为64万两白银，都超出了吕彦直的原预算。

12月20日，葬事筹备处召开第16次会议，会上吕彦直把投标的7家营造厂的标额和履历做了报告。

对于姚锡舟，吕彦直虽不曾与其谋过面，但早在1906年，这位神奇人物已经名噪一时。

那一年，公共租界工部局重新建造上海外白渡桥。外国营造商做桥墩的办法是，先打好木桩，用木桩拦住铁壳，将钢骨水泥浇灌后，再将木桩拔去。可是在施工中护铁壳的木桩打得太牢，再也无法拔除，整个工程因此而搁浅。请来了上海所有洋营造商，均无良策。无奈，工部局破例登报向华商招标拔桩。

上海有大大小小营造商百余家，纷纷前去察看，莫不望江兴叹。姚锡舟一言未发，只是望着潮涨潮落的黄浦江发了一阵子呆。第二天他又去了，还是悠悠然地观他的潮。天将黑时，他毅然投了标。

第三天，姚锡舟要拔桩了，几乎所有的眼睛都投向了他。令人惊诧的是，他只带了几个人，租了几条空船。众人大惑不解。

黄浦江落潮后，姚锡舟让人将几条大木船牢牢拴在桥墩的木桩上，尔后静静等待。黄浦江开始涨潮，只见浑浊的江水拍岸而涌，木船在大潮巨浪的冲击下如受惊的群马，左冲右突，上扯下拉，奔搏挣扎……几十根大木桩渐渐被折腾得开始摇晃，终于"轰"地一声被拔了出来，随木船翻滚于滔滔江水中。

　　上海滩轰动了，姚锡舟成了街头巷尾议论的人物。洋商也被姚锡舟的超群才智所震慑，不敢再小觑中国的营造商。

　　对于这个姚锡舟，筹备处的委员们也都有所耳闻，因此，当吕彦直提议把中山陵招标的主攻目标对准姚新记营造厂时，众委员一致认可。

　　12月27日，吕彦直冒着满天飞雪来到了姚新记营造厂。

　　吕彦直生性不喜客套，与姚锡舟见面后便直奔主题："眼下国事纷扰，政府艰难，标额能否削减，还请姚先生再考虑。"

　　面对吕彦直，姚锡舟感到必须拿出真诚，他在长长的沉吟之后，手掌一击条案，说道："先生一席话，至理名言。实话实说，我姚某虽为经济人，但深知世上有白银买不到的东西。我已是50开外的人了，还有何求？为人一世，不可不在世上留下些什么，既然先生以诚相告，岂能无动于衷？本来建孙公陵就不是为了赚钱，现在政府资金艰难，鄙人愿将敝处应得之车马费、监工费以及工料涨落之准备金，一共39 600两如数捐输，作为崇拜大伟人之表示。吕先生看如何？"

　　12月28日，筹备处一致通过了决议：姚新记中标。

逢乱世建陵工程难上难

　　1926年1月15日，中山陵工程开始炸山填土，正式动工。风餐露宿于工地的吕彦直不到一个月就病倒了。3月12日是孙中山先生逝世一周年的祭日，吕彦直从病榻上挣扎着起身，又投入紧张的筑陵工程。

不久北京传来消息，孙中山的遗体面临不测。

4月初，奉军一群士兵去北平的西山闲荡，闯进碧云寺。他们见灵堂之上悬挂着一幅画像，很奇怪，一士兵问："这是什么人？"

守灵卫士回答："中华民国首任大总统孙中山先生。"

"什么总统不总统！"士兵说着，拔枪对准孙中山的遗像就要开枪。

守灵卫士急忙以身护像，并好言相劝，才使事态没有闹大。

负责守护西山灵堂的副官黄惠龙预感到将有不测，命令关闭灵堂的铁门，全体守灵人员一律着便服，守卫在碧云寺金刚塔内，做好保护孙中山灵柩的一切准备。

不久，奉军五十团团长又被士兵簇拥着闯进碧云寺。

"这铁门里是什么？打开，老子要看。"

守灵处主任李荣出面婉言解释，不料这名团长蛮横无礼，非进不可，并命令手下砸锁。

李荣万般无奈，只好开锁放行。幸亏孙中山灵柩安置在金刚塔的石龛内，未被发现，只是灵堂被践踏得凌乱不堪。

李荣立即向上海孙中山葬事筹备处作了报告，请求良策。

当时国民革命军正在北伐，上海、南京处在战乱之中，筹备处也无计可施，只能寄希望于中山陵早日竣工。

作为中山陵工程的总工程师，吕彦直用他那孱弱之躯承受着巨大的风险和压力。

陵墓动工之际，正值军阀混战之时，铁路、公路、水路常常受阻，建陵所需之材料不是困滞某地，就是中途被劫，甚至押运材料的人员也被拉夫拉走。吕彦直设计的中山陵以石料为第一重要材料，以达坚固、质朴、凝重之神韵。而这些石料都要从产地运来，近的在苏州，远的在香港、意大利，远渡重洋，几经装卸，海关收重税，又加铁路沿线盘剥。好容易到了南京，还需运到紫金山海拔158米的墓室工地，没有现代化的运输工具，全靠骡车、马车，甚至是人力板车。山路难行，岗多坡度大，石料又重，太陡的地方，怕翻车摔坏石料，就改用人抬肩扛，几十、几百人"嗨哟吭唷"地喊着号子往山上运。行动之艰难，速度之缓慢，使吕彦直焦急万分，忧心如焚。

石料来之不易。钢条、水泥、砖瓦等同样是伴着风险，千里迢迢运到施工现场，甚至连工地的用水，也得靠人一担担挑到山上。

姚锡舟更是叫苦不迭。所有建筑材料都由姚新记包购包运，从产地到工地，且不说海关、铁路、轮船盘剥、克扣的巨额损失，单说在这种运输状况下按所签合同的期限，第一期工程一年竣工已属呓语。而合同规定，逾期不竣，每拖延一天，姚新记将被罚银50两。尽管姚锡舟"抱一名誉观念、义务、决心"投标，且对此工程的困难有所估计，但万万没有想到竟是如此艰难。若局势进一步恶化，战事扩大，工程将有停工的危险。每想至此，姚锡舟不寒而栗。

自然，姚锡舟的那些苦衷往往要倾泻到吕彦直身上。吕彦直固然可以向筹备处申诉，但筹备处如何左右得了全国的局势？

吕彦直累死陵墓留英名

上挤下压，形势严峻，使性情本来就忧郁的吕彦直常常数日不语，镜片后面的一双眼球，更加向外凸出，几乎要夺眶而出。

战事纷乱也好，运输困难也罢，这些都不能动摇吕彦直对施工标准的要求。每一项工程开始之前，必须根据他的建筑详图制成模型，经他一一审视认可后，才可正式动工。对施工人员的技术水平，他有一套特殊的考核标准，通过了，才有资格接任工作。建筑材料的选择，每类都有具体、严格的规定："凡水泥均须选用上等马牌及泰山牌，祭堂内墙须用意大利大理石护壁，粉刷工程须在纸筋灰中伴入麻丝；祭堂及墓室铺地，均须选白色意大利大理石不具有灰色斑纹者……"石、砂、混凝土强度的检验，钢筋的拉力试验，均须南洋大学校长凌鸿勋和中国工程学会会长徐佩瑾主持才能进行，而且参照美国材料公会的检验标准进行检验。施工所用青砖，从几家砖窑取样，吕彦直都未通过。姚锡舟只好下令由姚新记营造厂自己设窑，按吕彦直的要求烧制特种砖。

一天，他发现一个工人以半砖代料，使整个墙壁的砖缝发生了错位，急忙制止，叫来包工头，要求推倒重砌。

包工头测量了一下，说："只差两分不到位。"

"差两厘也是失误。"

姚锡舟对这位面无表情的总监工是既敬又畏。他经营营造业三十载，工程师、监工不知见过多少，像吕彦直这样一丝不苟的，却没见过。但是，姚锡舟毕竟也是一位十分敬业的营造主。他懂得，古今中外，大凡流芳百世的建筑，均出于像吕彦直这种人之手。因此，他曾对筹备处的常务委员林森说："鄙人能与吕彦直先生共事，此生受益匪浅。"

吕彦直终于病倒了，每日便血不止，面呈青黄色。原本就摇摇晃晃的蓝衫，更加显得空空荡荡，像挑在一根细竹竿上。在山上食宿，饮风餐露，又缺医少药，林森等葬事筹备处的委员们多次劝吕彦直回上海治病、休养。

吕彦直平静地摇摇头，没说什么话。

姚锡舟看着吕彦直日渐虚弱，实在不忍，劝道："吕先生，如果你信得过我姚某，就下山去吧。等病愈后回来，先生倘发现工程有丝毫不合标准处，拿鄙人是问就是了！"

吕彦直依然摇头。

筹备处为吕彦直请来了中医、西医，双管齐下治疗。中药一罐子一罐子煮了喝，繁忙的工地不时飘过一股淡淡的药香。

到了1926年秋，时局更加混乱，整个中国像一口沸腾的大釜。

中山陵工程因材料无法从产地运来，濒于停工。忧愤之下，吕彦直病情又开始加重，除了便血，还时常伴随着出现腹胀、腹痛。

筹备处召开了会议，为了减轻吕彦直的工作重负，决定增补一名资历深、有经验的建筑工程师驻山协助吕彦直；并决定孙中山葬事由林焕廷负责全权办理。

筹备处的委员虽然有12人，后来又增补了蒋介石等7人，一共19人，但委员们并不是专司此职，有的只是挂个虚名。比如蒋介石，连一次筹备处的会议也未出席。林焕廷、林森、叶楚伧、杨杏佛、张静江等负责较多。据记载，筹备处一共召开了69次会议，除去在广州、武汉召开的两次外，其余的会议林焕廷每会必到，而且总是肩负最繁重、最棘手的工作。为此，宋庆龄、孙科提出每月给林焕廷200元公费，委员们一致通过。其他委员均是义务兼职。

这位老同盟会会员不负众托，力排万难，为中山陵建设的经费、

建造中的中山陵

运输四处奔走。

1927年春,蒋介石北伐,占领南京。林焕廷请他以总司令名义出示布告,凡中山陵建筑材料一律免税,车辆、船只优先放行。

蒋介石应允了,并下令其司令部,抽调工兵协助中山陵工程建设。

然而,吕彦直的病情却急剧恶化,直肠癌病变,已扩散到肝区。

在此期间,总监工换了一任又一任,直到上海南洋公学毕业的刘梦锡工程师来到中山陵任总监工,情况才有所好转。这时战事渐稀,运输状况也有好转,中山陵的工程加快了速度。

病中的吕彦直不能安然。他那凸出的眼睛常怔怔地直视着已具雏形的祭堂、墓室。恍惚中,他听到天宇间孙公的声音在呼唤,那么的苍劲幽远,那么的恢宏磅礴……吕彦直那已经呆滞的双眸又渐渐聚起了光芒,颤抖的双手又拿起图纸、画笔,作新的修改……

他离自己的墓地只有几步之遥了,但他不肯向生命示弱。他知道,中山陵不竣工,他是不会死的。他找到了一位敢下猛药的老郎中,服下几副药,吐出一堆又一堆带绿的黑痰。

他挣扎着下了床,拄了一根竹竿,艰难地朝祭堂爬去。

祭堂外的一块嶙峋的石崖上,吕彦直用竹竿支撑着身躯伫立着。他抬起凸出的双目,从上往下,从下而上,一遍又一遍,仔仔细细地审视着……

1929年春天,紫金山的草绿了,漫山遍野星星一般的野花又开了,中山陵的主体工程即将竣工,只剩下最后一点收尾工程。然而,吕彦直实在等不及了。

3月18日,吕彦直怀着深深的遗憾黯然而去。

姚锡舟抚棺痛哭,一声声地喊着:"吕先生,你是活活累死的呀!"

1929年4月3日,孙中山葬事筹备委员会作出决议:于中山陵祭

《申报》报道吕彦直逝世消息

堂的奠基室内,为吕彦直勒石志记。1930年5月,总理陵园委员会又决定在祭堂奠基室内为吕彦直建立纪念碑。

纪念碑由捷克斯洛伐克雕塑家高崎刻成。上半部是吕彦直的半身雕像,分头,戴着眼镜,紧抿着执拗、沉郁的嘴唇,身着长衫。那双凸出的眼睛斜视着一方,逼真地再现了吕彦直愤世嫉俗的性格。碑的下半部刻着于右任撰写的碑文:

总理陵墓建筑师吕彦直监理陵工积劳病故。总理陵园管理委员会于十九年五月二十八日决议立石纪念。

吕彦直安葬后不久,中山陵第一期工程全部竣工。

时间比合同规定的期限延长了近三年。此时的姚锡舟已经精疲力竭,两鬓苍苍。一生精明过人的姚锡舟,在中山陵工程竣工后,不仅分文未赚,还心甘情愿地亏蚀白银14万两。

林森十分感慨地对这位承包商说:"先生这次为总理陵寝出了力,亏了本,国民政府是知道的。国民也会永远记住的。"

姚锡舟说:"这就够了。14万两银子买不来的。"

这是姚锡舟在他的营造生涯中承包的最后一项工程。中山陵的不朽,为他的建筑生涯画上了一个辉煌的句号。

孙中山葬事筹备委员会决议,将姚锡舟的名字刻入"中山先生陵墓建筑记"碑文,载入中山陵史册。

建造中山陵的上海三家营造厂

刘东华

1925年3月12日,一代伟人孙中山先生在北京逝世后,按照其遗愿,1929年6月1日,其遗体从北京运至南京紫金山安葬。陵墓于1926年1月动工,1932年全部建成。中山陵设计之精湛、建造之精良,素为中外人士盛赞。陵墓的设计师吕彦直已名垂史册,承建中山陵的姚新记营造厂、新金记康号营造厂、陶馥记营造厂这三家建

竣工的中山陵全景

筑公司（时称营造厂）却鲜为人知。它们均系民国时上海著名的建筑公司，共同为中国建筑史留下了一件珍贵的作品。

中山陵是一项规模庞大的工程。主其事者——孙中山先生葬事筹备处决定工程分三部分进行，并采用投标法，逐个确定建筑公司，让他们分别承包其中的每一部分工程。这些承包中山陵工程的营造厂，并没有固定的工人，一般只有一个办公室，少则几名、多则20名左右的职员，管理效率却相当之高。规模大的营造厂，也有一些施工机械。营造厂得标以后，把施工任务分工种由大包、中包，一层层转包到小包（即工种领班），最后由小包临时招募工人，并直接指挥工人施工。

姚新记迎难而上

在参与修建中山陵的营造厂当中，最早承包该工程的是上海的姚新记营造厂。1925年12月，和孙中山先生葬事筹备委员会签订好合同以后，姚新记营造厂承担起了中山陵第一期工程——建筑墓室、祭堂的重任。该厂立即组织人马，开赴南京紫金山，安营扎寨，开始了艰巨而紧张的建陵工作。

当时姚新记营造厂在上海已负有盛名。厂主姚锡舟（1875—1944），时年51岁，从事营造业已将近30年了。姚锡舟是上海川沙人，从小家境困难，幼年失学。11岁即到上海租界独自谋生，贩过瓜果，为洋人捡过网球，当过外国坟山守夜人。1893年在租界当马路小工，因其勤奋被擢升为班首，并得到上海营造业前辈杨斯盛的指教，因而营造技术提高很快。1899年，姚锡舟创办了姚新记营造厂，承建了不少重要的建筑工程。上海电话大厦、杨树浦纱厂、上海造币厂、中孚银行大厦、法国总会、南京和记洋行（即今南京肉联厂）等，都是由他承包修建起来的。位于南京东郊的中国水泥厂，

姚锡舟

上海制造

也是1921年由姚锡舟出资、得到实业界胡耀庭等人的支持赞助而筹建的。后来中山陵工程中使用的泰山牌水泥，就是这个厂的产品。到1925年，姚新记已是一家具有100万两银资本的营造厂了，经验丰富，名扬遐迩。

姚新记营造厂事先已经预料到，承担中山陵工程不会得到多大的利润。他们和葬事筹备委员会签订的合同上写明，开工一个月以后，姚新记按月向业主领取款项，到工程全部结束，总共可以得到44.3万两银子。这个数字看上去似乎很大，其实并不多。当时是工料兼包的，姚新记作过估价，仅为中山陵工程采购石料这一项，就要花费20多万两银子。合同还规定，到时不能竣工，每迟一天，姚新记就要被罚50两银子。在战事频繁、时局不稳的情况下，担负建陵工程几乎无利可图，甚至还有很大的风险。他们之所以决心承担建陵工程，主要是出于对一代伟人孙中山先生的敬仰。

在姚新记开工以后，一个个困难就接踵而来。由于中山陵的墓室建筑在海拔168米高的山坡上，所有的建筑材料、施工设备、用水全得靠人工运到山上。仅运水这一项，每天就要动用200个民工。大批石料、钢条、水泥、砖和石子，也是伴随着艰辛和风险运到工地的。那几千吨的香港花岗岩、苏州金山花岗岩和青岛大理石，均分别从产地运到南京。意大利的850吨石料，先要从意大利用轮船装运，远涉重洋，经香港转运到上海，再由上海用火车运达南京，然后用人工送到施工现场。

除了这些客观存在的困难以外，还有很多人为的阻力。当时，南京军政当局数易其人，极端混乱，交涉异常困难。对陵墓用料，

姚新记营造厂为中山陵墓室施工

海关要收税,铁路局不但不给运输,还勒索巨款。碰到风云突变,军阀开战,交通中断,陵墓工程所急需的材料便常常不能按时运到。更有甚者,陵墓工程上用的材料和车辆,有时在半路上竟被军阀和土匪抢走,押运材料的人员也被拉了夫,工人们纷纷逃散。姚新记营造厂所受到的损失是相当严重的。即使在国民革命军光复南京以后,车路拥塞、交通困难的情况,也仍然存在。因而陵墓工程进行得非常缓慢。即使有合同作为根据,姚新记营造厂也有几个月未领到葬事筹备处一两银子。

1927年春天,葬事筹备处由上海迁到南京,请国民革命军总司令蒋介石发布告示,保护陵墓工程。筹备处又请海关免收陵墓工程材料的关税,并在运输材料的火车上加盖印有"南京孙中山先生陵工材料"字样的篷布,沪宁路局及兵站交通处及时挂车给运。这样,运输情况才有了好转。

中山陵建筑师吕彦直对姚新记营造厂施工中的用料和施工技术要求极其严格,一切都要按照他的设计要求去办。吕彦直开始时还在上海的"彦记建筑事务所"办公,所以姚锡舟有"工程在宁而取决于

建设中的中山陵

沪，不免疲于奔命"之叹。施工中碰到的有些问题，有时不但要经吕彦直审阅，甚至还要报告国民政府主席林森批准。姚新记所担任的建陵工程，原计划在1927年3月16日前竣工，实际上直到1929年春天才全部完成，比合同规定的时间延迟了两年多。在紫金山中山陵墓工地上的三年里，姚新记营造厂的工人们餐风露宿，奋力施工，吃尽了千辛万苦，最后还亏本14万两银子！林森曾对姚锡舟这样说过："先生这次为总理陵寝出了力，亏了本，国民政府是知道的。"

姚新记营造厂虽然在经济上蒙受了巨大的损失，但他们做出的贡献，却是无法用金钱来计算的。1928年12月13日，孙中山先生葬事筹备委员会决定，由葬事筹备处立"中山先生陵墓建筑记"的石碑，把姚锡舟和吕彦直的名字一起刻入碑文之中。虽然这块石碑后来没有立，但姚新记营造厂和姚锡舟的名字，已经载入了中山陵的史册。

新金记低价中标

第一部分工程即墓室、祭堂开工以后，政治风云的变幻，给交通运输带来的重重困难，使建陵工作进行得非常缓慢，眼看不能按期完成，孙中山先生的亲属和葬事筹备委员们万分焦急。他们决定第二部分工程也尽快开工，把石阶、左右围墙、碑亭、陵门、牌楼等一起建成，以求早日把孙中山先生的遗体迎回南京安葬。

1926年10月，第二部分工程的招标广告出来以后，开标的结果久久未能公布。原来，投标的各营造厂看到时局混乱，物价浮动，困难重重，所以定的标价都相当高，其中标价最低的，也大大超过了建筑师事先的预算。当年12月，葬事筹备委员会决定暂不公布开标情况，将保证金发还各家营造厂，并请中山陵建筑师吕彦直更改图样，把第二部分工程再分成几部分来进行。到1927年6月27日，林业明、叶楚伧、陈果夫、杨杏佛、夏光宇等人，以及孙中山先生的女婿戴恩赛、建筑师吕彦直，在南京重新讨论第二部分工程的招标。当时大江南北处于战争的烽烟笼罩之下，经费也十分困难，招标之事仍然进行不了。一直到10月5日，招标广告才见诸报端。这次招标广告与第一次的招标广告相

中山陵工程招标广告

中山陵建设工地

比，时间推迟了一年，工程内容却减少了十之八九。这次招标，内容不过是挖土、填土、水沟工程、石坡工程、撑墙工程、石阶工程及平台铺石工程等很次要的工程。至于修建碑亭、陵门和牌坊这几项重点工程，原先都属于第二部分工程的，现在却全部取消，留待以后了。

  葬事筹备处的主任干事夏光宇，负责在上海接洽第二部分工程招标。1927年10月27日，蔡元培先生在南京主持了第二部分工程的开标，孙科、林业明、杨杏佛、吕彦直、夏光宇都到会。这次，共有五家营造厂投标，经过讨论，决定由上海新金记康号承包。会后，夏光宇又到上海与新金记康号接洽第二部分工程的价格，磋商合同的订立。新金记康号营造厂终于以最低造价中标。

  新金记康号营造厂厂主康金宝（1882—1974），小名阿梅，上海南汇人。祖上务农，早年丧父，家贫，靠母亲耕织难以维持生计。十多岁即到上海姚新记营造厂做小工，工余时自习泥工技艺，被同乡老泥工陆金生看中，收其为徒。康金宝勤学不懈，技术提高很快。1904年至1918年，康金宝常居上海做泥工小包，多承建姚新记营造厂的水作工程，如崇明大通纱厂等，同时常兼任施工管理之职，其间曾率徒赴天津、南京两地及粤汉铁路施工，以质量好、

康金宝

速度快，深得雇主、业主、工程师的赞许。后因与新金记营造厂的合伙人之间意见不合，康金宝遂独创新金记康号营造厂。

1929年春，中山陵主体工程完工后，于6月1日举行奉安大典。石阶工程和平台铺石等工程为新金记康号营造厂所建

中山陵第二部分工程于1927年11月开工，主要是挖土、填土、水沟工程、石坡工程、撑墙工程、石阶工程及平台铺石工程等。厂主康金宝将资金和人员调到南京，亲自到苏州挑选石材，亲临现场指挥施工，来回奔波于沪宁线上。康金宝本人是泥水匠出身，施工经验丰富，加上当时国民政府已经定都南京，陵工材料的运输、工人的召集都比第一部分工程开工时方便多了，因而工程进展顺利。新金记康号营造厂按照合同规定的时间，到1929年春天，陵墓390余级花岗岩台阶等工程竣工。在姚新记承包第一部分工程亏损14万两银子的情况下，新金记康号营造厂还赚了几万两。从此，新金记康号营造厂名声大振。其后，康金宝在陵园内又建造了中山陵9号"美龄宫"（又称"小红山"国府主席官邸）、林森别墅等。

陶馥记质量至上

孙中山先生的遗体安葬到中山陵的时候，中山陵的墓室、祭堂等处已经建成，碑亭、陵门、牌坊等都还没有动工。这些建筑，作为中山陵的第三部分工程，是后来才着手进行的。第三部分工程包括碑亭、陵门、大围墙、牌楼、卫士室等建筑。

1929年7月，国内几家大报纸登出了中山陵第三部分工程招标的广告。孙中山先生安葬南京以后，孙中山先生葬事筹备处撤销了，代之而起的"总理陵园管理委员会"继续主持陵墓工程。7月26日开标，上海的陶馥记营造厂以41.9万银圆中标。那时，陵园管理委员会的一些常务委员，对于承包中山陵墓室、祭堂工程的上海姚新记营造厂极为满意，很希望姚新记能再次承担造陵任务。7月29日，常务委员会决定，如果姚新记营造厂能照陶馥记所开的标价承包，就由姚新记承包第三部分工程。夏光宇奉命和姚新记营造厂专门进行了磋商。然而，在第一部分工程中饱尝艰辛、受到巨大经济损失的

陶馥记营造厂正在建造中山陵牌坊

姚新记表示,不能照陶馥记营造厂的标价承包。这样,陵园管理委员会才最后决定,第三部分工程由陶馥记营造厂承建。

　　陶馥记营造厂厂主陶桂林(1891—1992),乳名逢馥,江苏南通人。12岁到上海福生木器店当学徒,4年满师后受雇于一家木器厂,每晚到夜校自费学习英文,掌握了精巧的木匠技艺,英文听读写说能运用自如。他先后受聘于美商中国营造公司、美孚洋油公司、美商聚丰建筑公司,任木工翻样和工地监工、工地主任。1922年11月13日,戈登路上挂起了"馥记营造厂"的招牌。他在工程中不仅熟练地运用西方先进的建筑技术,且讲求质量信誉,三四年后,"馥记"在上海滩上有了一定声望。

　　中山陵第三部分工程于1929年8月开工。这时候,各项建筑材料的运输,比起第一部分工程时顺利得多了。如碑亭、陵门和牌坊所用的琉璃瓦,是当年冬天向广东裕华公司定购的。裕华公司烧制以

孙中山先生的女婿戴恩赛（右二）视察中山陵工程

后，分三批由广东运往南京。经陵园管理委员会的请求，财政部除了给以免税护照之外，还命令沿途各关监督，遇到有陵工所用琉璃瓦报运，即予免税放行。但是，第三部分工程浩大，仍然碰到不少困难。碑亭里的大石碑、牌坊的柱座、石柱和石横梁，全要用整块的巨型福建花岗岩来制造。陶馥记营造厂虽是一家著名的建筑公司，但那时还没有多少现代化的设备，主要还是靠人工搬运。工程所用的这些巨型花岗岩的采购，以及在紫金山工地的施工建筑，都要付出巨大的劳动。现在，我们从当年拍摄的陵门、碑亭、牌坊的施工现场照片上，仍然可以看出工程的巨大和艰辛。施工期间，厂主陶桂林经常到工地巡视，检查工程进度和质量。在中山陵繁忙的建筑工地，在灵谷塔紧张的施工现场，常常可以看到陶桂林的身影。他和技术人员、工人一起操作，既关心施工进度，更注意工程质量。一旦发现问题，他就命令立即返工，并一再告诉施工人员，要把质量和信誉放在首位。

第三部分工程按合同规定，应于1931年2月28日以前全部完工。因1930年9月陶馥记营造厂在用船运送碑亭中的大石碑时，石料过重而沉没，陵园准其宽延工期40天，结果到1931年底，第三部分工

陵墓第三部工程

陵墓第三部工程包括左右大圍牆碑石旁門牌樓衛士室休息室等工程在總理奉安期內限於經費不能同時興建以致未克全落成實爲缺憾迨至大典告畢孫中山先生葬事籌備委員會於十八年六月三十日撤銷因由國民政府組織總理陵園管理委員會繼續辦理陵工未竟事務墓第三部工程即由陵園管理委員會招商承辦結果由上海陶馥記營造廠承包當於十八年八月底正式開工該商工作倘稱迅速且陵園馬路完成所有材料運輸亦感便捷工程尚能依序進行至二十年六月底止應時一年又十月全部工程已成十分之九再越三四月當能完全告竣焉

總理陵墓第三部工程合同

本合同由總理陵園管理委員會（以下簡稱業主）與陶馥記營造廠（以下簡稱承包人）訂立茲因業主應建造總理陵墓第三部工程承包人遵照前後開條件擔任供給一切料完成此項工程業主應付承包人造價規元銀四十一萬九千七百零六兩正其付款辦法亦照後列條件辦理

合同條件

第一條 承包人於簽字後十四日正式開工限期至民國二十年十二月二十八日或卽日以前將所有合同內規定及或有加增改修改之工程一律照簽定圖樣完全完工交付業主不能完工每遲一日承包人願交付業主以償損失至完工與交付業主之日爲止倘在工作期務以一日業主顧交罰金銀二百兩爲止業主以償損失至完工與交付業主之日爲止倘在工作期內因於承包人所不能制止之事故而必須停止工作至一日或一日以上之時若經建築師之允許及業主之核准可准其照加日期惟計雪冰凍時日不能照加

第二條 造價銀拾肆萬玖千柒百零六兩及依本合同條例內所載臨時加減之數目當按下列工程分期付款業表由業主付與之如每期工程未到期承包人不得預借款項如已到期而業主未能付款承包人得隨開停止工作以待付款

第三條 凡業主支付與承包人一切款項憑建築師所發付款證書及依期承認承包人爲未能完成任何一期之工程時得以全權停止發給任何一期之付款證書其十七款之付款證書應俟建築師在驗收全部工程承認承包人業已完全履行本合同之條件滿業主之意並由業主將全部工程正式接收始能發給

陵墓第三部分工程合同

程才全部完工。1932年1月25日正式验收，陶馥记营造厂因工程延期被罚款3 000银元。其后，中山陵园国民革命军阵亡将士公墓纪念塔（即灵谷塔）、纪念馆（即松风阁）等一些工程也由其建造。此外，陶馥记营造厂还承建了广州中山纪念堂的工程。这些具有重大意义的建筑，奠定了陶桂林在中国建筑界的地位。

"华生牌"：中国最早的电扇商标

左旭初

一说起电扇的老品牌，人们都会不约而同地提到"华生牌"。据史料记载，"华生牌"商标是我国最早使用的电扇商标。至2004年，它在我国已享誉80年了。如今，"华生牌"电扇在我国电扇行业中，仍然占有一席之地。

账房先生研制出第一台国产电扇

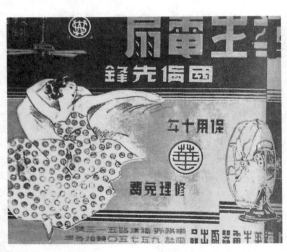

华生电扇广告

说起"华生牌"电扇的诞生，倒也很有趣。它既不是由哪位电器专家首创的，也不是由某位机械工程名家研制的，而是由一位平时工作和电器、机械等专业技术毫不相干的账房先生杨济川研制出来的。从他制作成功的第一台电扇至今（指2004年），已过去了整整90个春秋。

20世纪初，我国基础工业薄弱，尤其是家用电器工业更为落后。当时，我国电扇市场完全被洋货所垄断，特别是美商慎昌洋行出售的"奇异"（GE的谐音，美国通用电气公司的缩写）电扇，长期独霸市场。1908年，全国掀起了一场声势浩大的"抵制洋货，使用国货"的爱国运动，深深触动了当时在裕康洋行做账房先生的杨济川。他想：作为一个中国人，整天替洋商推销洋货，总不是个滋味。杨济川在和外商打交道中，学会了英语，他从小对电器、化学等也很感兴趣，动手能力强，时常买些小电器零配件，独自琢磨，制作一些小玩意供玩赏。这些经历都为他以后从事电扇生产，打下了一定的基础。有一段时间，杨济川还经常和他的两位好友叶友才、袁宗耀交流电器制作的技术经验。他们甚至设想合伙开办一家生产电器产品的工厂，可由于无法筹集到大量资金而未能如愿。后来通过叶友才的联系，他们和扬子保险公司经理、苏州电灯厂大股东祝兰舫商谈办厂事宜。祝兰舫表示愿意提供建厂资金，但要杨济川拿出一个有市场销路、有发展前景的电器产品的样品给他看过，才能决定投资与否。

杨济川经过市场调研，决定试制较有发展前途并能获得较高利润的电扇。然而，制作电扇需要铸铁翻砂、机械精加工、电器装配和油漆等多道工序。他们除了自己能设计加工电器配件、电镀外，其他如铸铁翻砂等，都只能请其他厂家按他们的图纸进行加工。经过半年多的艰苦努力，两台电扇样品终于在1914年底试制完成。当祝兰舫看到他们送来的电扇样品后，大为赞赏，当即表示愿出资合作。但祝老板另外又对杨济川提了个要求：因当时社会上窃电现象严重，电灯厂遭用户大量偷电，急需杨济川帮助设计制作电流限制表，以应电灯厂急用。无奈之下，杨济川只能将制造电扇之事暂且放在一边。

"华生"："中华民族更生"

1915年，杨济川根据进口电流表的样式，通过改进简化结构，试制了两只结构简单合理的家用电流限制表，送到电灯厂。试用后，祝兰舫很满意。1916年2月，杨济川通过祝老板的帮助，筹集到几百两银子，在上海四川路横浜桥，开设了我国第一家家用电器制造厂——华生电器制造厂。此后的8年里，杨济川等三人又研制生产了电压表、电器开关、输电变压器和交流发电机等一系列电器产品。

1924年，华生厂在上海周家嘴路扩建厂房40余间，重新着手生产电扇。由于有了较强的技术力量，华生厂在同年开始小批量地生产电扇，并为自己的电扇产品起了一个同厂名一样的商标名称——"华生"。其真正含义就是要使"中华民族更生"，即中华民族在不远的将来必定会挣脱贫困和压迫，获得新生。1925年"五卅"惨案后，中国人民再次掀起抵制洋货、使用国货的爱国运动。华生厂为配合这次爱国运动，加班生产1 000台"华生牌"电扇供应国内市场。

起初，美商慎昌洋行根本不把"华生牌"电扇放在眼里。美商认为，华生厂的机器设备、技术力量和"华生"商标的社会影响根本无法与"奇异牌"相比。

然而，华生厂决心用五至十年时间赶上"奇异"，在国内电扇市场占有一席之地。为此，"华生"的经营者注重在质量上下功夫。他们对"奇异牌"电扇进行全面解剖分析，吸取其优点，弥补其不足。1927年，"华生"电扇在苏州作连续半年的运转试验，取得成功，显示了"华生"电扇过硬的质量，受到消费者较高的评价。不出几年，"华生"商标成了国内市场上的响当当的名牌产品。华生厂经营者还奔赴南洋各地举办电扇展销会，宣传国货"华生"商标，扩大"华生"在海外的影响。到1928年，"华生牌"电扇产量已增至1万台。1929年又增至2万台。在很大范围内，夺回了被"奇异牌"电扇独霸的国内市场。

美商电扇商标被赶出中国市场

至此，美商慎昌洋行才如梦初醒。于是，他们把"华生牌"电扇当作眼中钉，千方百计要把"华生"商标搞掉。他们先提出，愿出50万美元的高价买下"华生牌"商标的使用权，但被华生厂拒绝。

一计不成，又生一计。美商倚仗其强大的经济实力，欲将"奇异牌"电扇跌价倾销，以彻底挤垮"华生牌"。华生厂沉着应战。他们一方面为确保"华生牌"电扇质量，维护"华生牌"商标的声誉不受损害，宁可减产或停产，也不轻易降价；另一方面再创了一个价格较低的新商标"狮牌"电扇，与"奇异"开展市场竞争。如果"狮牌"与"奇异"争夺电扇市场，华生厂固然也会有损失，但美商"奇异"的损失将更惨重。

时逢1929年底，世界经济危机全面爆发，美国首当其冲，美商对华出口已处于十分不利的地位。"奇异"电扇即使不跌价，也已损失了一半，假如再作跌价倾销，损失将更大。美商慎昌洋行经过权衡得失，终于放弃了跌价倾销计划。这场一触即发的电扇商标大战，就此偃旗息鼓，华生厂的"狮牌"商标也因此未正式推向市场。

从20世纪30年代起，"华生牌"电扇进入全盛时期。华生厂设有10个分厂，年产"华生"电扇3万余台。在国内25个城市都设有经销公司，销量占国货电扇的85%，并日渐取代称霸我国电扇市场的"奇异牌"电扇。1937年全面抗战爆发后，华生厂的部分设备在内迁过程中，遭日机轰炸，损失惨重。到重庆后，只能恢复小批量生产。抗战胜利到1946年，"华生牌"电扇年产量也只有近万台。

新中国成立后，由于美国等国家对我国实行经济封锁，"华生牌"电扇不能外销。1962年，华生电器制造厂分为电扇厂和电机厂两个厂。80年代后，上海华生电扇厂经过大规模改组，成立了上海电扇总厂。1983年年产"华生牌"电扇60万台。

进入90年代，该厂开展多种经营，以适应市场发展需要，"华生牌"商标已不再是专用的电扇商标。该厂利用这块金字招牌，又陆续生产出"华生牌"脱排油烟机等新产品。

"汗衫大王"智创"鹅牌"商标

左旭初

任士刚是我国20世纪20年代末著名的"汗衫大王",也是红极一时的"鹅牌"汗衫商标的创立者和大师级的广告宣传家。

一家由五个大学生创办的"五和"厂

19世纪末20世纪初,我国百姓都习惯以布料做内外衣裤,官僚贵族则以绫罗绸缎、呢绒哔叽等高级衣料来做衣衫。而针织内衣在我国市场上出现较晚,特别是一些高档洋货针织内衣,被人们视之为日常生活中可有可无的奢侈品。另外,由于当时各类洋牌洋货针织内衣充斥我国市场,国货针织品无论质量、款式等根本无法与洋货竞争,比如诞生于19世纪末的我国第一家针织厂——上海云章衫袜厂,那时他们生产的汗衫、袜子,一经上市,很快就被洋商挤压下去了。

到了20世纪20年代,国内针织品市场有了很大的变化。不少国货针织产品商标崭露头角,勇敢地参与国内市场竞争。如上海景纶衫袜厂生产的"鹿头牌"汗衫、"金爵牌"卫生衫,上海康福袜厂生产的"康福牌"羊毛花袜、真丝花袜等,在当时国内市场上均占有一席之地。尽管如此,仍没有能从根本上动摇洋货的垄断地位。

1924年,全国反帝、反封建浪潮逐步高涨,各界民众也展开了"抵制洋货,使用国货"的爱国行动。当时有几位在上海工作的大学生,看到我国针织品市场长期被法、日等国洋货占领的局面,决定自己筹办针织厂,创立国货商标,誓与洋品牌争夺市场。其中有一位名叫任士刚的青年最为积极,他联合4位同学集资2万两银子,发起组建了一家名叫"五和"的针织厂。

五和针织厂建在当时的上海爱文义路(今北京西路)永吉里。所谓"五和",意为"五个老板和气生财"。那么,任士刚为何又为自己的产品商标取名"鹅牌"呢?原来,任士刚是宁波人,在宁波方言中,"鹅""和"读音相谐,因此,"鹅"字就成了他们的商标名称。

上海五和织造厂使用的"鹅牌"包装盒商标

一个懂得依法保护商标的中国企业家

确定"鹅牌"商标之后,任士刚最先想到的是,怎样依法保护"鹅牌"商标名称与"五和"企业的名称。

1928年,任士刚等人向当时国民政府商标主管部门呈请"鹅牌"商标注册。为预防今后被人仿冒,他们分别注册了有一只鹅的、两只鹅的和五只鹅的商标。另外,他们还先后注册了"金鹅""银鹅""天鹅""蓝鹅""白鹅"等一系列与"鹅"有关的商标名称。

同年,五和针织厂著名的"鹅牌"汗衫商标,被政府商标主管部门核准注册之后,任士刚为了防止别人仿冒,又申请注册了与"五和"厂名读音相似的几个商标名称,如"五禾"(由五棵禾苗扎在一起)、"五荷"(由五朵荷花联结在一起)和"五鹅"(由五只戏水的白鹅组成)等商标。

任士刚这样做,当时确实在很大程度上起到了保护"鹅牌"商标与五和针织厂厂名的合法权益的作用。在20年代末,就具有如此强烈的商标和企业名称保护意识的企业家,确是极为少见的。

一个被德国商人非法仿冒的"鹅牌"商标

以后的历史证明,任士刚等人的自我保护举措是非常明智的和必须的。任士刚带领职工开展技术攻关,产品质量迅速提高,仅用了一年多时间,"鹅牌"汗衫已名列国内同行业前茅。到20年代末,"鹅牌"商标成为名牌。"鹅牌"产品曾先后参加上海、青岛、南京、镇江及新加坡、泰国等国货流动展览和陈列,并多次荣获西湖博览会等全国性展会的优等奖。而"鹅牌"汗衫更是风靡全国,首先打破高档汗衫长期由外国"舶来品"独霸我国市场的局面。当时的"鹅牌"汗衫已完全赶上日货,并超过法国产的高档洋货。30年代初,五和厂生产的"鹅牌"60支双股麻纱汗衫,已率先改变我国国货汗衫无上等货色的落后面貌。

设立在上海的德国礼和洋行,原来是向法国进货针织汗衫、棉毛衫,然后在我国沿海地区销售的。后来他们发现市场上的"鹅牌"针织品很畅销,便将"鹅牌"汗衫与法国针织汗衫相比,发现质量不分上下,但法国货价格却远远高于"鹅牌"。于是,礼和洋行放弃向法国进货,而改向上海五和针织厂订购"鹅牌"汗衫。可是,狡猾的德国人在大批量购进"鹅牌"汗衫之后，并不是马上转手出售，而是动了歪点子，他们把购进的"鹅牌"商标标识拆下，再改缝上自己的商标，冒充为进口洋货品牌，投入我国市场，欺骗广大消费者。

外国人以中国名牌货，非法冒充洋牌洋货，再抛售给顾客，这种做法在现代中国商标史上并不多见。这也从另一个侧面说明了当时五和针织厂的"鹅牌"汗衫质量的确已达到了相当高的水准。

一系列精彩纷呈的广告宣传

"鹅牌"商标在全国迅速打响，与任士刚等人出色的广告宣传大有关系。

30年代，他们就曾在南京路成都路口仙乐斯草坪的池塘内，用当时较少见的水门汀（即水泥）浇筑了5只姿态各异、栩栩如生、人见人爱的大天鹅，引得来往行人驻足观看，成为当时南京路上一大景观。

与此同时，他们还将"鹅牌"商标的广告宣传延伸到国内其他地区。如任士刚在绍兴兰亭，借用王羲之书写的"鹅池"名碑、墨华亭等风景点，大做"鹅牌"汗衫的立体宣传广告。他们在兰亭悬挂"兰亭鹅池为东南第一胜景，鹅牌汗衫为东南第一佳品"等大型书法条幅，使各地书法爱好者、旅游者来到这茂林修竹、风景清幽的鹅池旁，既能欣赏到一块块珍贵的书法碑碣，又能看到"五和"厂长期认养的一群群美丽多姿的白鹅，领悟到这一群白鹅的"活体"广告内涵，从而使人们加深了对"鹅牌"商标的印象。

任士刚还在国家级风景区杭州西湖上做"鹅牌"商标的流动广告。他们制作形态各异的白鹅型游艇，让一只只游动的"大白鹅"，终日荡漾在西湖湖面上。登上游艇的广大游客，既观赏到了西湖美景，又可享受到"鹅牌"商标注册人提供的服务。这样一来，游人无意间也成了"鹅牌"商标的义务宣传员。

抗战前，任士刚等人还经常在上海等地报刊上采用与众不同的广告宣传手法，来扩大"鹅牌"商标的社会影响。如画谜征答广告，要求读者根据图意作短文或诗歌。一般每次征集均有上千人来稿，经过评选共有30人入围中奖。1937年《机联会刊》第44期上发表了一位消费者撰写的五言诗："白鹅映碧荷，妙理谐音罗。韵事追千古，商标说五和。品高差比拟，色洁胜如何？料想风行日，口碑载道多。"此诗说尽了"鹅牌"与"五和"的妙处。

一个历经磨难永不衰败的中国商标

1937年7月全面抗战爆发，同年11月日军侵占上海大部分地区。一向以"使用国货，抵制洋货"为己任的五和针织厂，便成为日商的眼中钉。任士刚曾于1932年"九一八"事件一周年时，在《申报》上刊登的"鹅牌"商标宣传广告文章《外感与外侮》里写道："鹅牌卫生衫可防止外感，吾人从人身的外感，便想到国家的外侮。国人应精诚团结，共御外侮。"别有用心的日商抓住这些词句，雇佣和挑唆一批日本浪人，放火烧毁了五和厂的厂房，使"鹅牌"产品被迫停产。抗战后期，五和厂虽恢复了部分"鹅牌"产品的生产，但和抗战前相比，相差甚远。

1949年5月上海解放后，"鹅牌"商标获得新生。该厂响应政府号召，在同行中率先进行公私合营，由此兼并吸纳了40多家小厂，成为针织产品专业生产厂。60年代初，该厂在全国率先研制出32支精梳精漂"鹅牌"汗衫，受到消费者的青睐。之后，五和厂又在国内首先用针织方法开发成功"鹅牌"真丝内衣，同样受到消费者的欢迎。

80年代初，五和厂的32支精梳精漂"鹅牌"汗衫，被当时的纺织工业部评为名牌产品。同年,国家工商行政管理总局授予"鹅牌"商标全国"著名商标"称号。1982年,"鹅牌"汗衫荣获国家质量银质奖,1985年、1990年又连续保持国家银质奖荣誉。"鹅牌"产品以其良好的内在品质和商业信誉,始终处于全国领先地位,并赢得海外消费者的信赖。

进入90年代后,五和厂的领导更加注重对"鹅牌"商标的使用和全方位的保护,并制定了一系列的规章制度来加强管理,确保了"鹅牌"的名牌效应和产品质量。

郭氏兄弟与永安纱厂

吴红婧

20世纪30年代，上海滩上有两大纺织业巨头，位居首位的是显赫的荣氏兄弟，与荣家申新纺织公司形成抗衡之势的是比他们晚五年涉足纺织业的郭氏兄弟。郭乐、郭顺用二十年时间，从一家纱厂发展成一个拥有五家棉纺织厂、一家印染厂的大型棉纺集团，成功地实现了在纺织业掘金的梦想。

郭氏兄弟　重实业投资办纱厂

从1917年成千上万的顾客涌进热闹开业的永安百货公司开始，公司老板郭乐的名字从此渐渐为上海人所熟知。

郭乐出生在广东香山县一个农民家庭。18岁时赴澳大利亚谋生，在菜园里当过雇工，沿街贩卖过水果蔬菜，还在水果行里当了几年店员。1897年8月，已小有积蓄的郭乐和几个同乡集资盘进了一家水果行，在经营各种水果的同时兼营中国土特产和当地杂货。赚了钱后又在斐济开办蕉园，

郭乐

位于杨树浦的永纱一厂

创造了可观的利润。1907年,他在香港建成永安百货公司,生意兴隆。之后陆续在广州创办大东酒店,在香港创建永安水火保险公司、大东酒店和维新织造厂。1915年,郭乐和郭顺移师上海谋求更大发展。

1920年的中国民族纺织业异常活跃。因受第一次世界大战影响,进口棉纱锐减,国内棉纺厂乘机大发展,聂家的恒丰纱厂、荣家的申新纱厂高歌猛进,新的棉纺厂不断兴建。

永安百货公司根基稳定后,郭乐开始寻找新的发展点。他同时收到两个投资建议,一是投资浙江沿海中部三门湾的商港,二是广东台山县籍工程师骆乾伯提出,应当凭借商业经营积累的资金,以"振兴实业、挽回权利"为口号,开办纺织厂,向工业方面发展。当时纺织业是获利丰厚且社会需求日见增长的产业,民间流传着"一件纱赚一只元宝"(即生产一件棉纱,可以赚50两白银的高额利润)的说法,被高额利润吸引的郭乐决定投资办纱厂。

1920年冬，郭乐和郭顺为创建永安棉纺织印染公司（简称永纱）发起招股。时任悉尼中华旅澳商会会长的郭顺亲赴澳洲招股，不少华侨当场认股。永纱原定招股300万元，结果增至600万元。永纱的资金绝大部分来自华侨，约占全部股份总额90%以上。其股东众多，原始股东有5 302户，其中郭氏嫡系家族22户，投资金额153 500元，仅占全部资本2.56%，6户永安资本集团联号企业投资金额1 167 000元，占全部投资金额的19.45%，散户5 274户，股金4 679 500元，占全部投资77.99%。郭氏家族以2.56%的少数股权控制了600万元的永纱企业，这在国内一般企业中是罕见的。

1922年6月26日，永纱在上海召开企业创立会，任命郭乐为董事长、总监督，郭顺为总经理，郭乐、马祖星、郭泉、郭标、杨辉庭、郭瑞祥等15人为董事。永纱从一开始就掌握在郭氏家族手中。

为了抢时间早日开工出利润，郭乐在订购机器时，舍弃了交货时间长的英国机器，而花费90多万美元购买了美制纺机30 720锭。1922年9月，地处杨树浦西湖路的永纱经过紧张地建厂、安装机器设备后，正式投产。

一路狂奔 "永纱"跃居全国老二

事与愿违的是，永纱生不逢时。此时，随着一战结束，西方经济已渐复苏，洋棉纱卷土重来，郭乐自喻永纱厂"出世后就遇着打饥荒"，加上四川军阀内战的影响，棉纱价格不断暴跌，而棉花价格却持续上扬，"花贵纱贱"使永纱高质量的棉纱卖出即亏本。

尽管危机如影相随，但郭氏兄弟仍然是信心百倍，在应对危机的同时，不断做出一些惊人之举。

针对"花贵纱贱"，郭乐萌发了"筹建布厂，弥补纱厂"的想法，即"纱市疲滞，倘有织布厂相助，用本厂纱，织本厂布，纵不

郭顺

能厚获大利,而棉纱可不至积压,互相为用……倘织出之布,于市面销场畅旺,则可以随时扩张"。1924年7月,永纱的织部建成开工,旋即增开夜班,所生产的布匹远销泰国、新加坡、吉隆坡等地。

1924年4月,由聂云台创办的大中华纱厂,由于囤积原料过多和受"花贵纱贱"的重创,再也无法从银行和钱庄贷到款,而被债权人接管,定价194万两登报拍卖。大中华纱厂建厂时耗资300万两,从英国引进了一流设备,拥有纱锭4.5万枚、线锭4 800枚,另有发电设备一套,1922年4月才投入使用。看好纺织业前景的永纱趁低价扩容,最终以159万两收购了大中华纱厂,将其改名为永安二厂。

1925年初夏,"五卅"反帝风潮与抵制日货运动使国产棉布风靡一时,永纱终于迎来了发展良机。当时租界内的电费低廉,80%的纺织厂建在租界。罢工致使工部局停止供电后,绝大部分没有发电设备的民族纱厂被迫停工,自置发电设备的永纱如鱼得水,生产的棉纱供不应求,价格持续飞涨,而棉花价格则因大部分纱厂的停工而逐步回落。永纱抓住这个难得的机遇,开足马力生产,以获取巨额利润。

1927至1937年是民族棉纺工业繁荣时期,棉纱市场成交数量日益增加。1927至1928年上海每年棉纱成交30万件,1929年上升为60余万件,1930年为57万件,1931年为51万件。得天时地利之助,永纱就像滚雪球一样快速膨胀,创造了空前的巨额利润,每年赢利约在150万元到380万元之间。

郭氏兄弟扩张的野心随着利润一同大幅度递增。1927年,他们盘进鸿裕纱厂,建成永安三厂。1928年,又在永安二厂西面空地兴建永安四厂。1931年通过投资逐步控制了纬通纱厂,两年后获得另

初建时的永安纱厂

外50%的股份,抗战后改名为永安五厂。

从1922年到1937年,永纱在16年间一路狂奔,通过自建、收购、参股等形式,办起了五家棉纺织厂,另外还有印染厂、发电厂、机器厂等,拥有资本1 200万元,年棉纱产量10多万件,棉布80多万匹。郭家成为我国民族棉纺工业中仅次于荣家的全国第二大企业。

各路人才　支撑起"永纱"企业

1922年,郭乐、郭顺创建永纱时,因为对纺织技术一窍不通,便聘请曾留学英美、专攻纺织的骆乾伯为总工程师,许以"月薪500大洋,如生意有溢利时酬以花红"的优厚薪酬。这位骆总工程师脾气很大,肝火一上来与郭顺闹别扭是家常便饭。郭顺忍气吞声之下,决意在郭氏子孙中培养技术人才以掌握主动权。1923年,他送侄子郭棣活远赴美国专攻纺织,成为郭氏家族第一个出洋留学者。郭棣活毕业时,获全美棉纺织同业公会颁发的纺织学院最佳毕业生奖牌。郭棣活回到上海,在任永安三厂总工程师期间,引进西方先进技术更新设备,使得产品质量稳步提高,不仅畅销国内,还远销东南亚。1929年,郭棣活升任公司副经理,这位留洋的郭家第二代掌门人牢牢降住了桀骜不驯的"骆总",并且合作愉快。

永安纱厂的摇纱间

上海制造

在永纱,聚集了一批精通纺织技术的人才,他们凭着对民族纺织业的热爱和一技之长,使得永纱产品的质量立于不败之地。我国早年留美学习纺织之第一人雷炳林,就是郭氏兄弟重金聘请的人才。1923年,正在南通纺织专门学校担任教授的雷炳林,经骆乾伯的鼎力推荐和郭氏兄弟的力邀,进入永纱与骆乾伯共同管理工程技术事宜,1924年冬主管一厂厂务。当时市场上的棉纱布绝大部分是日本纱厂生产的,国货几无立足之地。雷炳林和同事们在郭氏兄弟的勉励下,同心协力提高产品质量,不到一年就使永纱的金城牌棉纱行销市场,还能与洋货相抗衡。有一次,香港大兴织造厂的厂主持售价合银220两的双蓝鱼牌英制12支棉纱纱样到永纱,雷炳林接受了厂方交付的检验和仿制任务,结果以成本180两纺成。大兴厂主对纱的强力和条干均感满意,立即订货。双蓝鱼牌纱主闻讯后,不得不将纱价从原来的220两减至180两。1924年春,永纱的织部在雷炳林

1948年上海永安股份公司发行的股票

主持下开工织造，不多时永纱的金城牌棉布也风行国内。

1932年"一·二八"事变后，上海各业萧条，华商纱厂受害最大，减产停工的比比皆是。雷炳林看到外国因不断改良机器，纺织品日趋精良、成本愈低，深感必须对现有设备的不足之处加以完善和发展。经锲而不舍地反复试验，终于在1936年创造性地推出粗纺机双喇叭喂入装置及精纺机弹簧销皮圈式大牵伸机构两项发明，获当时南京国民政府实业部专利。此项发明还在英、印度、美、法、德、意和瑞士等国获得专利。当年《申报》评价道，"雷氏的发明，一雪外人讥笑中国人只能使用机器而不能发明机器之辱。"

由于质量过硬，信誉好，永纱的"金城牌"棉纱还被同行竞相仿冒，其中还有一家英商纱厂。

淞沪之战　遭噩运由盛转衰

永纱在巅峰时期，除了要面对同业的竞争外，还要与日商纱厂争夺市场。20世纪20年代初,香港的袜厂所用的12支棉纱几乎被日纱厂垄断。永纱为打开香港市场,技术上精益求精,很快就在纱的强力、条干和黏度上超过了日纱厂,由于永纱的12支棉纱价廉质优,自然击败了日纱厂。同样,为同日商抢夺全国市场,永纱充分利用永安总公司在各地的分庄,根据反馈的第一手信息,及时调整生产的品种和价格,国内国外的销售形势喜人。然而1932年的"一·二八"淞沪之战摧毁了这番好光景,战争中蒙受巨大损失的永纱就此从极盛开始走向衰退。

永安二厂和四厂位于吴淞蕴藻浜。淞沪抗战爆发后,丧心病狂的日军以这里的工厂为目标轮番轰炸,又以军舰炮轰吴淞要塞,二厂和四厂顿时陷于一片火海之中。事后永纱委托慎昌洋行评估损失,仅二厂就有房屋、机器、马达、电线电灯、发电间等被毁坏,存栈棉花、存栈原箱机器、物料栈等被焚,损失总计合大洋281.5万多元。加上1月28日到6月4日停工127天,损失大洋42.4万多元。郭乐曾痛心疾首地表示:"本厂屹立吴淞,多历年所,拓地二百余亩,购机十二万锭,工人赖以生存者数达万人。机器轧轧,昼夜不辍,方期增加出品,挽回外溢利权,不料变起非常,备受强邻蹂躏,损失之巨,言之滋痛。"同时,在非战区的永安三厂,部分机器也遭炸毁。

"八一三事变"后,永纱再遭劫难,二厂、四厂和纬通合记纱厂被日军占领,一厂和大华印染厂被日军强占后改为日本陆军野战医院,大批的棉花、棉纱、布匹、染化料以及设备被日军抢劫一空。更有甚者,日军还向郭氏兄弟提出要与二厂、四厂合作。为了避免纱厂被日军侵吞,郭乐不得不与慎昌洋行合组美商大美企业公司,作为永纱的"母公司",想借助美商的招牌庇护永纱。但日军还是以"委托经营"方式强行管理。郭乐请美国洋行经理出面,以美商名义向日本军部交涉收回产权,日军非但不予接受,还指名要郭乐亲自出面。郭乐派代表前往,日本军部蛮横地扣押了代表。1939年2月,在日军逼迫下，永纱与日商裕丰纱厂签订3年合作合约。郭乐看到无法以美国势力抑制日寇，遂出走香港。

1941年12月，日军进占公共租界的苏州河以南地区后，将挂牌英商美商的华商纱厂通通视作"敌产"，实行"军事管理"，随后玩起了"名发还，实合作"的花样。1942年8月19日，永纱和日本裕丰纱厂签订合作合约，组成永丰企业公司，向汪伪实业部注册立案；永纱一厂与日华纱厂签订合作合约，组成永华公司共同经营；大华印染厂与同兴纱厂签订合作合约，组织永兴公司共同经营。纬通合记纱厂由日商丰田纱厂管理，虽未被强行合作，但在1943年7月发还时被勒索"清算金"达日元1 031 940元之巨。

当时永纱所有企业中，只有三厂能够正常生产。抗战期间，沿江沿海各大城市的棉纺织业不同程度遭到破坏，纱布供不应求，三厂利用水路航运通畅、棉花供应充足的条件，开足马力生产，倒获得了不错的收益，对损失惨重的永纱集团多少是个安慰。

举步维艰　逢解放喜获新生

抗战胜利后，由于郭乐、郭顺的先后离沪，永纱的经营管理重担落在了第二代掌门人郭棣活肩上。永纱1946年度营业报告称："生产额日有增加，又值纱布市价日形俏利，故上半年获得丰厚盈余。在此基础上，一方面将损坏之厂房加以修理，一方面将短缺之机器零件加以添配，一方面将原棉及原料尽力补充，三方兼顾，同时进行。"

1945年9月至1946年期间，经历了八年抗战的纺织品市场一路飘红，迎来暴利时期。以20支纱为例，每件市价约为120万元，可获利约50万元；12磅细布成本4.6万元，市价5万元，每匹可获利4 000元。遗憾的是好年景前后仅一两年，1947年开始棉纺业又开始走下坡路。国民党为打内战强征暴敛，以充军费，永纱成为受灾大户，饱受盘剥之苦。国民党政府募集"同盟胜利公债"，永纱被摊派1 700万元；发行"美金公债"，永纱认购103万美元，折合黄金6 208两、美金10万元和大鹏细布44 000匹；发行金圆券，永纱被迫兑出黄金6万余两、美钞10万元、港币2万元；限价出售棉纱的70天中，按市场价格差额，永纱损失金圆券达530万元。

经此打击和勒索，永纱元气大伤。郭棣活正感彷徨无计时，解放大军的炮声已迫近上海，亲属们都劝已升任总经理的郭棣活及早离开，郭乐还包了专机接他赴港。但郭棣活与时任永安百货公司总经理的堂兄郭琳爽商量后，决定同留上海。

上海解放后，陈毅市长了解到永纱的困难后，专门关照银行、铁路、海关各部门协调解决，专调车皮去香港运回滞留在那儿的大功率汽轮发电机、1万锭全套纺纱设备和棉花，几经周折，终于将滞留物资全部运到上海。1956年永安纺织公司公私合营后，郭棣活仍任总经理，并兼任上海市人民政府委员、工商业联合会副主任等职，永纱从此走上了健康发展的道路。

项氏父子与五洲大药房

项泽楠

上海福州路河南路口耸立着一幢呈扇形展开的大楼，老上海都还记得它以前的名字——五洲大楼，那曾是五洲股份有限公司的总部所在地。它是凝聚项松茂、项绳武父子两代人心血的最好见证。"人造自来血发家，固本肥皂成名，定货上面赚钞票。"这句在老职工中流传数十年之久的话，概括了这个民族企业的发展历程。

人造自来血发家

1907年，商务印书馆创办人夏粹芳、中法药房老板黄楚九和药剂师谢瑞卿集资开办了一家药店，取名五洲药房，颇有几分运通世界的野心。谢瑞卿任经理，负责日常业务。开业之初经营进口西药和月月红等七种常用成药，同时还出售一种谢瑞卿研制出的"博罗德补血圣药"。

起初，这种补血药的销售情况并不理想。他们派人做了一番调研后发现，原来是"博罗德"这个由英文单词"血"（blood）音译过来的名字，老百姓觉得不理解又拗口，所以没有引起人们关注。于是他们给该产品改了个"通俗"名字——"人造自来血"，直接点出服用这种药可达到自然补血的效果。为了造势，黄楚九让自己的中

五洲大药房新厦

法药房各个分店也同时推销"人造自来血",并不惜工本地在报纸上大做广告。鉴于五洲药房前店后厂的优势,广告上就以新鲜出炉、补血神效为卖点。市民们看了广告,纷纷在药"出炉"的时候赶来五洲抢购。看着店门口排起的长龙,那些没见到广告的市民也不时地加入进来。补血嘛,谁不需要呢?就这样,人造自来血"火"了,五洲药房也"火"了。

可生意刚一好,合伙人之间就有了矛盾。谢瑞卿研制出一种"清醒戒烟丸"推向市场,引起了黄和夏的不满,闹到最后只好拆伙。1911年,谢瑞卿离开了五洲药房。黄楚九要给五洲另觅一位经理,他想到了一个合适的人选,此人名叫项松茂。

项松茂是浙江鄞县人，1900年来到上海，由舅父吴子琴（中英药房的经理）推荐做了司账。项松茂处理业务一丝不苟，很快得到赏识。1904年，24岁的项松茂被派往武汉的汉口分店任经理。有一次，作为中英药店股东之一的黄楚九去这家分店视察，吴子琴托他顺便看看自己的外甥。没想到，黄和项一见如故。更令黄楚九高兴的是，项松茂经营药店的很多做法和想法竟与自己不谋而合。就这样，1911年夏粹芳、黄楚九联名电邀项松茂返沪，出任五洲药房总经理。

项松茂一上马便立下"勤俭"二字为店训，开始了一系列大刀阔斧的改革：他先从资金安排方面下手，将店中的华丽陈设变卖掉，把占用的无效益资金转充为营业资金，又解决了一些长期滞销的存货，摆脱了流动资金依靠借贷的局面，并使其增加到15 000两规银的规模。接着，他把四马路靠广西路口的老店盘掉，搬到四马路河南路口的新店址。1912年6月，五洲药房新店开张了。

项松茂

紧接着，项松茂增聘药剂人员，成立"合药间"，计划将"人造自来血""补天汁""月月红"等销路不错的产品，打造成五洲的品牌药。这期间，五洲出品的成药仍以"人造自来血"最为畅销，发售量从1911年至1913年上升了44.73%，其中国外销售额占20%。一种产品走俏后，不可避免地会出现仿冒。对此，五洲精印了彩色"辨真券"，附入包装盒内，除了防伪还有凭券换奖品的促销功效。第一批发放时，最高奖项为积满100张"辨真券"可换取瑞士定制的表面印有中文红字"人造自来血"手表一只，真不失为一箭双雕之举。

其实，项松茂深谙依靠法律保护品牌之道，甚至还为行销海外做了准备。早在1912年民国政府建立时，五洲就已将"地球"商标和自制药品呈请内政工商部注册,又呈日本、美国、法国、暹罗(泰国)以及南洋群岛等国和香港地区政府注册存案。得到政府认可的凭证后,五洲即向各省商埠官厅呈请严防假冒、寻求获取保护的批示。

定货上面赚钞票

项松茂深知列强经济侵略已日久势大,民族商号如单打独斗力量微弱,必须联合其他民族企业方能与之抗衡。1913年,项松茂与夏粹芳共同发起,改组五洲药房为股份有限公司,预定股本金10万两。1914年招股就绪,1915年成立董事会。项松茂任董事兼总经理。同年,五洲加入中华国货维持会,项松茂任执行委员。1916年6月,黄楚九因生意过多、盘子过大,遂退出五洲,至此药房大权落到了项氏手中。

1914年第一次世界大战爆发,输华西药锐减,五洲药房趁机迅速发展生产。1918年的总营业额与盈余较之1915年,分别上升17.6%和43.4%。"人造自来血"的销售量,1918年与1914年相比增加16.2%。1919年,五洲收购了太和药房。

在随后到来的五四运动中,五洲与中英、中法、华英、太和等五家药房在报上发表不进日货的声明,广开国货销路。1920年,五洲"人造自来血"

五洲药厂经销广告

产量达53 625升，比1913年猛增了143.6%。这一年五洲总营业额137万元，利润3.2万元，比1915年分别上升44.3%和19.2%。

尽管项松茂领导着企业积极抵制日货，但他本人还是知道"师夷之长技以制夷"的道理，项松茂偕同其弟项载纶东渡日本考察药业。另外选派高级职员孙平阶和周廷璋两人前往欧美各国考察，历时一年有余。

其间，孙、周广泛与欧美各药械厂接洽，力图让五洲成为他们在远东的独家代理。五洲因此附设了"华利贸易公司"并向美国德拉华州政府注册登记，专营定货及进出口业务。结果五洲成了英、美、德、奥、荷、瑞士等国10余家工厂的药品、原料、医药器械、照相材料、化妆品等产品的中国总代理或总经销。

五洲输入的大宗药品等，又转批给本外埠药房和经销商，甚至连洋商药房也来五洲拆货采购，于是企业在国外定货业务上积累了大量资金，经营规模迅速发展。其后，他们大胆仿制起德国外科手术器械和医疗设备，居然获得成功，开了我国医疗器械工业之先河。

固本肥皂成名

项松茂考察日本回国后，预备筹建药厂。恰在此时遇上一个机会，1921年4月德商买办张云江因经营失利，欲出让经营数年的张云江肥皂厂。该厂原系德商盘门氏于1908年开设在徐家汇的固本皂厂，受第一次世界大战的影响，德商已无意经营，便将所有生财和机器盘给了张云江。当时张云江还陪同项松茂参观工厂，看到满厂都是进口机器，项松茂做出了一个让董事们大为惊讶的决定：收购肥皂厂。

不是要开药厂吗？怎么去收购肥皂厂呢？其实，项松茂早已对该厂进行了反复的考察，认为它规模可观、厂房坚固、机器完备、厂房外余地尚多，尤其是那些从德国运来的蒸汽、动力设备仍富有余

五洲药房门市部

力。他敏锐地感觉到将来的发展空间很大。至于制药的机器，已由孙、周两君在国外定购，到达后安装妥当，制皂和制药齐头并进，市场必定看好。

于是他力排众议，终于在合同书上签下了名字。此交易以12.5万两规银成交，但是让五洲掏出的真金白银却仅为2.5万两，其余算张氏认购五洲的股份4万两，还有6万两则作为他的存款，期限2年，8厘计息，并列张为董事。交易完成后，项松茂感慨地说："试思小资本盘大厂，应具何等苦心，始能达此目的。"

是年夏，他又收买亚林化学制药厂（该厂系欧战前德国人纳尔生氏所创办），并移置于固本肥皂厂。翌年又将设于药房内的合药间迁入厂内，实行制皂、制药并进，更名为"五洲固本皂药厂"。1929年《密勒氏评论报》曾评述道："上海自开埠以来，华人营西药业，设有化学制药厂者，五洲药房开其端，项松茂君实主持之。"

谁知，固本肥皂才上市就与劲敌狭路相逢了。祥茂牌肥皂是英商中皂制造厂的产品，当年英商向中国政府登记注册资金有800万元，而五洲注册资金才50万元，力量悬殊可想而知。1924年，固本皂营业额高达38.3万两，但因为了竞争的需要，实行低价销售，年度结算还是亏银5 000余两。1925年春，一位中皂的英籍董事邀请项松茂参观其新厂以炫耀实力，同时提出愿出高于五洲总资产的代价，来收购五洲皂厂。他傲慢地说："中皂公司仅用甘油一项的收益，就足以把祥茂皂赠送用户，而无损于本公司在中国继续发展。"对此，项松茂断然拒绝，回来后暗自做好了决一死战的准备。

幸好此刻五卅运动爆发，民间涌起提倡国货的热潮，让固本皂大大喘了一口气，是年营业额增至银59.6万两。英商中皂则向伦敦总公司诉苦："因工人罢工的结果，我厂由6月1日直关到9月9日。在关厂时期，因遭抵制外货运动，营业受损失。尤其祥茂所受影响比任何牌子严重，英商的损失无法估计。"中皂上半年度盈利银2.63万两，下半年度亏损银7.3万两。

中皂眼见固本皂营业额扶摇直上，心甚不甘，就趁机在原料上涨之时，将祥茂皂以低于成本的价格倾销。他们的如意盘算是一旦五洲停产，只要将库存原料抛售，中皂便能立刻盈利10余万元。但项松茂毫不畏惧，沉着应战。据五洲董事议事录载：1934年，祥茂皂每箱售价5.35元，固本皂每箱6.7元，相差1.35元。1935年，祥茂皂只售4.42元，固本皂亦跌至6.2元。对手没料到五洲居然不惜"以血养皂"，即以"人造自来血"的利润来贴补制皂。

在如此重压下，项松茂仍勉励同仁说："如没有国货固本皂，利权外溢会更惊人，务必精益求精，博得用户欢迎，自可立于不败之地。"所以五洲固本皂对质量的追求始终没有降低，渐渐地还超过了祥茂。其间，上海许多部门和群众都坚决支持固本肥皂。比如交通大学化学系用科学数据说明，固本皂的去垢力强，胜于祥茂皂。不少商店还将两种肥皂的质量做比较。同样是刚出品的肥皂，两者外形不相上下，但在店里放上几个星期后，祥茂皂就收缩变形，没了卖相，而固本皂仍很挺括。有的烟纸店老板甚至在柜台上摆上两碗水，一碗泡固本皂，一碗泡祥茂皂，让事实说话。结果祥茂皂变软缩小了，但固本皂却变化甚微。虽然祥茂皂每块售价比固本皂便宜两枚铜圆，但因质量差，已为大多数消费者所抛弃，终于败北。

项松茂惨遭日寇杀害

项松茂是个永不满足的企业家,他为了企业更快的发展,不断高薪聘请高学历技术人才,研究改进产品和开拓新品种。举凡制皂、制药机械大致齐备,家用成药达200多种,酊膏制剂500多种,就连防疫防虫用品门类也日臻完备。肥皂品种增加到100多种。其产品除在中国内地市场营销外,还远及香港、新加坡及东南亚地区,在菲律宾、纽约、檀香山和旧金山均有代销商,形成广大销售网络;还在国内外参展获奖不下50次。

固本牌肥皂和"人造自来血"两大拳头产品,已成为与洋货势均力敌的品牌。1930年,五洲全年营业额602万元,盈余19万元,两大产品销量比1915年分别增长20倍和11倍以上。1930年,五洲资

1932年1月30日,日军抓走五洲药房店员

本额增至150万元。

"九一八"事变后,项松茂加入抗日救国会,五洲药房抵制日货。项松茂还在企业内部组织了一营义勇军,他自任营长,聘请黄埔军校毕业的教官来指导军训,每天下班后训练一小时,准备抗日御侮。这条消息于是年9月30日《申报》刊出后,五洲就被日寇给瞄上了。

1932年1月30日上午,日本海军陆战队包围北四川路五洲药房第二支店,日本浪人随同日军闯进店中搜索,乱打乱砸,捣毁药房,在三楼宿舍搜出义勇军制服和抗日宣传品,留守店员11人也被抓去。项松茂闻讯后,赶紧设法营救。同事都劝他派别人前去,切勿以身犯险,项松茂却毅然前往。第一次安然返回,并于当晚召集同事聚谈,报告十九路军胜利消息和调查被捕同仁踪迹的情况。他又说明日再去,本厂照常开工,并叮嘱制药部多制军用药品,以备抗日军需。30日下午,他复往交涉,遭特务跟踪,见其盖有项松茂私章的名片,遂向日寇告密致使项松茂被捕,被押往日军司令部。1月31日晨,项松茂与店员11人惨遭杀害。项绳武清点父亲遗物,在案头检得其手书对联:"平居宜寡欲养身,临大节则达生委命;治家须量入为出,徇大义当芥视千金。"

项绳武继承父业英年早逝

项松茂遇难后,五洲董事会公推其长子项绳武继任总经理。时值淞沪抗战,五洲固本皂药厂因地处徐家汇"华界"(今肇嘉浜路),怕被日军侵占,经马相伯的媳妇马邱任我介绍,聘法国人为工程顾问,悬挂法国国旗,以此保护工厂。临危受命的项绳武没让大家失望,在举步维艰的情况下,还是使五洲一点一点地壮大起来。

1934年元旦,五洲第二制药厂在安和寺路(今淮海西路)落成并开工,由留德博士张辅忠主持,制造甘油和有机合成药物,并规划辟建硬脂酸工场,突破了制皂竞争中的原料瓶颈。同年3月,五洲第三制药厂在闸北恒业路建成,由留日学士谢杰任主任,制造中华药典制剂和活性炭等,除自用外还供应市场,又增制各种纯化学试药。营销网络不断扩大,添设了不少分店。1936年,项绳武斥资25万元,请通和公司设计、新金记营造厂承建,建造了五洲大楼。楼高十层,钢筋混凝土结构,占地1 139平方米,冷气、暖气、换气设备和电梯等现代化设施,莫不具备。五洲大楼营业大厅正对大门的彩色琉璃幕墙上,塑项松茂遗像,在三楼还设有纪念堂。1936年,五洲的资本总额增至280万元,全年营业额为11 645 419元,步入了企业的黄金时期。

项绳武

"八一三"淞沪抗战中,闸北五洲第三药厂毁于炮火。为保全徐家汇皂厂和安和寺路药厂,五洲聘请公共租界董事美国人阿乐满律师为顾问,又以五洲厂作价,额定资产100万元,其中美方59万元,五洲41万元,改成中美合资企业,再向美国注册。然后让阿乐满任董事长,派外籍人员驻厂守护,悬挂美国国旗。眼看战局越来越不利,五洲即以支付3倍工资的代价请员工们连日开工,将存储油料赶制成肥皂成品,实在来不及的,便拆卸机器,连同原料转运至租界仓库。

11月6日中午,日军坦克还是开进了五洲皂厂。日军不顾国际公法,将美国国旗扯下,阿乐满出面交涉无效。不几日,五洲皂厂附设的松茂小学房屋3幢及全部教具,五洲坊里弄房屋30幢和厂内工房7幢,全被日军纵火焚毁。

日本油脂株式会社(简称日脂社)奉日本军部命令前来接管五

洲皂厂，派日本人宇野俊生负责。宇野向五洲提出实行"中日合作"，并恐吓说，如不合作就将全部厂房和财产付之一炬。项绳武满怀国仇家恨，断然拒绝，同时遣散工人，停止生产。

宇野不死心，他利用厂内余存原料，招工生产冒牌的五洲固本皂。结果遭到在上海租界内的日用品零售行业抵制，只得改由日商东华洋行运至沦陷区发售。五洲遂以美商华利公司名义登报，公开声明伪皂来源与特征，让消费者免受欺骗。随后，五洲在小沙渡路（今西康路）紧急设厂，恢复生产。为使消费者区分真伪，特在皂面骑缝线条上贴印"小沙渡路出品"的荷花荷叶三角小商标，并登报公告。日商无奈，只得停制冒牌固本皂，改为五星牌，同时继续写信对项绳武进行恐吓利诱。这些伎俩都无效后，日军就派人到小沙渡路厂查核账目、财产和存货，并告知"凡进出银钱和货物，均须经其批准"。日军还用军用卡车强行劫运该厂的洗衣皂、香皂、浴皂以及牛油3 500余担，不给任何凭证。

有一次，日本监督人员发现五洲店员人人佩戴着数字"131"的店徽，还出售131牙膏，猜到了这是纪念项松茂抗日遇难之意，属明显的抗日行为，便向项绳武提出严重警告。项巧妙地解释说，"131"系配制工艺时的试验次数。日军不相信，还是强行取缔店徽和牙膏牌号。

就这样左支右挡，项绳武终于带着伤痕累累的企业熬到了抗日战争胜利。他心中又燃起复兴五洲的希望，并筹划赴美国考察事宜。在即将成行之际，项绳武突然病重不治，于1947年逝世，年仅47岁。

1954年公私合营后，五洲又焕发出了新的生机。经过数十年的发展，如今已发展为上海五洲药业股份有限公司，是国家二级企业、上海市高新技术企业，继续在我国的医药行业做出新的贡献。

"铅笔大王"吴羹梅

徐 鸣

1906年1月17日,吴羹梅出生于江苏常州。祖父曾于晚清年间在市内经营蓖箕作坊。父亲吴师善(字雪欧)曾考取拔贡,后在县里教书。1913年,他放弃教职,投奔山东督军靳云鹏,担任高级幕僚,颇受重用。1918年,靳云鹏升内阁陆军总长,吴师善随同赴京,不久当上北京劝业银行总行副行长。

吴师善夫妇最喜欢小儿子吴羹梅,但管教很严。吴羹梅5岁时,就被送到武进县一家私塾念书,后转入县立小学。7岁时,吴羹梅

吴羹梅(1985年)

跟母亲离开家乡去济南与父亲团聚，进南新街第一小学学习。小学毕业后在大明湖旁的正谊中学读了半年，又随父亲举家搬迁至北京，转学到位于骡马市大街的正志中学。父亲为他取学名吴鼎。

正志中学的老师都很优秀，特别是教语文的翻译家林琴南，使吴羹梅获益匪浅。在此期间，吴羹梅与进步同学交往密切，探讨人生，萌发了爱国主义思想。

投身爱国运动　秘密加入中共

1922年秋季，吴羹梅中学毕业后，为进一步深造，他来到上海，进入同济大学德文补习班学习。不久，他遵父母之命，与济南市警察局长的女儿高静宜结了婚。

刚进大学，吴羹梅埋首书本，专心攻读。后来受孙中山联俄、联共、扶助农工三大政策影响，吴羹梅经常阅读进步书刊，逐步提高了觉悟，认识到光靠读书不能救国。因此他积极投身学生爱国运动，被推选为校学生会负责人之一，同时当选为江湾区国民党党部同济分部七名委员之一。为了激发同学们的爱国热情，他邀请了时任国民党上海执行部宣传干事的恽代英、萧楚女等共产党人来学校演讲。

1925年，"五卅"运动爆发。那天凌晨，400多名同济学生前往租界举行示威游行。吴羹梅带领一小队同学来到北洋政府驻沪交涉员办公处请愿，强烈抗议日本资本家的暴行。"五卅"爱国运动声势浩大，迅速蔓延到全国各地。

1926年3月18日，北京段祺瑞执政府枪杀示威群众。同济大学学生闻讯，非常愤慨，立即联合上海各高校，一致停课纪念北京死难烈士，谴责军阀政府的野蛮行径。学生们一系列的革命行动令军阀孙传芳胆战心惊，他命令校方采取措施不得让学生停课、不得邀请外人来校演讲，最后还强行开除了包括吴羹梅在内的二十几名学生。

被迫离开同济大学后，吴羹梅由二哥（时任劝业银行北京分行副经理）介绍，去中华汇业银行担任文书工作。没干多长时间，他觉得兴趣不大，于是便辞职了。后来他又去清华补习了一段时间英语。翌年，蒋介石发动"四一二"反革命政变，吴羹梅十分震惊，更坚定了他加入共产党的决心。不久，经北大学生胡曲园、王兰生的介绍，他秘密地加入了中国共产党，化名吴一羽进行地下工作。可惜不久，因党组织突遭破坏而失去联系。

虽然这时同济大学撤销了对罢课学生的处罚，但吴羹梅不愿再回上海读书，他打算借鉴日本强盛的经验，学习、引进西方先进科技，走实业救国之路。1928年8月，吴羹梅背井离乡东渡日本。

东渡扶桑留学　决心实业救国

抵达日本后，吴羹梅先在东京的东亚预备学校补习了半年日语，后考入横滨高等工业学校攻读应用化学专业，与台湾嘉义县人郭子春同班。

一年后，妻子高静宜带着一双儿女也来到日本。那段时间一下子添了几张吃饭的嘴巴，生活变得十分艰苦，连高静宜都得外出打工学缝纫以补贴家用。

"九一八"事变后，吴羹梅参加了留日左翼学生举行的示威游行，现实再一次把他的视线从书本引向了社会。他看到许多当地华侨社会地位低下，他们的子弟读书困难，于是决定创办一所华侨学校，为华侨子弟提供受教育的机会。

学校办起来后，吴任学校副董事长。他日夜奔走，募集资金，寻觅校址。中国基督教青年会总干事马伯援等获悉此事后，热心地支持他，慷慨地把青年会会所暂借给他作校舍。众华侨有力出力，有钱出钱。学校多聘用流亡日本的革命者当教员。

通过办学，吴羹梅的社交面扩大很多，组织能力也得到很大的锻炼。这些都为他今后在社会上创办实业做了准备。直到1933年底回国，吴羹梅才离开华侨学校。

1932年3月，吴羹梅毕业于横滨高工。他早就抱定学成回国创办实业的信念，可具体办什么实业没拿定主意，只是比较关注中小行业。因为大行业目标大，竞争激烈，外国企业

吴羹梅（后排右一）与郭子春（左）在日本留学时和同学合影

家、国内官僚资本相当集中，而个人无优势。所以，随着社会阅历和实践经验不断丰富，吴羹梅逐渐将目光锁定在铅笔制造业。

清末，"废科举，办学堂"，使铅笔一类舶来文具开始出现在国人面前。由于铅笔使用方便，价格低廉，国内市场销售量巨大。当时国家也不重视小小的铅笔，结果被洋货乘虚而入。民国政府每年都要为进口铅笔花去大量钱财。据《海关中外贸易统计年刊》统计，从上海进口的铅笔数量每年至少以10%的速率递增，仅1931年，进口铅笔花费的外汇达到949 316元海关金单位（1金单位=2.26法币）。而制造铅笔所需的主要原料，如木材、黏土、石墨等在中国就可开采，铅笔的市场销售又不成问题。因此，吴羹梅经过市场调查和深思熟虑后，认为只要经营管理得当，完全有把握办好铅笔厂，打破洋货对中国市场的垄断。

吴羹梅把设想告诉了同学郭子春，并邀请他一起回国创业。

吴羮梅是个办事认真的人。他认为，要开办一家铅笔厂，首先自己必须掌握制笔工艺。为此，他在横滨高工化学科教授桥木重隆大力引荐下，专程到真崎大和铅笔株式会社神奈川工场实习。在实习过程中，工场长益田三郎向他传授了购买原料、机器制作、产品推销等有关业务知识。其间，吴羮梅还千方百计地搞到了铅笔笔芯的配方。

真崎大和社长了解了吴羮梅欲办铅笔厂的想法后，傲慢地说："创办铅笔工业可不是一件容易的事。即使到你吴鼎二世，你们国内也办不成铅笔厂、生产不出铅笔。还是买我们日本的铅笔吧。"这番话大大伤害了吴羮梅的自尊心，同时也激发起他的一腔爱国热情，更坚定了他回国创办铅笔厂的决心。

留日同窗相助　卖房筹资办厂

1933年冬天，吴羮梅满怀理想，独自一人启程回国。

抵达上海后，他先在上海中华学艺社谋得文书一职。工作中与时任上海市教育局局长的潘公展及其他各界人士有了联系，为今后办厂创造了有利条件。

1934年，郭子春应吴羮梅之邀来到上海。与此同时，通过熟人介绍，吴羮梅结识了非常善于理财的常州人章伟士。就这样，吴、郭、章三人组成"铁三角"，开始创办铅笔厂。

首先是筹措资金。吴羮梅破釜沉舟，把乡下分给他的两间房屋变卖所得4 500元，以及从亲友处筹得的10 500元，共15 000元全部入股。与此同时，他设法拉了一些国民党权贵和社会闻人入股，比如杜月笙拿出3 000元、虞洽卿拿出500元、潘公展拿出3 000元。另外，他还得到了一些老朋友、老同学的鼎力相助，认股投资，共筹得资金50 000元。经过反复寻找，选中南市斜徐路（今日晖东路西）

1936年10月8日，中国铅笔厂建厂一周年时全体同仁合影。二排左七吴羮梅、左八章伟士、左九郭子春

1176号一家旧厂房作为新厂厂址。从日本昭和铅笔机械厂订购制造铅笔的全套机器，在常州老家和常州贫儿院招募了一批年青人做工人，技术人员则从北京聘请。至于核心技术，主要由吴羮梅和郭子春负责。

就在他们加紧进行建厂工作时，竟遭到一群流氓的捣乱。那天，他们刚翻修完旧厂房，附近的一帮流氓便上门敲竹杠。吴羮梅一来资金短缺，二来也根本没把这几个小流氓放在眼里，就随便给了点钱，想打发了事。谁知他们不满足，又接二连三来捣乱。一天深夜，厂里堆放木屑的车间突然起火。幸亏值班工人及时察觉，未酿成大祸。事后经调查，火就是那几个流氓故意放的。吴羮梅不得不在同济老同学马雄冠的陪同下请杜月笙出面，才摆平了流氓骚扰。

至年底，经董事会讨论通过，以"中国标准国货铅笔厂"名称向实业部申请立案。董事会由潘公展任董事长，吴羮梅、章伟士等6人为董事（后来钱新之、黄炎培也加入董事行列）。章伟士兼经理，郭子春为工程师，吴羮梅任厂长兼协理。建厂初期设五个科室，每

旧时生产铅笔的车间

个科室仅两三人,全厂不足百人。生产部门有制芯、制板、制杆、成品四个车间。青工进厂先要培训两年。在这两年内,白天工作8小时,晚上学习2小时。工厂管吃、住,每人每月发3元零花钱。

1935年春天,当机器和原料陆续到位后,工厂开始试生产。经过半年多的研制,终于制造出合乎质量要求的铅笔。

1935年10月8日,中国标准国货铅笔厂(又称中国铅笔厂,简称中铅)正式开工生产。最先生产出来的是普及型"飞机牌"铅笔,以"好学生""小朋友"命名。不久,又生产出中档型"飞机牌"铅笔,以"航空救国"命名。到1937年,中铅已能生产高档"鼎牌"绘图铅笔,寓意是不用到吴鼎二世,中国人就能生产出高档铅笔!吴羹梅用实际行动回答了日本真崎大和社长的傲慢,大长了中国人的志气。1937年"八一三"淞沪抗战前夕,中铅已能生产全部使用国产原材料的普及型铅笔。

那时，民族铅笔工业正面临中高档的德国货、美国货和低档的日本货的冲击，竞争非常激烈。吴羹梅则利用全国人民高涨的反日爱国情绪以及轰轰烈烈的提倡国货运动，将潘公展书写的"中国人用中国铅笔"八个字印在铅笔上，制成广告广为宣传，以进一步激发同胞们的爱国热情，为国货争得一席生存之地。尤其是低档"飞机牌"铅笔，价廉物美，受到广大中小学生的欢迎，取代了大部分日本铅笔。

为了打开中铅的市场销路，吴羹梅殚精竭虑，费尽心血。他充分利用潘公展等社会关系，让中铅的铅笔登上了先施、永安和大新公司的文具柜台。而上海各大书局各大文具店所销铅笔，大部分是向中铅定制。1936年，他们还争取到教育部的大力支持，该部通知全国各级教育厅（局）及各学校，一律采用中铅铅笔，而各校学生也都乐于购用。此外，交通部所辖之各邮电局，铁道部所辖之各铁路局，也都向中铅定制大批铅笔。很快，中铅的铅笔就遍布大江南北，流入千家万户。

一路烽火三迁　合作伙伴分手

中铅经过两年多的苦心经营，走上了正轨。正当企业初具规模、业务蒸蒸日上的时候，日寇于1937年7月7日发动了全面侵华战争。不久，上海也爆发了"八一三"抗战，广大爱国的民族企业家，不计人身安危和财产损失，想方设法把工厂迁往内地，为国家保存建设力量，为抗战提供军需物资。

起初设想的拆迁工厂范围很小，主要是重工业。中铅不在该范围内，这令吴羹梅万分焦虑，因为覆巢之下，安有完卵。为此，吴羹梅一方面积极争取内迁工厂，一方面及时召开了董事监事联席会议，详细说明目前局势和打算。出席会议的董事、监事们一致同意了他的内迁方案。

在得到上海两委会（即上海工厂迁移监督委员会和上海工厂联合迁移委员会）批复后，中铅开始有计划有步骤拆迁。这时，交通银行恰好借给中铅6万元贷款，吴羹梅用这笔钱购买了黏土、木材和石墨等生产原料，连同机器一起运走。

拆运过程中，日寇飞机曾多次从中铅上空掠过，还在离厂不远的地方扔过两次炸弹。员工们毫不畏惧，冒着生命危险，夜以继日地工作。

当时长江口航道已被日寇封锁，铁路堵塞，水运只能走内河至镇江，再装上长江轮船驶往武汉。因上海内迁工厂很多，雇船相当困难。中铅花了一笔不小的费用，才雇到一只小火轮和三四条小木船，于1937年10月底启运。

轮船于11月中旬抵达武汉。年底，中铅同其他36家工厂一起因陋就简地复工生产。

南京失陷后，安庆、九江又相继沦落敌手，武汉危急。国民政府决定放弃武汉再度向西迁移。

1938年4月，中铅迁到宜昌，其中制芯、制杆、成品车间陆续恢复生产。依仗当初在上海以6万元采购的原材料，中铅在半年内生产出上百万支铅笔，及时供应了市场。

一年多颠沛流离的生活，吴羹梅日夜都泡在厂里，未睡过一回安稳觉，经常在工作间歇中和衣而眠。

1938年10月25日，武汉沦陷，宜昌不能久留。军委会工矿调整处通知各工厂继续西迁。这样，维持了半年生产的中铅，又只得停顿下来，重新拆卸机器，向西迁到山城重庆的菜园坝。

1939年上半年，几经磨难的中铅，机器终于又隆隆开动起来。但要正常生产却不是件容易事，电力不足是影响生产的一个重要因素，再加上敌机频繁轰炸重庆，经常得防空，有时一停工就是两三个小时。中铅无法恢复到过去在上海月产百万支铅笔的水平,每月大概只能出厂几十万支铅笔。

尽管铅笔供不应求,却因物价飞涨,以致造成工厂账面上是盈余的,实际上则是亏损的。为了维持生产,中铅不得不向银行贷款,债台高筑。但吴羹梅始终坚持薄利多销,坚决不卖黑市价、不发国难财。

为扩大产品影响和销路,中铅自1940年起陆续在重庆、贵阳、衡阳、昆明、西安、兰州等地建立发行所。厂里增设一个机修车间,专门维修和制造铅笔机械。同时,中铅还设立了研究室和职工补习学校,培养技术人才,提高员工素质。吴羹梅开设了光华油漆厂、中和化工公司,专门生产制造铅笔所需的油漆;扩建了锯木厂,除制造铅笔之外,还为军方加工产品。1944年2月,日寇侵占贵州,重庆震动。风闻政府又要搬迁,吴羹梅立即赶赴兰州创办了兰州铅笔分厂。

20世纪80年代,中国铅笔一厂大门

1982年，吴羹梅（中坐者）一行参观三菱铅笔株式会社横滨事业所时与日方人员合影

迁到重庆后，中铅在战争环境中苦苦挣扎，生存和生产均面临严峻的考验。在此困难时刻，"铁三角"却出现了裂痕。章伟士对吴羹梅的做法颇有微词，认为既然中铅在重庆无法进行正常生产，与其勉强撑着，随时都有破产的可能，倒不如重回上海，利用抗战前中铅原有的影响和声誉，夺回被日本人挤占的市场，且以夫妻长期分居于家庭不利的理由说服了郭子春。但吴羹梅不赞成回上海，1941年底，三人分道扬镳。工厂生产受到严重影响，吴羹梅为此大病一场。

后来在吴羹梅二哥以及银行的支持下，在广大职工齐心协助下，中铅摆脱困境，重新步入正轨。

不久，吴羹梅与章乃器、吴蕴初、胡西园等一起组织成立了中华全国工业协会，并任常务理事兼总干事。

聆听主席讲话　赴京筹备政协

1945年8月底，国共两党举行重庆谈判。9月的一天，毛泽东在张治中公馆接见了刘鸿生、章乃器、吴羹梅等6人。毛泽东向他们详细解释了抗战胜利后共产党为什么要保存政权和军队的理由。

几天之后，吴羹梅联络了胡厥文、吴蕴初等5位工商界名人，在民主老人鲜特生住宅宴请毛泽东。毛泽东偕董必武、王若飞一同出席。

不久，毛泽东、周恩来、王若飞等又在中共代表团办事处，邀请重庆工商界负责人举行座谈会，吴羹梅也应邀出席。会上，毛泽东分析了国内外大好形势，提出了和平建国基本方针，阐明了共产党对民族工商业者的政策等一系列重大问题。毛泽东与重庆工商界人士三次诚恳交心，消除了一些人对共产党的误解和疑虑，使工商界同共产党的距离大大缩短。

1945年11月，吴羹梅返回上海后，中铅承购了一个原先由日本人在东汉阳路296号开办的上海制箱厂。

翌年7月，中铅恢复正常生产。可此时上海已有了上海铅笔厂和长城铅笔厂。章伟士、郭子春与吴羹梅在重庆分手后，联合一部分留在上海的股东以及天津的工商界人士，在上海徐家汇路548号创建了上海铅笔厂。异军突起的上海铅笔厂，称得上是当时国内设备最完善的铅笔制造企业。民族铅笔工业从抗战爆发前的独一无二到抗战胜利后的三足鼎立，中铅不得不面对与自己人争夺市场份额的局面。

吴羹梅考虑再三，决定不自相残杀。通过细心调研，他发现两家竞争对手很少或根本不生产低档铅笔，而广大中小学生嫌中高档铅笔贵，爱好低档铅笔，于是中铅大批生产低档"飞机牌"铅笔，并深入两家兄弟厂未开发的华北地区。依仗中铅的信誉和价格优势，中铅产品很快畅销华东和东北地区，而且还同其他两家一起远销南洋，充当了国货输出海外市场的先锋。

尽管是对手，但在对付美国铅笔大量倾销的问题上，三家老板不忘民族气节，一致对外。他们每月举行一次聚餐，商讨市场划分、产品定价以及如何应对外来对手保存自己。为此三家铅笔厂联合向国民政府请愿，强烈要求提高铅笔进口税，最后总算获批，给重压下的民族铅笔工业争得喘息机会。

1946年4月，民建总部迁移到上海。1947年底，国民政府对民主运动进行残酷镇压，民建不得不转入地下。身为民建常务委员的吴羹梅坚信蒋家王朝覆灭为期不远，便与孙晓村等一道，秘密编写了上海工厂名录、上海工业概况和上海燃料供应情况等资料，为解放后人民政府接管工作提供了重要依据。

1948年12月间，吴羹梅刚接到去北平参加新政协筹备工作的通知，有人就透露他已被国民党特务机关列入黑名单。中共上海地下市委为安全起见，请吴羹梅速离上海。1949年元旦，吴羹梅一家五口秘密离沪，经广州抵达香港，再转赴北平。当穿上解放军发给的蓝制服时，吴羹梅异常兴奋。

6月15日，新政协筹备会正式成立。毛泽东在中南海勤政殿亲自主持筹备会第一次会议，包括吴羹梅在内的7位实业界民主人士参加了筹备会工作。

会后，周恩来召集各民主党派和工商界人士座谈，希望大家尽快回上海，配合军管会安定人心、恢复生产、繁荣经济。6月23日，吴羹梅随邓颖超、黄炎培、马寅初、胡子婴等70余人乘专车回到上海。

1949年8月，吴羹梅响应共产党号召，以公私合营方式联合创办了哈尔滨中国标准铅笔公司。这是中国最早的公私合营工厂，引起世人瞩目。

10月1日，作为全国工商界15名代表之一，吴羹梅非常荣幸地登上天安门城楼，出席了开国大典。

11月中旬，应毛泽东邀请，吴羹梅来到中南海。毛泽东用三菜一汤的便餐招待了吴羹梅。席间，两人谈了有关工商界的许多政策问题，让吴羹梅的心里亮堂了许多。

带头公私合营　　主动参政议政

中央人民政府成立后，吴羹梅被任命为中央财经委员会委员和中央私营企业局副局长。

1954年9月，吴羹梅回上海主持铅笔行业的公私合营工作。1954年10月，中国标准铅笔厂改为中国铅笔公司一厂。1955年6月，他出任上海市制笔工业公司私方经理。

1958年2月，吴羹梅调民建中央工作，后又转到民建中央与全国工商联联合组成的协作委员会工作。吴羹梅先后当选第二、三、四届全国政协委员，第五、六、七届全国政协常委，民建第一、二、三、四届中央常委，第四届中央咨议委员会常委和第五届副主任，第四、五届全国工商联常委和第六届顾问。

"文革"中，吴羹梅横遭劫难，但他对党的信念始终未曾动摇过。1976年"四人帮"被粉碎后，年逾古稀的吴羹梅焕发第二春，重新投入工作，主动参政议政，献智献力。

吴羹梅对铅笔行业有着深厚感情。虽然恢复工作后，再未参与该行业的具体事务，但他一直为发展我国制笔技术赶超世界先进水平献计献策。1981年2月在一次会议上，吴羹梅建议成立中国制笔协会，随后他担任该协会名誉会长。同年，他提出节约铅笔木材、加快活动铅笔试制等十项建议，得到有关部门重视和采纳。

1982年5月，吴羹梅随政协全国委员会代表团出访日本。他特地拜访了五十年前实习过的工厂（现三菱铅笔株式会社横滨事业所），感慨万千。

步入耄耋之年，吴羹梅仍致力于统一战线工作，仍孜孜不倦学习新的制笔技术。如今上海铅笔工业已跨入世界四大铅笔巨头之列，产品远销60多个国家和地区，吴羹梅功不可没。

1990年6月1日吴羹梅病逝于上海，享年84岁。

上海铅笔厂风雨录

徐 鸣

分道扬镳 建新厂创立品牌

《铅笔大王吴羹梅》一文中曾提到,1935年10月,吴羹梅、郭

工人在车间劳动

子春、章伟士一起创办了中国铅笔厂，4年后由于经济原因在重庆散伙。

分手后，吴羹梅独自在重庆坚持办企业，郭、章随即着手组建新厂。1939年7月，郭子春夫人丁瑞云召集在沪的原中铅员工积极开展筹备事宜。1940年初，郭子春绕道香港回沪，加紧投入建厂工作。几经努力，在徐家汇路324号原万康酱园选定厂址。新厂面积3.34亩，位于法租界，交通方便，有旧房屋数十间，稍作修缮，即可使用。他们向晶华玻璃厂机器部和兴业铁工厂定制全套机器设备。各种机器式样全部是郭子春亲自绘图设计，为当时最新自动模式。

1940年1月29日，上海铅笔厂（以下简称上铅）正式成立。章伟士任常务董事长兼总经理，郭子春任协理兼总工程师，天津启新洋灰公司的李勉之任董事长，天津中天电机厂经理王汰甄、申报馆总经理马荫良等任董事。上铅额定资本5万元，中铅拿出1万元（1941年底撤资），其余由李勉之、王汰甄、马荫良等人出资。

1940年3月，上铅开工生产，时有职工40余人，月产铅笔72万支。公司将生产的铅笔向国民政府经济部商标局注册了"三星"牌商标。"三星"蕴含三层意思：一从经营理念来看，取民间吉祥语

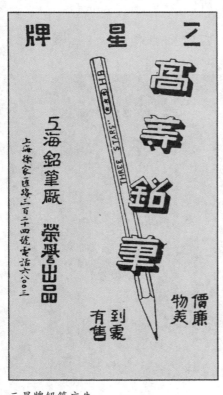

三星牌铅笔广告

新中国成立前上海铅笔厂股份有限公司宣传资料

"福""禄""寿"为"三星",能令人们联想到吉祥如意。二从顾客消费心理来看,"三星"名称朗朗上口,易于推销,能吸引广大顾客。三从振兴民族工业来看,意义更加深远。因为当年外国铅笔企业中,已有日本的"七星"牌、美国的"星"牌(一颗星)铅笔。上铅采用三星牌商标,就是要力争使国货铅笔早日跻身国际市场,并与外国铅笔展开激烈的市场竞争。

经过不断改进技术和增添新设备,上铅厂出品的"三星"铅笔品质精良,售价低廉,很快受到消费者的欢迎,并行销上海市场。国民政府经济部特颁给国货证明书,向各地学校推广使用三星牌铅笔。

支援抗战　历艰险营销陪都

面对"三星"铅笔蒸蒸日上,日本企业老板恨之入骨,三菱铅

註冊 三星牌 商標 ⋆⋆⋆		
商標	號碼	種　　　　類
三星牌	300	普　通　鉛　筆
	330	中　等　鉛　筆
	333	高　等　鉛　筆
	324	高等製圖鉛筆
	3240	高等製圖鉛筆
	345	拷　貝　鉛　筆
	369	全紅，全藍，紅藍鉛筆
	339	橡　皮　頭　鉛　筆
紅獅牌		十　二　色　臘　筆

三星牌注册商标及品种编号

笔厂老板特派人专程赶到上海，进行威胁利诱。先是要上铅停止生产，遭到拒绝后又提出上铅必须从日本进口白坯铅笔，到上海加工成品，结果也遭到上铅拒绝。日本人只得悻悻而去。

为什么上铅敢与日本老板硬顶呢？那是因为郭子春的夫人丁瑞云本身就是日本人（因此抗战爆发后她敢于留在上海，未跟随丈夫去重庆），郭子春也在日本留过学，且常与日商洋行打交道，与日本商界较熟悉，因此在汪伪时期以至日本军队进占租界后，小鬼子没怎么刁难上铅。

不久，上铅决定拓展市场，分别在香港、温州设立发行所，在重庆、贵阳、西安增设办事处。当时大后方仅吴羹梅办的一家铅笔厂，铅笔供不应求，为缓解广大民众的燃眉之急，上铅千方百计地将"三星"铅笔运往重庆。因国内烽火连天，运输非常困难，所以入渝分两路进行：东南一路由屯溪过湖南，西北一路经界首转西安。1944年夏天，从屯溪起运的72万支铅笔到达衡阳时，湘桂战役已起，衡阳告急，无奈出高价私自装上火车，结果被粤汉铁路局查获扣留。虽经多方斡旋交涉，均无效。该批铅笔只能随军撤退西行，到达贵州独山，仍被扣留。后来桂林、柳州相继失守，独山一把大火将铅笔统统烧光。而由界首起运的铅笔，走过千山万水，经过千难万险，终于在1945年初运到了目的地，畅销战时陪都。

时局动荡　上铅厂两度停工

抗战后期，汪伪政府的储备券贬值，市场上投机之风盛行。那时"三星"铅笔竟成为市面上争相购买的热门货。但由于物价飞涨，厂里卖出铅笔却无法补进原料。至日本投降前夕，由于生产和销售发生困难，上铅厂无奈只得停工。

1946年1月，上铅复工。抗战胜利初期，上铅厂生产呈现一派蓬勃的新气象，产品供不应求。为此，上铅在台湾设立办事处，大量采购台湾桧木。全厂同仁埋头苦干，争取将损失补回来，当年上铅产量就达到1 800多万支，是抗战前的两倍之多。

但好景不长。因国统区通货膨胀，国民政府乱发钞票，1947年物价是十年前的6万倍，再加上大批美国商品以"美援"名义，潮水般地涌入中国市场，对民族工业造成空前浩劫。据1947年海关统计，进口铅笔达1 300多万支。在上海的商店里、地摊上和各机关学

1952年4月14日《解放日报》刊登的上海铅笔厂工人积极生产的图片报道

校，到处可见美国生产的黄杆橡皮头铅笔，而中国人自己生产的铅笔（包括三星铅笔）根本无力与之竞争。

为了应付资金周转不灵和销售不畅，上铅于1947年10月18日增资扩股。改组后，马荫良为董事长，章伟士、王汰甄、钱乃澄为常务董事，李勉之、郭子春等七人为董事。董事会任命章伟士为总经理，郭子春为协理兼总工程师，钱乃澄为总稽核。

上铅刚刚靠改制摆脱困境缓过一口气，不料1948年8月金圆券的发行又给上铅致命的打击。用黄金白银换回来的一大堆金圆券贱如草纸，资产严重缩水，最后一根稻草终于压垮了上铅。上海解放前夕，上铅再次停工。

上海解放　三星牌喜获新生

一唱雄鸡天下白。1949年5月，上海解放。章伟士、郭子春聆听了吴羹梅参加民主东北参观团访问东北老解放区的见闻以及共产党对工商界的扶植政策后，思想觉悟大大提高，决定从速恢复生产，供应市场，支援解放全中国。上铅厂于1949年7月第二次复工。

新中国成立后，上铅厂广大工人在党的领导下，翻身做主人，生产积极性提高，产量不断刷新纪录。1949年年产量达到1 600多万支，1950年达到2 800多万支。

之后，章伟士、郭子春等考虑到我国北方具有广阔的消费市场，且生产铅笔的主要原料椴木生长在东北大兴安岭一带，遂决定在北京建立分厂。1949年9月，章伟士、郭子春亲自率一批技术骨干连同机器设备赴京，在短短三个月时间内，完成了清理场地、改建厂房、安装机器、职工培训、后勤保障等工作，办起了北京三星铅笔厂（后改为北京铅笔厂），扩大了三星铅笔市场。

1951年6月，为粉碎帝国主义对新中国实行的经济封锁，帮助城市工商业恢复和发展，上海市人民政府在跑马厅（今人民公园）举办了"上海市土特产展览交流大会"，三星铅笔是交流会上的热销商品之一。

1952年3月，在增产节约运动的同时，国内掀起了轰轰烈烈的"五反"运动。4月份，上海市增产节约委员会派出工作组进驻上铅厂。因厂里确实存在一些偷工减料的现象，郭、章等人受到审查。不过，上铅的"五反"运动很快结束，上海市增产节约委员会发给上铅厂"半守法半违法户"通知书。工作组召开全厂大会，强调对资本家不是消灭，而是团结、教育和改造，希望资方尽快制定发展生产计划，搞好生产，走社会主义道路。

于是，郭子春的积极性被充分调动起来。虽然他脾气有些急躁，有时会严厉训斥一些违规操作的员工，但他高超的制笔技术和他对质量的一丝不苟，却也赢得了大家的尊重。他先后研制开发出三星

车间工人在进行"以塑代木"的技术革新

技术人员与工人一起研制新产品

牌六色、十二色彩色铅笔以及供工业、医药、部队、勘探等用途的能在玻璃、金属、瓷器、皮革、塑料和皮肤上书写的各色特种铅笔,填补了国内空白。

郭子春还带领上海和北京的技术人员,踏遍了华东、华北和西北的山山水水,终于在山东潍县和河北石景山找到了适合做铅笔主要原料的黏土,用来替代进口的德国黏土。从此,国内铅笔厂不再依赖国外原材料。

技术攻关　郭子春功不可没

1954年5月13日,经上海市人民政府地方工业局批准,上铅厂实行公私合营,改名为公私合营中国铅笔公司二厂(1966年改为中国铅笔二厂)。

1955年,轻工部组织上海制笔公司和三家铅笔厂(中铅一厂、中铅二厂和中铅三厂)的技术人员研究讨论铅笔技术方面的基础建设事项,拟定了《铅笔国家标准》,制定了《铅笔生产工艺操作要点》,对铅笔制造的主要原料、工艺操作、验收方法都作了明确而具体的要求。其中,郭子春功不可没。

1958年3月,在全行业比先进、比干劲、赶超国际水平的"擂台会"上,中铅二厂提出三星牌369红蓝铅笔两年赶上西德天平牌的竞争目标。大会后,厂里热火朝天,在郭子春的指导下,技术人员悉心研究铅芯配方，精工细作，经过45天艰苦奋战，小批量生产的成品质量指标全部达到天平牌水平，并立即把这批红蓝铅笔送到正在中苏友好大厦举行的"双比展览会"上展出。

郭子春和同事们并不满足已取得的成绩，不久又成功试制出供制图用的晒图铅笔，供美术家绘画用的碳素铅笔，供外销用的大六角红蓝铅笔、青莲变色铅笔，供美容和戏剧工作者用的百花眉笔和蓓蕾眉笔，供科研用的测温笔以及在香港市场上颇受欢迎的六角抽条高级橡皮头铅笔。

1958年，由轻工业部牵头，郭子春倾一生心血，会同中铅二厂有关人员，对铅笔的制造工艺过程、技术操作原理、配方设计等进行系统整理，并结合其他铅笔厂提供的先进经验、技术革新资料等，汇编成《铅笔制造工艺》一书，由轻工业出版社出版。这是我国制笔工业有关铅笔生产技术的第一本比较全面系统的著作。该书的出版对铅笔工业广大工人、技术人员、干部学习技术，研究铅笔制造工艺和提高管理水平，为我国铅笔制造业跻身世界四大巨头行列，起到了积极的作用。

"商务"：近代出版"龙头"企业

柳和城

瞄准市场　一炮打响

1897年2月的一天，上海江西路北京路德昌里热闹非凡，一家小印刷厂——商务印书馆开张了。创办者是几位印刷工人出身的年轻人：夏瑞芳、鲍咸恩、鲍咸昌和高凤池等。他们与几名雇工忙个不停，女眷与孩子们也一齐上阵折叠纸页。那阵势与其说是工厂，不如说是家庭作坊。开办资本仅3 750元，几部脚踏、手扳的老爷印刷机和几副中西文铅字就是全部家当。

开办后第二年，商务移至北京路新址，有屋十二楹，规模稍扩，营业也日见起色。领头的夏瑞芳不再满足于只印些账单票据之类，

商务印书馆总厂鸟瞰图

开始把目光瞄准方兴未艾的图书市场。

汪康年主编的《昌言报》最初三册全部是《时务报》时代老铅字印刷，到第四册突然面目一新，三号活字变成了四号字，清晰鲜明。人们仔细一看，从这一期起，目录旁多了一行字："上海北京路商务印书馆印。"商务由于代印《昌言报》和《格致新报》等新刊物质量好，很快树起了牌子。

当时维新风气初开，学习英文成为时尚。有一次，夏瑞芳在书坊间买到一本印度人编印的英语教科书 Primar，凭着职业敏感，他马上请来精通西文的牧师谢洪赉翻译成中文，并以极快的速度赶印出来推向市场，书名叫《华英初阶》，不久又编印《华英进阶》。这套书一炮打响，十分畅销，直至民国后还在再版，出至70余版，久销不衰。该书是中国最早一套编译得较正规的成人英文教材。周作人当年在南京水师学堂学英文用的课本，就是这本《华英初阶》。胡适《四十自述》里也说，1904年在上海梅溪学堂时"英文班上用《华英初阶》"。

夏瑞芳和他的家人

《华英初阶》和《华英进阶》的成功，不仅为商务带来意想不到的利润，更重要的是使夏瑞芳他们的信心倍增，胆量也大了。至1902年，商务既出版图书，又经销印刷机件、铜模、铅字、铜版、铅版。外省要办印书局，机器铅字等大都来沪向商务印书馆购置。商务生意红火，似有应接不暇之势。

　　商务印书馆之所以能在短短的5年内就站稳了脚跟，首先要归功于它的领头人夏瑞芳。夏瑞芳，青浦人，先在外国报馆当排字工，后升任领班。他敢作敢为，领头闹过罢工，在工人中威信很高。创办商务印书馆后，夏瑞芳既是经理，又兼校对、跑街、收账，甚至采购纸张等"出店"活也包揽下了。一次去浦东纸栈出货，小舢舨差点被风浪掀翻，夏瑞芳全身湿透，回馆换了身衣服又干开了。夏瑞芳的眼光远大和魄力惊人，还表现在引进人才上。吕子泉（后任大东书局经理）、沈知方（后任世界书局经理）等都是夏瑞芳慧眼识英雄，罗致进商务的。丁榕，一位刚从英国留学归来的年轻律师，夏瑞芳聘他为常年法律顾问。1901年张元济加盟商务，更是夏瑞芳的最大成功。1902年末，张元济正式进入商务，不久在北福建路唐家弄创设编译所，瞄准市场，编印新式教科书和一系列图书期刊，开创了商务印书馆整整20年的"张元济时代"。

引进日资　补己之短

　　1900年，夏瑞芳以1万元资金接盘日本人开的修文书馆，从此商务的设备大为改善，并在国内首次使用纸型印书。除《华英初阶》和《华英进阶》外，又陆续印制了《商务书馆华英字典》《和文汉译读本》《亚洲读本》《通鉴辑览》等书，销路都不错。张元济等入股商务后，资本增至5万元，但与国外出版企业相比，无论资金还是技术仍相形见绌。

1902年底，夏瑞芳从新加盟商务的纱业巨子印有模处得到一条信息：日本著名书局金港堂去年因卷入一场教科书行贿丑闻案，身名大跌，老板原亮三郎等有心在中国投资开设书局。当时商务印刷仅有铅印，连照相铜锌版都不会做。夏瑞芳清楚地知道，一旦金港堂在上海立足，商务是难以匹敌的。与其让它自己在中国办企业，不如与它合资，用其之长，补己之短。于是一场合资谈判悄然展开。

　　经过几轮谈判，双方达成协议，决定于1903年底合股，各出资本10万元，金港堂方面以个人名义入股商务。董事会双方董事各两人（1907年改为中三日二，1908年为中二日一，1909年起全由中方担任）。商务印书馆聘用日本技师改良技术，金港堂一些受行贿案牵连的编辑人员，以雇员身份加入编译所。

　　合资后的商务先后引进照相网目铜版（1903年）、雕刻黄杨版（1904年）、雕刻铜版和彩色石印（1905年）等印刷新技术，产品质量突飞猛进。1909年，商务还聘用美国摄影师施塔福，改进照相铜

初创于江西路的商务印书馆厂房

《华英初阶》与《华英进阶》封面

版。施塔福经手从美国引进一套彩色印刷设备,三色套印技术从此在中国落户。1916年纽约出版的《通向中国之路》一书就提到:"商务印书馆是第一家把三色印刷技术引入中国的出版商;一位美国专家带来了这项技术,并且教会工人们如何使用它,这些印刷工人是远东第一批掌握这种技术的人。"2001年,施塔福的外孙安德森带着他外祖父的相册来到上海,人们惊奇地发现,当年商务记录辛亥革命风云的一套历史画册《大革命写真画》以及《大革命明信片》,其中许多珍贵照片即出自这位美国摄影师之手。当时施氏拍下的商务印书馆建筑、设备及员工工作生活镜头,今日更成了绝品。

　　合资的成功,让商务实力大增。1905年冬,于今宝山路购地30余亩,合建印刷所、编译所。1907年春新厂落成,加上棋盘街发行所及各地分馆,职工已不下千人。1906年4月成立有限公司,预定股本100万元,注册时50万元,到1907年新厂落成,实收股本75万

商务印书馆的照相制版车间

元,比合资时增加近四倍。

　　随着中国人民的民族意识激增,金港堂虽然只是日本一家民营企业,但仍被商务的竞争对手揪住了"小辫子",挖苦其有日资,舆论对商务很不利。夏瑞芳、张元济等决定收回日股。经过两年多数十次交涉谈判,到1914年初,日方终于同意退股。合资10年,日方股份由10万元增至37.8万元,商务资本增至180万元。由于中方坚持主权利益,增资额明显高出日方许多倍。

　　1914年1月10日,商务印书馆清退日股的消息在报上公布的当天晚上,总经理夏瑞芳却遭歹徒狙击殒命。事后证实那是一场政治暗杀,与清退日股无涉。

注重宣传　遍布网点

　　商务印书馆很早就注重图书推广。1900年的《申报》上就能找到《华英初阶》和《华英进阶》的广告。早期《外交报》《中外日报》也常刊登商务的广告，而且篇幅挺大。《东方杂志》《教育杂志》《儿童杂志》等商务自办的期刊，按不同读者对象，每期刊有不同重点的出版物广告。有研究者说，后人只要将报纸杂志内曾刊登过的所有商务新书广告加起来，几乎就是商务历年最重要出版物的书目清单。此话不假。

上海棋盘街商务印书馆发行所设有推广科，下设调查、宣传和设计等股。民国初，推广科全盛时期工作人员有30多人。另在营业部中也设有广告股。除报刊广告外，商务编译所还编印《图书汇报》等各类书目，免费散发。《新字典》《四部丛刊》《丛书集成》《百衲本二十四史》等大型图书出版发行前，都印制精美的样本，开展征订。

1919年12月，商务高层整合广告力量，创设独立的中国商务广告公司，开始在铁路沿线、轮船码头和城市要冲设置巨幅广告牌。这些广告牌租价相当昂贵，商务却从不吝惜。

自清末以来，商务参加国内外各种博览会屡屡获奖。馆方抓住机遇，自我宣传，获奖情况及奖章奖状照片，在自己的书刊上频频亮相，收到极好的广告宣传效应。1929年秋，规模宏大的西湖博览会在杭州举行，商务印书馆不仅设有专馆，还搞了一个宣传日。时值中秋佳节，其隆重、热闹不亚于博览会开幕式。礼堂外遍贴标语，礼堂内悬挂广告百余幅，男女宾客纷至沓来，座无虚席。经理李拔可致欢迎词，还有名人演讲和游艺节目。当晚正逢西湖博览会举行水陆提灯大会，水上陆上布满彩灯广告。商务的彩灯格外引人注目，有墨水瓶灯、狮子灯、孔雀灯、风琴灯、万有文库灯、洋装书灯和各种教科书广告灯等，别具一格，令人眼花缭乱。

商务编、印、销"一条龙"服务，成为近代出版业的"龙头"企业，其庞大的销售网络起了重要作用。从1902年于汉口设立第一家分馆始，至1907年创业十周年时，商务印书馆在全国已有分馆12家、代理处300余家,而且在汉城、东京、河内、旧金山以及南洋群岛都设有国外分销店。到20世纪30年代初,商务在各地分支馆已达36家,新加坡、吉隆坡也设有分馆。这些分支机构不仅是销售门店,而且是信息窗口,上海总馆通过这些分支馆与各地教育文化界始终保持着密切的联系。商务很早就在北京琉璃厂设有分厂——京华印书局。1922年张元济又说服一些有顾虑的同事,亲自赴香港建立第二家分厂,为日后开拓境外市场打下了基础。特别"一·二八""八一三"两次被难,商务能很快恢复元气,香港分厂作用甚大。

同业竞争 维护品牌

创业伊始,商务就十分注意树立自己良好的品牌形象。即使代印书刊,也都清楚标明馆名与地址,接受社会监督。后来在出版物封底使用出版标记,为我国首创。清末时,商务用一青龙图案作标记,民国以后用过多种,最后定位于伍联德设计、由CP两英文字母框成的横菱形纹样,内座"商"字。CP即商务印书馆译名Commercial Press的缩写。伍氏的图案一直沿用到50年代初。

当同业恶意竞争损害其形象时,商务的决策者们为维护品牌,不惜对簿公堂。1919年与

商务印书馆使用过的六个出版标记

松江府物产会奖励给商务印书馆的一等金牌

中华书局的官司即为一例。

1912年,中华书局崛起,商务印书馆多了一家竞争对手。最初的几年里,两家虽没少吵嘴,倒也相安无事,1917年中华书局危机,两家还一度谈判过联合的大事。1919年6月,日本有家号称"杂志大王"的《实业之日本》杂志出版"支那问题"专号,内有一篇《中日合办事业与其经营者》的文章,错误地把商务印书馆列入仍有日资企业名单。中华书局于7月中旬将此专号译成《日本人之支那问题》小册子,并大登其广告,还特意将那篇称商务仍有日资的文章单独印成传单,分寄各省学校、书店,广为散发。时值五四运动时期,全国民众群情激愤,抵制日货、日资浪潮此起

刊登于《申报》上的商务印书馆与中华书局的广告大战

彼伏。中华书局此举确实够"损"的。南京报纸马上出现攻击商务的评论，天津街头贴出了抵制商务图书的传单，太原、厦门甚至发生市民冲击商务分馆的严重事件。

商务领导者们愤怒至极，连平日很沉得住气的张元济也光火了。先去信交涉，中华书局不理；接着张元济命令在报上登出《赏格一千元》的告白，"悬赏"交出商务有日资"各种真实证据"。中华

商务印书馆在《申报》上刊登的广告

书局居然也登出告白，公开要求"领赏"，字里行间不无揶揄之意。同时中华书局在《申报》等报纸又刊登《日本之支那问题》的大幅广告，大肆张扬，双方广告战到了白热化程度。商务法律顾问丁榕提醒张元济，不要意气用事，应通过法律诉讼来解决问题。

诉讼期间，商务向日本那家杂志社索得更正信函并在报上刊出，又公布了1914年与金港堂方面签订的解约书等证据，风波逐渐平息。公共租界会审公廨经过七次庭审，双方辩论持续半年多，商务印书馆终于打赢官司，中华书局赔偿损失1万元。

经济赔偿是小事，维护自己的品牌形象才是大事。此后商务刻意加强推广"国货"观念，宣传用语中强调"自制"或"中国纸印"等。

到1923年，商务印书馆资本已超过500万元，比中华书局多出300万元，占上海书业总资本一半以上，在当时的远东地区也是数一数二的大出版企业。

商务影戏 功不可没

当年有人称商务"除了棺材生意勿做,什么都做",话虽然说得有点刻薄,但却是事实。那时发行所的柜台里,图书期刊之外,文具仪器、儿童玩具乃至日用百货应有尽有。至于印刷机件、铅字铜模,早在商务创业初期就已开始销售。多种经营乃是它一贯的运作方式。这里我们不能不提到在商务印书馆的历史上占有重要地位的活动影戏部。

作为主持日常馆务的经理张元济,很早就注意到电影的社会教育功能,在1917年初提出制作"活动影戏"的建议。这年秋天,经交际科长谢宾来介绍,商务花了不到三千元从一个美国人手中购进百代旧式骆驼牌摄影机一台、放光机一台、底片若干尺及其他一些器材,在印刷所照相部附设活动影戏部(1920年初改电影部,直接

1929年西湖博览会上的陈列品:"商务印刷厂和编译所模型"

隶属于印刷所）。第一部摄成的是新闻片《盛杏荪大出丧》，摄影师为照相部工人廖恩寿。几年中，他与其他同事摄制了一批风景、时事与教育短片。风景片有《南京名胜》《长江名胜》《普陀名胜》《庐山风景》《上海龙华》等；时事片有《焚土》《军舰下水》《第五次远东运动会》《霞飞元帅游上海》等；教育片有《女子教育观》《盲童教育》《养真幼稚园》等。这些短纪录片常常在学校、团体集会时放映，深受欢迎。1922年拍的卫生片《驱灭蚊蝇》，还被送往南洋群岛和欧美各国放映，成为第一部在欧美放映的中国影片。

1920年，梅兰芳来沪演出。商务通过李拔可的兄弟李释戡，邀请梅兰芳拍摄了《春香闹学》与《天女散花》两部戏曲片。《春香闹学》一片跳出舞台羁绊，增添了室外实景和小春香打秋千、扑蝴蝶、拍纸球的舞蹈动作，加上人物近镜头特写，都是破天荒的创举。不过也有遗憾。实景是在李拔可家花园里拍的，由于摄影师缺乏经验，把围墙外对门小洋楼上看热闹的人也摄入片中了。1923年4月，《春香闹学》在闸北影戏院上映时同映《卓别林游沪记》。两位艺术大师在他们见面前十几年，就已"同台"献艺了。

1923年起，商务印书馆电影部开始摄制故事片。起先都是短片，后来拍了《孝妇羹》《荒山得宝》《莲花落》（1923年），以及《大义灭亲》《好兄弟》《爱国伞》《松柏缘》（1924年）等长故事片，大都取材于古代小说或民间故事，而服饰布景却是现代的，有些不伦不类，个别片子还宣扬封建道德，总之质量参差不齐。

在当时崛起的一些新兴影业公司的作品和舆论的刺激下，商务印书馆管理层决定对电影部进行结构调整。杨小仲是商务印书馆机要科一位股长，业余喜欢文艺，《好兄弟》一片剧本即出于其手。张元济亲自找他谈话，征求意见。杨小仲根据国内外电影发展情况，很快提交了一份改进电影部的万言意见书。接着，杨小仲自编、自导、摄制成功《醉乡遗恨》一片。该片1925年5月初次在中央大戏院放映,轰动一时,《时报》《申报》《时事新报》都连日登载评论文字。明星影片公司郑正秋当面称赞杨小仲说:"你这部戏是与中国电影前途大有关系,因为中国电影事业需要巨大投资,商务有这个实力,现在你的作品成功了,一定会使他们增强信心,拿出更大的资本来从事电影事业。"

果然如郑正秋所料,1926年初,商务印书馆电影部改组为国光电影公司。原先电影部负责人陈春生、任彭年被辞退,改由鲍庆甲(鲍咸恩之子)任经理,杨小仲任编剧、导演兼制片主任。可惜好景不久,"国光"只维持了两年,便由于杨小仲等人的离去和经营不善而歇业。

除杨小仲外,孙师毅(编剧)、周时穆(摄影)、洪警铃(演员)及动画片高手万氏三兄弟等老一辈电影人,都是由商务电影部走向电影界的。

尊重工人　和衷共济

劳资纠纷,一直是旧中国民族企业家感到头痛而又回避不了的问题之一。商务的创业者们大都工人出身,张元济等又是一批富有新思想的知识分子,因此几十年来商务的劳资关系一直比较融洽。工人中很早就有"青年励志会"等联谊社团,经常组织同乐会等集会,逢年过节还与馆方联合举办庆祝游艺活动。电影部一些摄影、演员,也都是工人业余剧团的文艺骨干。如果没有宽松的劳资关系,这些恐怕是不可能做到的。虽则也有过几次小罢工,但很快解决了。1925年五卅运动后,商务却接连发生了两次大罢工,让管理层伤透脑筋。

这年8月,中国共产党领导下的商务印书馆工会组织全体职工罢工,提出复工条件十二项,主要要求公司承认工会合法地位、增加工人工资、缩短工作时间、废除包工制、优待女工等。时值秋季教科书销售旺季，如果罢工延长，经济上的损失将更大。于是馆方派出总经理鲍咸昌、经理王显华、监理高凤池与张元济、编译所长王云五等与工人代表举行面对面的谈判。谈判进行了数次，有一次磋商达8小时之久。由于双方都有诚意，工会方面对公司提出的条件逐条仔细研究，为顾全大局也作了一些让步，双方终于达成了协议。这次罢工持续了6天。

同年12月，因馆方辞退几名工人，引发第二次大罢工。12月23日，罢工第二天，各报刊登了商务印刷所和发行所的罢工宣言，并刊有中华全国总工会、上海总工会等工会社团的支援信函。罢工委员会联络新闻记者，让外界了解真相，并致函张元济及各部主任，以争取同情。在董事会上，张元济力主和平解决，避免双方各走极端。而王显华说："我自有办法，和平解决，我不赞成。"其他董事只是焦急，也想不出好办法。既然董事们意见有分歧，张元济只能给罢工委员会写信，劝同人复工。

原来，王显华的"自有办法"是背着董事会，擅自调集军警，企图用强硬手段平息工潮。12月25日，亦即罢工的第四天，大批军警开进商务总厂，宣称"武装调停"，与工人纠察队发生冲突。军警不仅用枪柄乱打工人，还竟然朝工人开枪，致使受伤者无数，重伤达30余人，被捕40余人。军警头目甚至闯进劳资谈判现场，当起仲裁者的角色，局面相当混乱。

张元济及董事会大多数成员对王显华的罪恶行径十分愤怒，立刻通过决议，停止王显华的经理职务，并与工人代表继续谈判。劳资双方很快达成协议。12月26日，工会于同人俱乐部召集全体职工大会，宣布复工。张元济等应邀在会上作了讲话。最后全场高呼："打倒王显华！""拥护张菊生！""商务印书馆工会万岁！"场面感人至深。

张元济

第二年的8月,由商务工会、职工会、同人会、同人俱乐部联合举办公司成立三十周年纪念活动。工会方面向馆方赠送"扬帆同舟"匾额,馆方回赠一大鼎。张元济在纪念大会上向数千工友讲了自己的肺腑之言:"公司之有今日,犹树之发芽时代,应当十二万分的培养。劳资之争,在西方尚未解决,不过西方不能解决之问题,难道不可在东方先行解决?难道不可在本馆先行解决?解决之途径,不外诚意合作……"

十年后,张元济又意味深长地为商务内部刊物《同舟》题词:"乘长风破万里浪。"

二次改革　商务腾飞

1921年,胡适推荐了一个人进入商务印书馆编译所,这个人使商务进入了新的时代。他就是王云五。王云五是位奇人,自学成才,当过教师,做过孙中山总统府秘书,开过书局。经过几个月考察,王云五提出了一份《改进编译所意见书》,其整顿方案包括组织、权责分工、报酬待遇、编务等数项,其中最为关键的是编译所管理体制和用人制度的改革。他将原先编译所各部酌予调整,保留国文、理化、英文等部,新设哲学教育、史地、算学、百科全书等部委。用人方面除大力延聘新人外,还改变了以往一概罗致进馆的老做法,把出版各科专门书籍的任务委诸馆外专家,既经济,又有实效。张元济、高梦旦积极支持王云五的改革措施,高梦旦还自求引退,荐王云五正式出任编译所所长。

在王云五主持编译所的8年里,"万有文库"等各种丛书和分科

埋头工作的王云五

辞典纷纷问世,东方图书馆开馆,中外图书统一分类法及四角号码检字法的推广,使商务在文化教育界的地位日益提高。

1929年11月,总经理鲍咸昌病逝。经理李拔可、夏筱芳(夏瑞芳之子)正为一场事故承担责任而不宜提升。时任董事长的张元济更考虑到总经理责任重大,元老辈人物或其后人已难以担当今后新的改革重任。他与高梦旦商量后,决定邀请王云五重回商务,挑此重担。此时王云五已离开商务几个月。王云五为张、高二老的诚意所感动,表示愿意接任总经理之职,但提出了两个条件:第一,取消现行的总务处合议制,改由总经理独任制;第二,出国考察半年。

1930年9月,王云五结束对日本、美国和欧洲各国考察后,正式出任商务总经理之职,开始实施他第二次改革计划。这个计划以美国泰罗制为蓝图,王云五概括为"有计划,有标准,少消耗,多效能"十二字。首先,他撤销1902年起就存在的编译所架构,改组成几个编辑部；其次，厘定出包括编译人员在内的馆内各工种标准（量化时间、成本、报酬）。

不料，王云五的新管理方法公布后，掀起轩然大波，特别是编译所职工群起反对。全体职工议决，如调解不成，则实行"扩大宣传"，并进行"驱王运动"。1930年12月，由社会局出面调解，经过几轮谈判，双方签订"和约"。王云五权衡利弊，收回原案，暂时放弃对人的科学管理，只实施对事物与财务的量化考核。如实行出版物及原材料标准化措施，充分利用原有机器设备，加强各生产单位间的相互配合，这样资金活了，实际效益大增。

王云五两次大刀阔斧改革的宗旨是求新应变。商务的总营业额从1919年的500万元增至1930年的1 200万元，即是明证。后来商务印书馆在"一·二八"日寇摧毁总厂及东方图书馆的严重打击下，仅隔半年就复业，与王云五的二次改革和成功调度是分不开的。

五家合营　迎接挑战

新中国成立之初，商务百废待兴。耄耋之年的董事长张元济曾亲自拜访陈毅市长，寻求帮助。陈毅热情鼓励张元济改善经营，走大众化的道路。政府有关部门也以增加订货、委印各种宣传小册子等方式支持商务。新中国最早的两套纪念邮票（纪1、纪3）就是由商务印制的。

1951年和1952年，商务印书馆的编审部、出版部先后迁往北京。1954年，总管理处迁京并实行公私合营。商务一度与高等教育出版社合并，后恢复原来建制。1958年，中央确定商务印书馆的出版任务为翻译出版外国哲学、社会科学重要著作和编纂出版中外语文工具书。50至80年代，商务出版了许多西方哲学、社会科学经典著作。1982年起，又以"汉译世界学术名著丛书"形式汇编出版。到1997

商务印书馆今貌

年商务百年馆庆,已出版7辑、300种。《辞源》《现代汉语词典》及各种外语工具书也畅销全国。

  改革开放以来,商务印书馆与境外出版同业合作出书已取得卓越成绩。1988年,北京、香港、台北、新加坡、吉隆坡等五家商务负责人,聚首香港,共商合作事宜。1993年,五家合营的商务国际有限公司成立,百年老店又开始迎接新的挑战!

商务印书馆的世博情缘

柳和城

翻开中国与世博会的史册，商务印书馆的大名赫然在目。这家近代中国出版业的"龙头老大"创业于1897年，它的世博情缘则至少可以追溯到1904年……

编书刊传播世博文化

中国参加世博会历史悠久，可腐朽的清政府不重视，有几次竟让税务司的外国人去组织参展，贻为笑柄。因此长期以来，国人对世博会知者寥寥，参与者更少。商务印书馆是最早利用自己的出版物大力宣传介绍世博会的国内出版机构之一。

商务印书馆1904年创办的《东方杂志》，是影响颇大的大型综合性期刊。在第二期上，刊发了《出使比国大臣杨（兆鋆）拟黎业斯赛会商人须知》，即关于1905年比利时列日世博会的一个官方文件。1911年后，《东方杂志》先后刊登过十多篇有关世博会的文章，几乎每年都有。大致可分为三类：一为官方文件，二为论说，三为游记。

1906年1月，清政府农工商部采纳驻比利时公使杨兆鋆的意见，制定《出洋赛会通行简章》二十条。两个月后，《东方杂志》就予以刊布。第二年，前驻英公使汪大燮认为这份简章尚有不足，上咨文给农工商部提出许多补充意见,《东方杂志》马上全文录载。此外,《比国博览会调查实录》《英国爱尔兰德博林城万国赛会章程》等世博会资料也先后在《东方杂志》刊载。这在当时对国人来说,无疑是挺新鲜的。

1905年10月《东方杂志》刊出的《书美洲学报〈实业界·记散鲁伊斯博览会中国入赛情形〉后》,则是关于1904年美国圣路易斯世博会的一篇评论,内容涉及那次展会上中国出丑的事情,令人感慨万分。1908年6月,该刊又转录《时事报》上《论今日宜急开内国赛会以兴工商》一文。文章对中西工商业存在巨大差距的原因做了深入分析,并提出"召集五洲之物赛于吾国"的倡议,反映了近百年前中国的志士仁人就有在华夏举办世界博览会的雄心壮志。

《义大利万国博览会游记》(1906年9月),是一位当年意大利米兰世博会亲历者的记录,可惜没有署名。文章介绍了各国与会的情况及各场馆的建设状况、功用等,还扼要地介绍了米兰的城市风光。尤为难得的是,作者一针见血地指出,我国参展"辱国尤甚"的原因在于目的不明:"在政府则以为联络邦交,在商人则以为求谋利息而已,与所谓奖励工商之道,去之甚远。"

1910年,商务印书馆为第二年意大利都灵世博会上海赛会品物总理处代印《义国赛会须知》一书。这大约是我国第一本世博会专著。1915年旧金山世博会前后,商务印书馆也出过两种有关书籍,下文将有介绍。

"世博"实际上是一种文化。商务印书馆早期的这些书刊,既为国人打开了解世界的窗口,又传播了世博文化,今天则成为记录中国与世博会关系的重要历史文献,弥足珍贵。

张元济泪洒布鲁塞尔

商务印书馆核心人物张元济的欧洲之行,在中国与世博会的史册上可谓浓重的一笔。

1910年春,张元济做环球考察,同年7月来到比利时首都布鲁塞尔。恰逢一次国际博览会开幕,他先后六七次前往参观。那里不仅商品琳琅满目,令人目不暇接,而且各国的军事、交通、教育等情况或制成模型,或画作图表,列之于各国展览厅。张元济饶有兴趣地一一仔细观看。他对德国的教育成果展览尤为关注,每次来都要到那里看上一遍。他为中国馆没有这类图表、模型感到遗憾。更让他气恼

1910年时的张元济

的是,展览会的中国馆竟被置于会场边隅一角,与法属越南及南部非洲某殖民地相比邻,不要说英、德等大国,连世界上最小的摩纳哥公国都比不上!再看其展品,只有瓷器、绸缎、绣品、漆器、扇子和画等,而且都是些粗制滥造之物,零乱琐杂。有人说,还不及一家苏州或杭州的杂货店。西人来者寥寥,即使有人来,也摇头嗤鼻,转瞬即去。陪同参观的一位中国留学生告诉张元济:"1905年比利时列日世博会中国展品中竟出现刑具、烟枪、缠足鞋,留学生向中国公使提出抗议后才撤去。"张元济知道,中国早在1904年美国圣路易斯世博会上就出过丑。那里的"中国村"有一组泥塑,煞是刺眼:各式小脚女人、城隍十殿鬼判、乞丐烟鬼、锁人的枷栲、鬼头刀、烟枪烟灯……外国人走过无不嗤之以鼻,中国人见了无不视为国耻,大家一致抗议,想不到第二年在比利时又重演丑剧。泱泱中华,竟沦落到如此境地,可悲可叹!张元济流下了悲愤的眼泪……

两个月后,张元济将在布鲁塞尔的见闻和感受写入《中国出洋

赛会预备办法议》一文，寄回国内。文章竭力呼吁政府当局和实业界人士重视"出洋赛会"，拿出最好的产品参展，为国争光。他还提出设立永久性商品陈列馆和培养赛会人才两条具体建议。"行之十年，当有大效。商业渐盛，商智大开"，届时中国参加国际博览会，"可为国民开无尽之财源，兼为收间接之利益"。该文先后在《东方杂志》和《申报》发表，影响很大。

张元济的眼泪没有白流。他回国后，商务印书馆加快行动步伐，目标瞄准1911年的意大利都灵世博会。

都灵世博会上首获金牌

商务印书馆不仅宣传世博会，同时也把自己的出版物、产品推展到世博会，屡获大奖金牌，为中国争了光。

众所周知，商务印书馆印刷品之精良，在同时代的出版企业中首屈一指。主事者不惜重金聘用包括外国专家在内的高级技术人员，从事印刷改良。商务印书馆拥有当时世界上几乎所有的先进印刷技术。其铅印、单色石印、五彩石印、三色铜版、珂罗版、雕刻铜版、照相锌版、凹凸版等产品，无不精美绝伦。1906年，它承印了中国第一套国家银行（大清户部银行）发行的纸币。以后又为浙江兴业银行、四明银行、交通银行印制过纸币，同时还为许多公司印制过各类有价证券，质量均为上乘。

商务印刷所下设有铁工部（1926年扩充改组为华东机器制造厂），生产各式印刷机械、铜模、铅字、油墨、胶棍、锌版等印刷用品，除自用外，大量供应市场。它还生产教育用的仪器、标本、模型、文具、幻灯片、乐器、运动器械及儿童玩具，皆请专家悉心研究，自备铸炉，自制机械，精制而成。

清末以来，商务印书馆的产品在国内商品展览会上屡获褒奖。

意大利都灵万国博览会奖给商务印书馆的金牌（上）和最优等金牌（下）

如天津第一次展览会（1906年）、松江府产业会（1909年）、南洋劝业会（1910年），商务印书馆出品的图书、舆图（地图）、文具、印刷用品和幻灯片，都曾获得"一等金照""一等金牌"的荣誉。

商务产品第一次在国际博览会上亮相并获奖，则是1911年4月至10月的意大利都灵（又译都郎）世博会（全称为都灵万国制造工艺博览会）。各种书籍、舆图，各种印刷成绩、印刷用品及誊写版，分别荣获"最优等奖凭""金牌协助奖凭"；铜模、铅字、花边获"最优等奖凭"。首次出手就载誉而归，显示了商务印书馆的实力。

这届世博会上中国获奖256个，超过俄国获奖241个的纪录，取得了可喜成绩。究其原因，主要是国内工商界的广泛参与，同时与各媒体的大力宣传不无关系。这里当然有商务印书馆出版物的一份

南洋劝业会奖给商务印书馆的一等金牌

功劳。

同年，在德国特来斯登万国卫生博览会上，商务出版的各种书籍又荣获"最优等金牌"。

旧金山世博会再获大奖

1914年巴拿马运河竣工，为表庆贺，美国拟于1915年2月至12月在旧金山举办一届世博会，称"巴拿马太平洋万国博览会"。

辛亥革命以来，振兴中国实业的呼声日高，参与世博会活动已引起各界群众的广泛注意。中国新闻界对世博会又做了大量的报道，掀起了一股空前的"世博会热"。成立不久的民国政府也希望通过参加博览会重塑中国在国际上的新形象，于是派出了以参赛监督陈琪带队的代表团前往美国参展。

旧金山世博会还在紧锣密鼓筹办之际，商务印书馆便及时推出了一部《巴拿马太平洋万国博览会要览》，由后来任商务经理的李宣龚（字拔可）编辑而成，1914年4月初版。该书收有许多有关巴拿马运河和旧金山世博会的照片，汇集此届世博会"缘起""准备""规模及设计""章程""旧金山市场"和"事务局拟订巴拿马博览会中国出品总则"等资料。此外，还有一篇《编者对于筹备巴拿马万国博览会

巴拿马万国博览会奖给商务印书馆的大奖章

德国特莱斯登万国博览会奖给商务印书馆的优等金牌

美国费城万国博览会奖给商务印书馆的大奖章

出品之意见》,对中国参加世博会的展品问题提出中肯的建议。商务印书馆编印这部书,显然与张元济四年前在布鲁塞尔的经历有密切关系。正如诸宗元在序中说的:"窃知我国人关心于国际者,思振奋于工商业者,或将莅斯会而先事研究者,必能求读此书,而有以发宣李君之志愿也。"今日看来,此书实为一本难得的世博会历史文献。

当时北京农商部牵头，先期举办了江苏筹备巴拿马赛会出品协会和江苏第一次地方物品展览会两次预展性会展。前一展会上，商务印书馆的书籍、舆图、各种印刷成绩以及各种印刷用品、蒙台梭利教具、体操用品、科学仪器模型、矿山模型、动物矿物标本、风琴、喷雾器、寿式算盘及幻灯片，获"农商部一等奖"。后一展会上，商务的各种展品再次获得"一等奖状"。

经过预展选拔，中国参加巴拿马太平洋万国博览会的展品，从数量到质量较前几次大为改观。重达2 000多吨的展品分列农业、工业、教育、工艺、美术、交通、矿物、食品、园艺等9个展厅。以前中国展品中少见的工业品比例明显上升。经过评选，中国获奖展品达1 211项，在全部31个参展国中名列第一。这也是中国参加的历次世博会中所获成绩最优秀的一次。商务印书馆也继意大利都灵世博会后再现辉煌，获奖产品有：

仪器标本、儿童玩具：二等银牌奖
电镀锌版：大奖章
各种印刷用品：名誉优等奖

同年，在南洋新加坡华人制造品展览会上，商务印书馆的产品也荣获"优等奖凭"。

翌年，商务印书馆出版《一九一五万国博览会游记》一书，作者屠坤华是参加旧金山世博会的直隶赴赛专员。这又是一部弥足珍贵的世博会历史文献。

华文打字机享誉世界

20世纪前30年是商务印书馆最为兴旺发达的时期，资金雄厚，人才辈出，出版物数量最多，产品在国内外频频获奖。1928年11月，商务设立赛品委员会，专管一切出品赛会事务。20年代以后，国内的不说，仅国外各式博览会获奖名单就是长长的一串：1922年新加坡中华总商会马婆联合展览会，各种文具获"最优等奖状"；1923年荷兰爪哇万隆城第四次劝业大会，各种印版、印刷机器、仪器文具、美术品获"奖状"；1926年伦敦万国印刷出品第七次展览会，印刷品获"银牌奖"和"优等奖状"；1930年比利时国百年纪念博览会上，商务的书籍、印刷品再获"最优等奖"。

1926年6月至11月，为纪念美国建国150周年，美国费城举办世界博览会。这届世博会规模较小，正式参加的有9个国家，非正式参加的有11个国家。中国作为正式参加国，参展的虽仍以传统商品为主，但也有许多工业品，取得了不俗的成绩。商务印书馆的印刷品获大奖，华文打字机获荣誉银奖。华文打字机为商务独创，它走出国门，享誉世界，实为商务的光荣，也是中国的光荣！

19世纪末20世纪初，西方发明打字机，一朝风行，举世称便。西文系拼音文字，字母不多；而中文为方块字，常用汉字就达几千个，要像西文那样利用机械打字，谈何容易！中国人向来是聪明的，

商务印书馆制造的华文打字机

1922年时商务印书馆的印刷车间

西文打字机流行不到二十年，一位叫周厚坤的留学生在美国就发明了华文打字机的雏形。周厚坤，号朗西，江苏无锡人，美国麻省理工大学毕业。1916年回国，即被张元济聘为专事打字机研制人员。可惜两年后周厚坤因事他适，离开商务印书馆，研制工作无形中辍。后来舒震东继续研究，终于在1919年制成，上市以后大受欢迎。舒震东为了进一步改进打字机而远游欧美，考察各国工厂，历时两年多。他回国后对华文打字机加以改良，随后商务特设华文打字机制造部，开始成批生产。经过舒震东的努力，商务品牌产品——舒氏华文打字机每小时能打千余字，排字能直能横，还能打蜡纸或复写多份，得到社会各界广泛欢迎。某次廉价促销中，一下子就被定购了二百余台，1930年还获得工商部专利。回想电脑打字普及之前，哪个机关、学校、企业不用中文打字机打印文件、资料或文稿呢？当年费城世博会上，外国专家们见到工艺精湛、使用灵巧的华文打

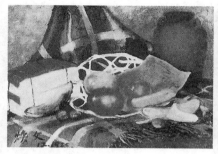 

商务印书馆出版的彩色珂罗版印刷品（左）和六色影印版印刷品（右）

字机，无不竖起大拇指，获奖当在情理之中。

　　商务印书馆早年的一些出版物，如1929年的《商务印书馆志略》、1931年的《最近三十五年之中国教育》等，对本馆在中外博览会上的获奖情况都有详尽记载。本文刊出的意大利都灵万国博览会、巴拿马太平洋万国博览会、美国费城万国博览会等国际博览会发给商务印书馆的金牌、奖章及证书的照片，就来自这些文献。不知几经劫难的商务印书馆今天是否还保存有这些珍贵纪念品原物？但愿商务印书馆的世博情缘，能为我们后人带来某些启示。

陆费逵精心打造中华书局

吴红婧

提起《辞海》,今天的很多人会想到上海辞书出版社,但是在老上海的记忆里,一定还清晰地记得,在1937年,是中华书局几经周折耗时20年才编纂出版了《辞海》。

作为国内第二大民营出版企业,中华书局的命运始终和陆费逵联结在一起。毫不夸张地说,没有陆费逵就没有中华书局的创立,没有陆费逵的苦心经营与锲而不舍,就没有中华书局后来的发展壮大。可惜,陆费逵过早离世,给中华书局留下了太多的遗憾。

与时俱进 编教材夺得"半壁江山"

1912年,一家刚刚成立的书局搅得教科书市场风起云涌,其"门前顾客坐索,供不应求"的繁荣景象,一出世就给一直稳做老大的商务印书馆一个下马威。这匹黑马就是中华民国成立这天创建的中华书局,它的创始人之一陆费逵,还曾是商务印书馆出版部部长、交通部部长兼《教育杂志》主编及讲义部主任。

陆费逵(1886—1941),浙江桐乡人,字

陆费逵

伯鸿。清光绪二十九年（1903年）到武昌参加日知会，1908年入商务印书馆。

1911年辛亥革命爆发后，陆费逵清醒地认识到，随着革命的进程，教育制度和教科书都将面临变革。而商务印书馆在开会讨论印制明年课本一事上举棋不定：是继续印《大清国民读本》，还是重编教材？两种选择都风险较大，前途难测。最后商务采纳了保守的做法——沿用旧版课本。这使得持反对意见的陆费逵深感失望，便邀志同道合的陈寅、戴克敦等开始在业余时间编写"具革命性的"、适合共和民国的中小学教科书，同时准备自行建立新的出版机构。当陆费逵提出辞职时，商务印书馆曾以月薪400元挽留。

1912年1月1日，中华书局在上海创立，原由陆费逵、戴克敦和陈寅三人经营，2月正式开业时沈颐（知方）和沈继方二人加入。中华书局成立之初，仅有2.5万元资金，局址设在四马路（今福州路）；陆费逵任经理，主持全局业务，戴克敦担任编辑长，陈寅担任事务长。最初只经营出版业务，规模很小，包括编辑在内仅十余人。陆

位于福州路河南路口的中华书局

1916年建于静安寺路（今南京西路）的中华书局有限公司总厂

费逵在《申报》上发表的《中华书局宣言书》，表明了自己一贯的主张：以教育为根本主张，注重实际教育与融和国粹欧化的思想。

农历正月初七，中华书局的《中华教育界》创刊。不久，内容适合时政的"中华教科书"的《国文》第一册出版。"中华教科书"小学部分包括各年级的国文、算术、英文、修身和伦理等44种，另有中学版、师范版。当时正值春季开学之际，由于民国政府下令禁止使用清政府颁行的中小学教科书，致使带有帝制色彩的商务印书馆的教科书均遭淘汰。中华书局却因顺应时代一炮而红，"架上恒无隔宿之书"，顺利抢得商务印书馆教科书的半壁江山，并借此在出版界站稳了脚跟。

1912年，中华书局共出版书刊9种15册，营业额达20余万元，书局资本增至7.5万元。不久，他们在四马路惠福里开设印刷所，6

台印刷机专门用于印刷教科书，编辑发行人员增加到50余人。1913年，中华书局改为股份公司，增资至100万元。总公司由局长陆费逵主持全面工作，下设编辑、事务、营业、印刷四所。除教科书外，其他出版物的数量逐渐增多，年营业额达40余万元。1914年，增设发行所，出版书籍50种79册。1915年增资160万元，出版书籍69种112册，此时的中华书局经过草创、培植根本时期，进入了发展时期。在印刷方面，"购添新式器械，增广印刷之实力；延聘高等技师输灌欧美之技术；派人出洋留学养成完备之人才"。至1916年，中华书局总营业额已达402万元，盈利54.6万元，在全国设立分局40余处，职工达几千人。

急功近利　太冒进遭遇"民六危机"

1916年，随着印刷厂和发行所新楼的相继落成，中华书局风光无限。位于静安寺路（今南京西路）的中华印刷厂购地花费14.4万元，厂房是五幢二层楼房，约有500间，并添建了货栈，建筑费用去17万元，共投入资金31.4万元。发行所新楼位于书业聚集地的棋盘街中心地段，共五层，有办公室百余间，营业部沿马路有门面十余间，共耗资20余万元。这两项花费加上购置机器设备的开支在80余万元以上，可谓巨额投资。当时陆费逵只看到中华书局快速发展的繁荣，却没有意识到将全部资本都投入新建项目中，日常流动资金只能依靠吸收股东存款和银行押款是种冒险，一旦存户挤兑后果不堪设想，中华书局正处在资金链断裂的边缘。果然不久，地方上的不安定造成了西南分局停业半年以上，收入减少；长沙分局经理挪用公款2万余元，经济危机已露端倪。6月，《中华学生界》《中华小说界》《中华妇女界》《中华实业界》等杂志不得不停刊；年底，梁启超主编的《大中华》也宣布停刊。中华书局只能依靠吸收的存款和行庄押款维持日常开支。

1917年，陆费逵尝试与商务印书馆联合经营，最终以失败告终，从而引出外界有关中华书局即将破产的谣言，提款的储户纷至沓来，几天之内就提走了现金八九万元。中华书局经济崩溃，眼看就要倒闭，而陆费逵面临窘境，却束手无策。6月，由申报馆总经理史量才等出面组建新华公司承租中华书局，以维持营业，因无法解决债务问题而矛盾不断，仅两个月就解除了承租合同。此时的中华书局资本额为290万元，负债额高达120万元，没有一家银行肯贷款给它。

1917年12月，中华书局召开临时股东会，免去了陆费逵局长之职，改任司理（后改任总经理），处理日常事务；组建新的董事会，任用善于理财的吴镜渊为监察，规定每月预决算要交董事会通过，预算外开支，须经驻局董事许可，逐日逐月账目应由驻局监察审核。董事会议同时决定对总公司、印刷厂和各地分支局进行整顿。据说，当年股东查账代表打开保险箱时，发现库存仅有大洋一块。后来，监察吴镜渊在《调查公司现状报告书》中说明，致使中华书局出现危机的致命原因有三，"进行无计划为其第一原因，吸收存款太多为其第二原因，开支太大为其第三原因"。1918年4月，吴镜渊等组成维华银团，筹款10余万元，暂时解决了印制教科书的资金周转问题。精明能干的吴镜渊临危受命，陆续建立起一套严密又科学的管理制度。之后的两三年里，在吴镜渊的精心理财和陆费逵倾全力经营业务的配合下，资金匮乏的中华书局稳扎稳打，终于在1919年6月扭亏为盈，出现了盈利2万元的喜人业绩，摆脱了这场始于民国六年的"民六危机"阴影。

"民六危机"的出现，陆费逵负有不可推卸的责任，他的个人信誉和管理能力都受到了前所未有的打击，虽然有不少人邀他另谋他就，重创大业，但他抱着有始有终的信念，与中华书局共患难，最终度过了他一生中最长的低潮期。

同业竞争　出新招处处针锋相对

中华书局成立伊始，就不可避免地卷入了同业竞争的旋涡，尤其是与商务印书馆的竞争更是激烈。

当年资本金75万元、已有十余年出版经验的商务印书馆，很快借助商务版新教科书卷土重来，还趁中华初创脚跟未稳之时使出降价的撒手锏：购教科书一元，加赠五角书券；购杂书一元，加赠一元书券。中华书局为赢得市场，不得不紧随其后同样降价。商务教科书经历了短暂的落后，很快赶上来，"成绩不下于中华"。随着教材种类的增多，学校的选择余地大了，优胜劣汰在所难免，为此，中华书局的教科书不断推陈出新，创新创优始终是不变的宗旨。从1913年起，中华书局就对教科书不断修订，力求跟上教育部新课程标准和时事形势，以立于不败之地。1917年中华书局发生经济危机之际，陆费逵曾希望和商务印书馆联合渡过难关，结果因商务提出的条件太过苛刻而未成功，其中之一就是陆费逵十年内不得涉足出版界，由此可见商务对他的戒忌。陆费逵始终把教科书的出版与编辑放在书局业务的首位，由于他个人事务繁忙，无法执笔编写教材，但他坚持从策划到定稿必参与其中，终于将中华书局造就成我国重要的教科书出版企业之一。

1924年，中华书局的沈知方在上海自创世界书局，出版教科书及其他读物，用种种方法与中华书局展开竞争。此时，中华和商务暂时放下彼此的恩怨，联合在河南路（今河南中路）开设公民书店，以跌价倾销与世界书局博弈。这场价格战的激烈程度，从1931年乐嗣炳撰写的《十年来的国语运动》中可见一斑："当时三局互相竞争，只求把国语书销出去，蚀本奉送不算，有时奉送了还要倒贴。结果三家书店因此亏损百余万元……"

在竞争中，中华书局与商务印书馆各自都设法走上层路线。曾任中华书局编译所所长的范源濂任教育部长时，中华在竞争中就占上风；而当与商务关系较深的汤尔和任教育部长时，商务则在竞争中胜出。

除了价格上的竞争，陆费逵密切关注商务的每一个举动，商务有好的选题策划，中华一定会在第一时间紧随而上。如商务拥有当时极有影响力的《东方杂志》，陆费逵就请出梁启超主编《大中华》杂志，1934年又推出了《新中华》，创刊号发行量就有几万份，一炮打响，当时为其写稿的有巴金、郁达夫、傅雷等名人。商务出版了《辞源》后，陆费逵于1915年开始策划编纂兼有语文辞典和百科性质的综合性大辞典《辞海》。1936年《辞海》上册出版，次年6月《辞海》下册出版，共收单字1万余条，复词10万余条，共约700万言，是中华书局出版的影响最大的工具书，也是对中国出版事业的重大贡献。1919年，商务开始影印出版由著名版本目录学家张元济主持编辑的"四部丛刊"，这套丛书把我国古代重要的经史著作、诸子百家代表作、历代著名学者文人的别集集中收录，对于保存珍贵的文化遗产具有深远意义。陆费逵就筹划出版"四部备要"，他在其广告中针锋相对地说："四部备要"是根据善本排印并经过多次校对，还订正了古文上原来的错误，不像影印古文，有的以讹传讹，把"大"字印成了"犬"字等，贻误读者。

多种经营　印钞机带来滚滚财源

当时大的出版企业，都在出版、印刷、发行的同时搞多种经营。中华书局的老职工回忆说："当时教育不普及，一般图书发行量少，又不屑为图利去发行低级趣味的读物。"一般图书印三五千册已属不易，印一两千册如不重版就要亏本，所以中华书局和商务印书馆、世界书局等一样也搞多种经营，实是不得已。不过在陆费逵的运筹下，不算多种经营的创利，仅印刷这一项就带来了令人惊讶的利润。

　　中华书局创业之初，为了扩充印刷力量，先后并入民立图书公司、右文印刷所等，拥有大小印刷机数百台之多。1916年在静安寺路建成的印刷厂斥资30余万元，1924年又斥资20余万元扩建厂房，新增图版栈房和轮转机机房等。1932年商务印书馆在日军轰炸中不幸毁于一旦后，有人劝说陆费逵加大扩充脚步，但陆费逵面对日军的嚣张气焰，意识到战争已不可避免且迫在眉睫，果断地对中华书局的全局发展方案做了调整。他鉴于商务印书馆和东方图书馆的惨重损失，决意在尚无战火迹象的香港投资兴建印刷厂，经多次勘查后，以13.3万元的价钱买下17亩地，又耗资16余万元，于1934年在

德氏汤臣胶印印刷机

九龙建成号称远东第一的中华香港印刷厂,从香港厂规模看,陆费逵已经考虑到日后将中华书局的重心转移到香港去。陆费逵原来还计划在平凉路建一个印刷厂,但因为厂址在公共租界且靠近吴淞口,为安全因素,最后还是放弃了已购置的地皮,改在澳门路重新购地,共花费57余万元建成了拥有钢筋混凝土结构的四层楼房五幢、平房一幢的新厂。到1937年,中华书局印刷厂已拥有德国轮转大电机、四色大电机、双色胶印机、制版机等现代化印刷设备,还重金聘请了德国、日本籍技师,上海的中华新老两家印刷厂的工人有2 000人,香港厂有2 000人,印刷技术和质量在远东也处于领先地位。

如陆费逵所愿,雄厚的印刷技术实力和上乘的印刷质量,不仅使这一时期出版的聚珍仿宋版"四部备要"等大部头古籍的印刷极其精美,而且陆费逵购置的一流印钞设备还为中华带来了滚滚财源,印刷厂成为中华书局创利大户。先是20年代南洋兄弟烟草公司委托印刷月份牌和烟盒,1934年开始承印中央银行小额钞票,1935年大量承接国民政府的印钞业务。1936年始香港厂承接印钞业务,从当年5月到太平洋战争爆发的6年间,先后印钞21批,营业额累计达2 800余万元,约占中华书局总营业额的45%。抗战结束后,由于通货膨胀严重,国民政府大量印制钞票和债券,印钞几乎成了中华印刷厂的主营业务,可谓"暴发"。开明书店创办人章锡琛评价说:"中华在出版业衰落时期专向印刷方面发展,把公债和纸币的印刷包揽到手,获取大量利润。"与此同时,中华书局在我国自印邮票后,从1936年开始承印了中山像、中山像凹版、"节约建国"等邮票。

此外自1926年起,陆费逵创立的中华函授学校历时十余年;1929年设立了中华教育用具制造厂;1937年投资40万元设保安实业公司,生产国防用的橡皮登陆艇、防毒面具和桅灯等,后迁移至香港,专门生产抗日国防服。这些投资在不同时期都为中华书局带来了利润。多种经营的最终目的,还是为书籍和刊物的出版增添经济上的保障。

中华书局印制的钞票

为兴"中华" 招人才高手济济一堂

　　当年熟悉陆费逵的人都说他是出版界的奇才，精通出版、发行、印刷，唯独在财务方面是个外行。1917年以后他专注于业务管理，使中华书局始终处在上升通道，这归功于他个人的才干和中华书局家长集中制的管理。原中华书局编辑所所长舒新城在1936年1月13日的日记中这样写道："组织甚简，各种事务，多由总经理直接处理，各级人员亦多由直接指挥，遂形成家庭性质之集团。所谓事权，并无严格的界限，大家习惯了，亦怡然相处，纵有事务处理或人员指挥之权限不清楚，彼此不甚介意，甚至于不问。"中华书局初建时，当家人陆费逵事必躬亲，从选题、编辑、印刷到发行，无不过问。他担任总经理30多年从未用过秘书，重要文书都亲自执笔。后来中华书局发展壮大，陆费逵分身乏术，但大事必自己处理，不借他人之手。一个几千人的企业，整个业务运营在家长制的管理下井然有序，不得不让人佩服他的管理调度能力和知人善任的本事。

在人员管理上，陆费逵有自成一体的做法。中华书局的主要职员必定是他亲自挑选，招录人员采用考试制度，并且不以学历文凭论，录取标准一是对人对事的态度，二是中文精通，三是常识丰富，四是服务经验，五是专门知识。翻译家钱歌川清楚地记得，他进中华时虽然没有考试，却被要求编写一部文艺概论性质的书稿，内容包括文学、美术、音乐三方面，5万字。"自从成为中华书局一分子之后，我的书稿就很少给别家出版了。中华书局对同人的照顾无微不至，同人编写的任何稿件，都要尽量收购，以增进同人的收入，希望大家能过更舒适的生活。当然同人的书稿是在公司工作6小时后，回家在灯下编写出来的。记得我那时差不多都是每天工作12小时。"后来钱歌川决定去英国游学，一年内薪水照发，中华书局还资助了旅费。20世纪30年代中华书局兴旺之时，拥有100多名编辑，其中不乏知名人士，如梁启超、范源濂、田汉、张闻天、徐志摩、周宪文等。中华书局给予他们优厚待遇，他们为中华书局奉献了高质量的书籍和刊物。

著名出版家舒新城是陆费逵大费一番周折挖来的人才，舒新城加入中华书局的过程用"三顾茅庐"来形容，一点不为过。1922年秋，舒新城正全力投入教育事业，陆费逵邀请他加盟中华，遭婉辞。1925年，陆费逵再次发出邀请，舒新城坦陈了自己致力教育的理想，还是没有答应。1927年，陆费逵得知舒新城在编纂辞典的过程中遇到经济问题，一口答应每月垫付300元，辞典编成后交中华书局出版。1928年3月，陆费逵专门写了一封长信，再度邀请舒新城加盟中华,并请他主持《辞海》的编纂工作。盛情难却之下,舒新城答应接手《辞海》。直到第二年的11月,经陆费逵再三地劝说,舒新城才终于同意出任中华书局编辑所所长之职。整整6年,在陆费逵的不懈努力下,中华书局得到了一个不可替代的人才,也造就了一位优秀的编辑出版家。此后,舒新城与陆费逵密切配合专心于出版事业,中华书局几部巨著的出版无不凝聚着舒新城的心血。

舒新城

陆费逵深知一家出版社要立于不败之地,必须要有出奇制胜的好书,而作者和编辑是一本好书的决定因素,因此他在网罗人才上煞费苦心。他提出"作者是衣食父母",对作者恪守这样的信用:对已出版的书,作者的稿酬再高,从不拖欠;凡约稿不能出版的,必说明缘由,并支付一定的稿酬。这样就吸引了不少优秀作者把稿件投给中华书局,使中华书局在稿源上有了较大的选择余地,双方形成互利互惠的关系。

烽火连天 迁香港陆费逵黯然离世

中华书局在度过了"民六危机",克服了时局不稳等不利因素后发展迅速。1925年资本总额达到200万元,1937年增至400万元。1918年7月到1928年6月的十年间,年平均营业额181.6万元,盈利14.95万元。1928年7月到1936年12月,年平均营业额471.53万元,盈利20.45万元,始终保持平稳的增长速度,抗战前夕中华书局进入了全盛时期。至1949年,在中华书局出版的书籍中,以教育类位居第一,语言类、文学类、历史地理类次之。不过,它在自然科学和社会科学这两类书籍的比重上明显失衡。

1937年7月,全面抗战爆发,中华书局大量裁撤编辑人员,上海总厂和编辑所停工,总局迁往昆明,静安寺路上的印刷厂的全部设备和大部分人员陆续迁往香港。陆费逵于11月6日离沪去港,上海中华书局由吴镜渊主持,后以美商永宁公司名义为掩护维持营业。早在战争爆发前,陆费逵就要求编写人员加快《辞海》的编写进度,限期完工,以应不测,终于赶在抗战全面爆发前使历时20年编纂而成的《辞海》上市发行。事实证明,假如《辞海》再晚一年出版,受战争影响也许会给中华书局带来巨额损失。陆费逵到香港后设立中华书局驻港办事处,仍积极组织力量出版教科书等,经广州运往武汉,广州沦陷后,辗转广西、越南、缅甸、云南到四川等地,供应抗战后方。后来还成立了澳门支局、九龙支局。1941年7月9日,陆

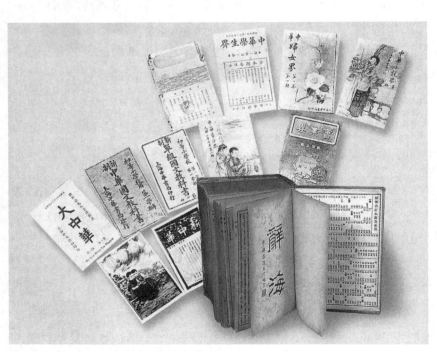

中华书局初创时的部分教科书、期刊和1948年出版的《辞海》

费逵不幸病逝于香港。

在陆费逵主持中华书局期间,总计出版各种新旧书籍近2万种,发行的杂志有《中华教育界》《中华小说界》《大中华》《新中华》《小朋友》等几十种。

在陆费逵的女儿陆费铭琇的记忆里,"父亲一心想办好中华书局,他有不少机会可以从事其他行业,有人聘他到报馆担任总主笔,或到教育部、外交部工作,就个人功名利禄来说,显然会好一些,道路也许能平稳一些,但他坚决献身书业。他认为,书业同国家文化前途关系重大"。陆费逵常说的一句话是:"无论怎么样,我都忍耐得住。"这给儿女们留下了深刻印象。

抗战胜利后,国民党政权的腐败使中华书局每况愈下,仅能勉强维持。新中国成立后,中华书局走上了新的发展道路,和新华书店、三联书店、商务印书馆等出版发行单位成立联合出版社。1954年,中华书局实行公私合营,总公司从上海迁至北京,上海只设办事处。进入21世纪,在继承和弘扬中国传统文化、汉语世界化、中华文化走向世界等方面,中华书局正一如既往地努力着。

世界书局盛衰记

柳和城

20世纪二三十年代,稳坐全国出版业第三把"交椅"的上海世界书局,虽然创业较晚,却能与商务印书馆、中华书局形成鼎足之势,着实不易。这要从它的创办人、素有"书业奇才"之称的沈知方说起。

世界书局总发行所

为免吃官司称病逝　经数年打拼办书局

沈知方（1882—1939），原名芝芳，浙江绍兴人。出身贫苦，少年时代先后在绍兴、余姚、上海的书坊当学徒，摸爬滚打，练就一身书业基本功。其才能被夏瑞芳发现，招入商务印书馆，从跑街做到某部门主管。但沈知方不甘久居人下，1912年他与陆费逵等一起跳槽，创立中华书局。1913年初出任副经理，负责营业与进货。1917年，他经手的大宗洋纸订货交易亏蚀，

沈知方

遭几位董事不满而脱离中华。其时，他自订的纸张也因外商茂生洋行索款而被起诉，不得不离开上海到苏州躲债。为避免吃官司，他甚至在报上自登讣告，诓称病逝。

其实沈知方早有自立门庭的打算，志在与商务印书馆、中华书局竞争，闯出一番新天地。他托人编了一些投机书，并在上海闸北香馨里开了一家叫广文书局的弄堂书店。他本人悄悄潜回上海，就藏在书店楼上就近指挥。除出版一些《写信百法》《珠算速成法》之类实用性图书外，大都为迎合小市民趣味的通俗文艺读物，均以"世界书局"或"中国第一书局"的名义印行。1919年，作家平襟亚用"襟霞阁主"笔名印行自己的笔记体小说《中国恶讼师》，一炮打响，进而在山东路仁济医院支路弄内开了家东亚书局。平襟亚乃一介书生，不懂生意经，也不会打广告战。他的书被沈知方推出的《绍兴师爷与恶讼师斗法》等模仿之作挤到了市场的角落。平襟亚摸清对手的情况后，想出一个反击妙计。沈知方不是躲债怕见人吗？平襟亚就偷偷在《新闻报》分类广告栏登了一小则启事：

上海书商沈知方启事：本人业已回沪，住居市北香山路香馨里八号广文书局楼上。如亲友来访问，请在上午八点钟以前，迟恐外出，不及会见。此启。

第二天，沈知方见到此小启，差点气晕，慌忙赶赴火车站，又逃到苏州躲债去了。沈知方那时的狼狈相可想而知。不过正所谓"不打不相识"，他与平襟亚的较劲，后来竟成为二人结友的机缘，这留待下文再做详述。

经过几年打拼，沈知方还清了债务，并积累了2.5万元资金。1921年夏，他把书局改组为股份有限公司。因当初"世界"的书销路较好，知名度高，加之"世界"又比"中华"大，遂定名世界书局。这年农历七月七日（8月10日），福州路山东路西怀远里口热闹非凡，世界书局总发行所开张。因为沈知方喜欢"火红火红"，以图吉利，所以店面被油漆成夸张的红色，引人瞩目，号称"红屋"。其时世界书局已有200多种"本版书"，又拉来其他无力在福州路租门面的小书局的书以壮声势，再配上廉价赠品等促销手段，生意颇盛。

总经理沈知方这时已无须东躲西藏，他穿梭在熙熙攘攘的人群中应酬交际，好不风光！当时，世界书局建制与商务印书馆和中华书局差不多，共有一百多员工。在闸北香山路、虹口虬江路设有编辑所和印刷厂，又先后在北京、广州、汉口、奉天等大城市设分局。沈知方踌躇满志，盘算着书局的未来。

用杂志拉来程小青　以重金签下张恨水

世界书局头几年走的是迎合市民口味的通俗化路线。

当时社会流行武侠、黑幕、侦探和言情类小说。沈知方请来一班著名的旧派文人创办这类期刊，有严独鹤、施济群主编的《红杂志》周刊（1922年8月创刊，1924年7月改称《红玫瑰》，严独鹤、赵苕狂主编），李涵秋、张云石主编的《快活》旬刊（1923年），江红蕉主编的《家庭杂志》月刊等。《红杂志》发刊词表达了编著者们的雄心壮志，上面写道："英国有小说杂志曰《Red Magazine》者，红光烨烨，照彻全球。今《红杂志》之梓行，其或者亦将驰赤骝，展朱轮，追随此外国老前辈，与之并驾齐驱乎！"

这些刊物大都十分畅销。每期除短篇小品外，必有三种长篇连载，抓住了读者欲求下文而不断购买的心理。长篇刊完后，一般还会出单行本。平江不肖生（即向恺然）的神怪武侠小说《江湖奇侠传》就是其中之一，1923年1月起连载于《红杂志》，后续刊于《红玫瑰》，之后该小说被明星影片公司改编成电影，又场场爆满。小说单行本出版于1930年，风靡全国。据说当年东方图书馆里，《江湖奇侠传》因借的人太多，不久就被翻得破烂不堪，只得再买一部新的。想不到没几天又被翻烂了，于是再换新的……加起来竟一连换过14部！向恺然另一部以大刀王五和霍元甲为主角的《近代侠义英雄传》，也是由世界书局出版，行销海内外达数十万册。

20世纪20年代，"侦探热"跟"武侠热"一样，风行一时。以翻译英国柯南道尔的"福尔摩斯"而闻名的程小青，后来自己创作了中国风格的侦探小说《霍桑探案》，在报刊上发表后受到读者热烈欢迎。沈知方请来程小

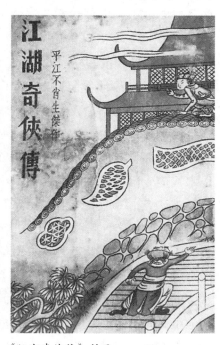

《江湖奇侠传》封面

青商谈，要将他所有创作或翻译的侦探小说全部交给世界书局出版，程小青没有答应。沈知方不甘心放弃，于是换了一种方式，约程小青为世界书局编《侦探世界》半月刊，程小青答应了。从1923年6月到1924年5月，《侦探世界》出了24期，程小青的《霍桑探案》成为该刊的名牌栏目，这样程小青当然也就没有余力再为其他报刊写稿了。用程小青自己的话说："实际上我终于做了一年'包身工'。"1932年，沈知方又约程小青编《福尔摩斯探案大全集》。除少量新译外，大部分是将以前文言翻译的旧作改写成白话，加用新式标点和插图。程小青对此工作颇有兴趣，只是半年的限期，让他觉得有些紧张。沈知方说："把文言的改成白话，花得了多少功夫呀！"程小青只得照办，请人帮忙赶了出来。

沈知方看准了的书稿，舍得下大本钱。著名言情小说家张恨水的《春明外史》原登载在北京的《晨报》上，后《晨报》停刊，又续登于《上海画报》，前后达五年。另一部小说《金粉世家》原连载于北京《世界日报》，从1926年至1932年连载6年之久。后者以少女冷清秋的不幸婚姻为主线，描写了上层社会的腐朽堕落、尔虞我诈，最终走向衰败的宿命，深受市民欢迎。沈知方在一次饭局上，与张恨水当场达成协议，《春》《金》二书归世界书局出版，《春明外史》一次性买断，《金粉世家》的4 000元稿酬则分四次结算。同时，张恨水答应专门为世界书局写几部小说，每三个月交出一部，每部10万至20万字，稿费每千字8元。事后坊间有张恨水"十分钟成交数万银圆"的传奇，盖源于此次"饭局交易"。《春》《金》两书上市后当然十分畅销，连鲁迅都买来寄给他母亲阅读。张恨水专为世界书局写了《孤霞落鹜》《满江红》《美人恩》三部书。世界书局与张恨水之间还有一条不成文的约定，即世界书局可以翻印出版张恨水的其他小说而不另付版税。这其实也是沈知方的精明之处。

现在研究者往往把张恨水等旧派文人的作品都归入"鸳鸯蝴蝶

派"范畴,其实内中也有一些直接反映现实的作品,不可一概而论。如《红杂志》创刊号有一篇署名"惺轩"的短篇小说《孤城喋血》,讲的是发生在直奉战争中的一个故事:某城数千民众在英雄张念椿率领之下自愿守城,杀退敌军。作者特为注明"此今年五月事也",可见其完全是一篇纪实性的报告文学作品。

顺潮流出版政治书　走市场首创连环画

除武侠、侦探、言情类通俗小说外,世界书局早期还出了一些传授迷信、发财诀窍等低级趣味的书。为赚钱,沈知方还出过几种伪书。如《当代名人轶事》(托名吴趼人著)、《石达开日记》(许指严捉刀),以及所谓《足本浮生六记》等,造成很坏的影响。不过,他也主持过诸如《孙中山全传》《模范军人冯玉祥》《巴黎和会秘史》《儿童公育研究》等比较严肃的著作。有一部《中国古代共产制度考》的书,南京政府成立后再版,不得不把"共产"改为"公产"以避风头。

大革命时期,沈知方利用租界为掩护,让广州分局搜集第一次国共合作时的宣传品,寄到上海加工编辑成小册子,用广州世界书局名义出版《三民主义读本》,计有《全民政治问答》《农民协会问答》《三民主义浅说》等。这些小册子得到国民政府教育行政委员会的嘉奖,随着国民革命向北推进,世界书局又将这些书销往湘、鄂、赣、闽、浙等省。这是当时书业中绝无仅有的大胆举动。

我国古代已有孔子圣迹图等连续性的石刻艺术流传于世。清末《点石斋画报》《小孩月报》《花图新报》之类画报,都刊出过长短不等的图画故事。辛亥革命后,以《诸葛亮招亲》《七擒孟获》等连台本戏为蓝本的石印图画书,曾风行都市乡村。当时这种大众文艺新形式称呼并不统一,北方叫"小人书",两广叫"公仔书",浙江叫

"菩萨书",汉口叫"牙牙书",上海叫"图画书"。直到世界书局推出《连环图画三国志》等石印图画书,名称才得以统一。鲁迅后来在《一个人的受难·序》中说,这种图画,照理应该称为"连续图画",因为它并非"如环无端",而是有起有讫的话本。但因为连环图画这个名称,社会上已经用熟,无须更改,当本"约定俗成"之意也。

世界书局出版的连环图画数量并不多,仅6种:《三国志》《水浒》《西游记》《封神榜》《岳传》《火烧红莲寺》。笔者曾见到一套《连环图画三国志》,刘再苏、陈丹旭编绘,共3集24册,1929年4月第4版。据说该书初版于1927年6月。从今日的眼光看,绘图并不高明,但比起当时另外一些小书局粗制滥造的作品要好得多。《火烧红莲寺》一书用世界书局的副牌普益书局的名义出版。这些连环图画书,上文下图,整体铅印,图画线条流畅,具有《点石斋画报》的风格。如今世界书局的连环图画是收藏品市场上的抢手货。一套1929年版的《火烧红莲寺》,在2003年广州的全国连环画拍卖会上拍出2.8万元的天价。

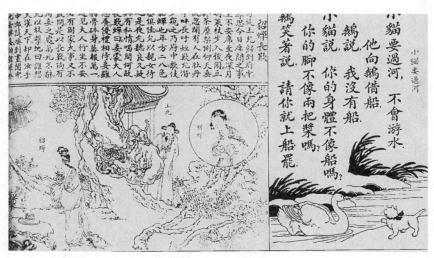

《连环图画三国志》书影(左)和《国语》教科书书影(右)

值得一提的是，世界书局后来编印教科书，如1933年版《国语》初小第一册，其前八课也用了连环图画。第一课：老耗子教小耗子认识猫；第二课：老耗子在猫身上系铃；第三课：小耗子合伙偷糖；第四课：猫打瞌睡，耗子们将绳一头系在油瓶上，一头拴在猫脖子上……这不能不说是编辑的一种创意。

冒风险编印教科书　打官司败诉上海滩

世界书局靠通俗书刊奠定根基，但沈知方知道此非长久之计。他与股东们商议，决定"转型"。1924年开始进军教科书市场，谋求长远发展，这是沈知方第一个大动作。

那时，全国中小学教科书大部分由商务印书馆和中华书局两家供应，要从中分享一块"蛋糕"谈何容易！当年，除广东外，全国都处于北洋军阀统治下，教科书必须经北京教育部审定后才具有合法性。沈知方请来北京大学校长胡仁源任教科书审稿人，实际上是用钱买他的名声，同时运用一切手段打通北洋政府教育部各部门关节。然而，通过审定并不代表得到市场的认可，攻占市场关键还得看书的质量。沈知方让从商务"挖"来的编辑所长范祥善等负责编辑小学教科书。在沈知方督促下，第一套"新学制小学教科书"于1925年出版。它的最大特点是分别编有乡村用、中小城市用和大都市用等几种类型，适应不同地域、不同对象的需求。其中有陶行知主编的《工人课本》《农民课本》，俞庆棠主编的《妇女课本》。这些教科书在苏浙皖一带曾被广泛使用。据说冯玉祥在张家口练兵时，士兵们读的就是世界书局出的《民众读本》。

1925年，世界书局敏锐地感觉到时局要变，为迎合革命风潮，偷偷编辑了一套"新主义小学教科书"。这时编印"党义"课本，风险确实不小。北伐后期，济南分局就因发行这套"党义"课本，经

世界书局曾是福州路四大书局之一

理人被军阀当局监禁，险些遇害，所幸北伐军及时打进济南方获解救。当北伐军占领上海后，世界书局马上公开发行"新主义小学教科书"，并请国民党元老、时任监察院长的于右任审订。

此前，中华书局与商务印书馆虽也曾推出符合"党义"的新教科书，但都用了虚拟的假社名，给自己留了后路。1931年世界书局纪念创办十周年，在《世界杂志》纪念刊中不无自豪地说："本局的"新主义小学教科书"实于十四年（1925年）开始编辑，迨国民革命军抵沪，本局最先公开发行，不像旁的书坊，不敢用自己店名出版党义书籍，恐怕有什么危险似的。"这话着实把商务、中华奚落了一番。

世界书局教科书的成功，引起同行严重不安。先是中华书局陆费逵出面，以十万大洋为交换条件，要求沈知方停止出版。沈一口回绝。接着商务、中华联合出资组建国民书局，编印《新国民小学教科书》，又采用跌价销售、免费赠送等方式，试图在经济上压垮世界书局。沈知方毫不示弱，依靠多年打拼的资金积累，以厚利招揽各地书商建立特约经销处。沈知方明确告知各分局经理，教科书只图打开局面，不谋赚钱，保本就行。

沈知方又充分运用其神通广大的人脉关系，纸张可赊欠，印工有合作伙伴也能缓付，成本大大降低，竞争中优势凸显。相反，作为国民书局出资方的商务和中华却同床异梦，经不起折腾，很快亏蚀二三十万，终于在1927年拆伙停业。据1930年上海市立小学用教科书统计，世界书局出版的教科书已占32%，在外省市比例更高。1933年由吴研因等著名教育家编撰的一套《国语读本》，销量竟占全国同类课本的40%。

　　虽然此时世界书局在硝烟弥漫的教科书竞争中，已显出一定优势，但之前也吃过败仗。

　　那是1930年，沈知方请林汉达编了本《标准英语读本》。林语堂见了，认为该书与自己编的《开明英文读本》形式相同，且有不少课文也是从开明本搬去的。开明书店老板章锡琛出面交涉。交涉中，世界书局有两件证据落入开明的手里。一是世界书局编辑所长范祥善的信，信中有"敝局出版之《标准英语读本》与贵店《开明英文读本》有雷同之处"的话；二是林汉达拜访林语堂因未见到而在名片后面的留言，大意为那个课本你认为哪几处应当修改，请告诉我，我愿意接受云云。开明书店很快把信和名片留言制成照相锌版，以《世界书局〈标准英语读本〉抄袭冒效〈开明英文读本〉之铁证》为题，在各大报遍登广告。世界书局以诽谤罪向租界法院控告开明书局。法院受理了此案。起先，世界书局靠所聘律师与南京政府司法部的特殊关系，审理中对开明颇为不利。章锡琛等只得背水一战，再次把两种书相似的书页印在一起，除制成广告外，还直接送请南京政府教育部裁定。这一着走对了。教育部长蒋梦麟为此事召开会议，经研究批准开明书店要求。批词断定《标准英语读本》确有抄袭冒效《开明英文读本》之处，不予审定，并禁止发行。世界书局输了官司，向开明赔了钱，销毁了纸型，还向预定书商们退赔，损失巨大。然而，沈知方有一股子勇往直前的闯劲，他只在乎未来，不为过去羁绊。沈知方有句著名的口头禅,也是他每次年终总结时都要说的:"明年从头再做起!"某种意义上说,这句简洁而有力的话,已成为凝聚书局上下人心的一种自觉意识。

遭火灾书局更红火　设圈套"挖"来大辞典

1921年至1925年,世界书局总务处设在福州路发行所内,在闸北虬江路、香山路分别建有第一、第二两个印刷所,编辑所也设于香山路。1925年秋,第一印刷所遭隔壁某烟草公司火灾殃及,所幸有保险公司赔款得以补偿,加上沈知方前一年在虹口大连湾路(今大连路)购得土地十余亩建的总厂,此刻有部分已经落成,所以书局的生产没受太多影响。第二年,总务处、编辑所和印刷厂全部迁入总厂,印刷能力又大大增强了。1923年,沈知方还盘入俄商西伯利亚印书馆,连设备带职工一并移入,印刷能力再度大增。之后几年,总厂陆续扩大,到1932年建成五层楼厂房,规模宏大,设备一流。

世界书局印刷厂

20世纪30年代,世界书局在人们心目中的形象已经改变。有美国轮转机,还有英国和德国的四色机共50余台,其中最先进的英国全张密勒机就有17台,占当时全国拥有量的三分之一。世界书局还购入五彩橡皮机,凡照相铜版锌版、彩色铅皮版、五彩石印等均能应付自如。诸如《世界儿童国语》《世界儿童算术》《图画课本》都用道林纸五彩印刷,深受教育界人士欢迎。这也是世界书局教科书能很快占领市场的原因之一。

出版好的学术书,向来也是书局提升形象的捷径。青年中医陈存仁在老师谢利恒的帮助下,为商务印书馆编了一部《中国药学大辞典》。该辞典首次用现代科学理论解释中医中药,并附有800多幅精美插图。加上章太炎撰序,吴稚晖、蔡元培题签,更使书稿身价陡增。双方合约已签订,无奈碰上"一·二八"淞沪抗战,商务总厂被毁,无力再承印此书。陈存仁着意于中华书局续印。中华也愿意出版这部300万字的大辞书,只是对其中彩图印制有些为难,因为当时中华书局的彩印设备正忙于印制政府委托印刷的钞票,暂无余力。

陈存仁打听到世界书局有雕刻铜版印刷机,拿了几十张图稿到大连湾路总厂询问。一位印刷部主任接待了他。陈存仁无意中透露了《中国药学大辞典》的计划。那位主任说,待

由吴稚晖题签的《中国药学大辞典》

看了全部画稿才能决定能否制版，于是留下了所有画稿。这时，中华书局那边却有了进展，总经理陆费逵约见陈存仁，当场阅看了部分样稿，表示愿意马上签约出版。几天后，陈存仁再去世界书局，想要回那些画稿，可是任他好说歹说人家就是不给。磨蹭了几天，沈老板终于露面，要陈存仁把书稿给世界书局出版。沈知方说："你一定花了不少钱，我愿意立刻与你订约，稿酬方面，商务给你九千六，我可以提到一万二千元。"陈存仁推说书稿还要修改，希望拿回画稿。沈知方满脸笑容，却不容质疑地说："这件事谈不好，画稿不会还给你。"原来陈存仁第一次去大连湾路，沈知方就看准了这部稿子。他收集各种信息，设下"圈套"，终于成功"挖"来了这部高质量的学术书稿。

签约后，沈知方把陈存仁请到新雅酒楼，说："我们世界书局的财团，现在决定要办一个世界银行，同时出版10部巨著，你老兄的药学大辞典名列第一。你可不可以提早交稿？我们准备在银行开幕时出版，大登广告，广事推销。"陈存仁拗不过沈知方，只得日夜不停地赶写加工，终于提前交了稿，不久竟大病一场。

陈存仁（左）与吴稚晖

《中国药学大辞典》初版5 000部，一销而空。不过，陈存仁发现自己精心绘制的彩图未印在书内，却印成另一部《中国药物标本图影》（蔡元培题签），且删去了不少图。陈存仁前往交涉，沈知方再三道歉，说明原因，宣称再版时会增补。为"安抚"作者，沈知方答应再请陈存仁编一部书稿，稿酬从优。后来践约，这就是陈存仁编纂的"皇汉医学丛书"。《中国药学大辞典》前后再版达27次，还出版"缩本"，当时全国各地中医师几乎人手一册。那本图谱曾送到巴黎国际印刷博览会展出，还得了奖。

摒前嫌帮助平襟亚　举贤能起用林汉达

沈知方的经营谋略，不仅表现在善拉书稿，而且在用人上也很有一套。他多次说过："独木难支大厦，众擎易成大业。而事业的成功，其关键尤在捐弃成见，摒绝自私。"

沈知方自己文化水平不高，却十分敬重读书人。前面提到的曾让他难堪的平襟亚，他非但不记仇，反而一再邀请平襟亚加入世界书局当编辑。平襟亚虽未进书局，但时常为世界书局的杂志撰稿。有一次，两人在大东书局不期而遇，沈知方对平襟亚说："你是读书人，对出版事业算是外行，但是你有你的天才。《恶讼师》这部书，是你向出版界开的第一炮，堪称异军突起，销数达三五万册，可以说空前未有的。可是要靠一本书成为企业，我想难以为继。原因在于你只懂得作某一部书，从而印造某一部书，却没有熟读另一部更大的书——各省的文化情况和读者群众对读物的好恶心理。"接着，沈知方将自己十几年来闯荡书业界的经验教训

平襟亚

坦诚地告诉了平襟亚。

后来沈知方还帮助平襟亚创办了中央书店，诸如《江湖奇侠传》一类老牌畅销书，就直接让中央书店重出标点本。1936年，沈知方又鼓励平襟亚改革旧小说印行，帮他出点子，发售预约，扩大折扣，"借鸡生蛋"。当时被称为"一折八扣书"或"标点书"的平装旧小说，在中央书店倡导下风行全国。漂亮的彩图封面取代千篇一律的牛皮纸封面，疏朗的排字、精彩的插图，取代了小字密排的传统书式，特别是校对认真，错字极少，赢得读者一致好评。平襟亚与他的中央书店是这股改良浪潮中的"先锋将"，殊不知背后运筹帷幄、发号施令的则是世界书局沈知方。

沈知方早期用人，大都"挖"自商务、中华，或聘请一班旧派作家。中期开始，他更注重从教育界不拘一格选人才，不论与自己有否关系。其中聘用林汉达就是典型一例。

世界书局出版过一本《全国大学生英文作文成绩选》，向全国征稿。林汉达是投稿人之一，作文被评为第一名。1924年，林汉达毕业后在宁波当中学教员。1928年暑期，林汉达来上海，与大夏大学某教授计划合编英文文学丛书。沈知方听说林汉达就是当年英文作文第一名获奖者，马上约见，请他到书局任英文编辑，后又升任英文编辑部主任、出版部主任等要职。

1933年间，沈知方得力的秘书病故，便想请林汉达担任此职。林汉达擅长编辑写稿，对行政管理兴趣不大，于是向沈知方推荐在之江大学附中任校长的同学陆高谊。陆高谊进入世界书局后，凭着出色的管理才能，从总务处秘书升任经理直至总经理。同样在之江大学执教的胡山源，进世界书局时负责编辑英文词典，但是他对

林汉达

中文更有兴趣。沈知方就把他安排到中文部，随后编辑了《全宋词集》与《明季忠义丛刊》等有影响的古典文学作品总集。后来为世界书局翻译《莎士比亚戏剧大全集》的朱生豪，就是胡山源介绍进书局的。

出丛书书局创品牌　"ABC"赢得大市场

沈知方深谙企业品牌效应的道理，而书局的品牌在于丛书。丛书以汇集群书为宗旨，古已有之。近代以来，出版商越来越认识到，丛书以集束性推出，更易造声势，扩大影响，创立品牌，提升书局形象。如经营得法，收入也很可观。1927年后，世界书局出版"世界百种丛书""新国民丛书""唯爱丛书""日本研究丛书"和"烂漫派丛书"等数种丛书，除个别书较好外，总体质量不高，社会反响平平。但从1928年开始、出书共152种的"ABC丛书"却成功了，世界书局由此打出了自己的品牌。

"ABC丛书"主编徐蔚南，原是上海复旦实验中学教员。沈知方的儿子沈志明在该校读书，向父亲推荐了徐老师。沈知方与徐蔚南交谈后，觉得他确有才能，当即聘任为秘书长兼助理总经理，月薪500元，并派汽车接送，待遇优厚。"ABC丛书"属于综合性丛书，涵盖中外文学、哲学、教育学、法学、经济学以及自然科学等诸多领域。如中国文学、文学解剖、元曲研究、文字学、教育哲学、群众心理、相对论、保险学、摄影、英文修辞、国际法等"ABC"，通俗浅显，雅俗共赏，当时有"百科学术的阶梯"之美称。撰稿人阵容强大，如张东荪、陈望道、夏丏尊、曾虚白、吴梅、徐调孚、胡朴安、蒯世勋、傅东华、丰子恺、谢六逸、洪深等，都是当时一流的专家学者。另有两位作者格外令人瞩目，他们是遭国民党当局通缉、正在日本流亡的共产党人沈雁冰和杨贤江。

虽然沈知方不问政治，但颇有正义感，他从不干涉徐蔚南的约稿。沈雁冰以玄珠、方璧的笔名为该丛书一连撰写了5部书稿，即《希腊文学ABC》《骑士文学ABC》《中国神话研究ABC》《北欧神话ABC》《小说研究ABC》。除两本完成于国内，其余均在日本流亡时期撰写。杨贤江化名李浩吾，著有《教育史ABC》。这是一本首次运用历史唯物主义观点研究教育规律的著作，1929年5月初版，至1931年已印行第4版。沈雁冰、杨贤江两位还在世界书局出版了其他多部关于文学和教育的著译，解决了他们流亡时期的生活费用。"ABC丛书"比商务印书馆的"万有文库"早一年发行，获得商业上的巨大成功，不能不归功于主编者的创意和书稿的高质量。

做房产走上悬崖路　沈知方辞去总经理

1921年世界书局开张时，资金仅2.5万元。1923年增至3万元，1924年达13.6万元，1925年迅速增至50万元，出版物达800多种，营业额近百万元。此时各地分局已达20余处，此后几年世界书局发展更快。沈知方筹集资金有一套办法。从董事会成员组成来看，起初只有几位小书局经理、纸号老板，后来华侨巨商陈嘉庚、金城银行经理吴蕴斋、交通银行经理钱新之，以及社会名流吴羹梅、陆仲良、黄涵之、关炯之、王一亭等都加入过董事会。沈知方还常常用股票充当作者稿费，公司省了现款，作者能得股息，两厢情愿，各有好处。

世界书局创办之初就设有一个信托部。除承接大小印件外，还代客购物，从各省土特产到上海丝绸布料及其他工业品，什么生意都做。1928年，沈知方又将同人储蓄会改为读者储蓄部，以"种类多""手续简""利息厚""办法完善"相号召，大登广告，在短短一两年里吸收社会游资达180万元之巨！后来正式打出"世界商业储蓄银行"的招牌。书局开银行,独此一家,殊不知在显赫风光中已埋下衰败的祸根。

钱多了,沈知方就把它投入房地产。如购进福州路发行所地皮和怀远里房产,翻造起宏伟的四层大厦(今福州路390号上海外文图书公司原址),增造厂房,扩建各地分局,甚至放款给银行建造新楼等。沈知方原以为做房地产买卖稳赚不赔,即使用来抵押借款,也可帮助周转。不料时局不靖,战争频起,房地产滞销跌价,书局销售也跟着出现问题,连往日畅销的教科书也因课程标

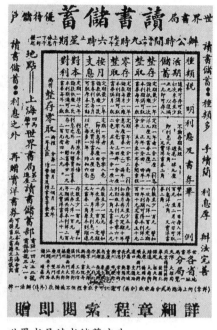

世界书局读书储蓄广告

准变更无常而积压。书局上下千余职工日常开销又是如此庞大,收支失衡。消息传出,存户纷纷前来提款,几乎到了难以维持的程度。

在此之前,世界书局已经将一部分房产抵押给金城银行。押款到期,不允许再续。吴蕴斋、钱新之等银行家自身难保,请来国民党元老级人物、世界社的李石曾帮忙。李石曾许诺投资50万元,条件是半数以上董事和监察人员要换成他的人。沈知方无奈,只得拱手交出自己辛苦创建的企业。1934年,沈知方在李石曾等人的逼迫下辞去总经理职务,改任监理。世界商业储蓄银行不久也倒闭了。所幸继任总经理陆高谊,是一位正直能干的出版家,在他的主持下,世界书局继续保持了一段辉煌时光。沈知方在出版方面仍能发挥一些指导作用,只是人们再也听不到他那句"明年从头再做起"的口头禅了。

有骨气宁死不附逆　日本人图穷放炸弹

1932年"一·二八"淞沪抗战时,世界书局大连湾路总厂正处于日军控制区域内。印刷厂一度被迫停工,总务处、编辑所迁入福州路发行所办公。国难当头之际,世界书局也发出了抗日御侮的声音。它出版发行的《世界杂志》,及时刊出了马相伯的抗日檄文和揭露日寇暴行的照片。接着,又出版了《日本侵略满蒙史》《帝国主义侵略中国史》《各国对中国的不平等条约》等具有鲜明反侵略倾向的图书。

1937年"八一三"淞沪抗战爆发后,世界书局总厂起先是中国军队驻地,后沦为日军报道部"华中印书局",厂内财物遭到空前浩劫。大捆大捆的教科书被投入造纸厂作"还魂纸";包括《十三经注疏》、铜版《康熙字典》《史记》《文选》《资治通鉴》及《中国药物标本图影》在内的大批金属模版,被融化后运回日本造军火……经过日方人员"检查",许多书籍被盖上"战利品"印戳,劫往日本,其中就包括刚刚印出的5 000册第27版《中国药学大辞典》。1938年10月,有1 700箱、约300万册世界书局图书被装上日轮从黄浦江码头运出;同年11月,又有300万册世界书局的图书被劫掠到日本!

其时,日军千方百计寻找早已不当总经理的沈知方,企图逼迫他与日军合作。遭到沈知方严词拒绝之后,日方恼羞成怒。1938年11月,日伪特务在福州路世界书局发行所里安放定时炸弹,造成职员一死一伤的惨剧,震惊"孤岛"。沈知方与他的同事在血与火面前没有动摇。当时沈知方已病重,在遗嘱里有"近遭国难,不为利诱,不为威胁"等语,体现了他的爱国热忱和民族气节。1939年9月,沈知方病逝于上海,年仅58岁。

1939年,在总经理陆高谊主持下,由郑振铎、王任叔、孔另境主编的"大时代文艺丛书"相继问世,共有《钟》《十人集》等十余种。郑振铎在总序里写道:"文艺作品在这个大时代里必须更勇敢、更强毅地站在自己的岗位上,以如椽的笔,作为刀,作为矛,作为炸弹,为祖国的生存而奋斗。"这是对敌人炸弹威胁最有力的回答。此外,世界书局还出版了"中学活用课本"、"新五四运动丛刊"(陆高谊主编)、"明季忠义丛刊"(胡山源主编)、"剧本丛刊"(孔另境主编)、"俄国名剧丛刊"(信芳译)、"罗曼·罗兰戏剧丛书"(贺之才译)等有影响的好书,吹起一阵阵积极向上的文化清风。

抗战八年,世界书局损失惨重。胜利之后,李石曾回到上海,强行投资半数,自任常务董事和总经理,世界书局为官僚资本所彻底吞没。不过,1946年后世界书局也出过一些好的和比较好的图书,如杨家骆主编的《四库全书学典》,朱生豪译《莎士比亚戏剧大全集》,毕修勺译《左拉小说选集》,马客谈、李清悚主编的"少年科学文库"等。复刊后的《世界月刊》撰稿人中,有巴金、曹未风、沈尹默、赵景深、谢冰心等进步作家。

四马路上的世界书局总发行所

上海解放后，人民政府对世界书局实行军管。1950年开始清理存书，一些质量好的或有学术价值的书转至其他出版社继续出版，计有《英汉四用词典》《诸子集成》《元曲选》《莎士比亚戏剧大全集》《中国药学大辞典》和"皇汉医学丛书""俄国名剧丛刊"等。

从1921年到1950年，世界书局走完了30年的曲折历程，寿终正寝。除留下5 500余种图书、一座印刷厂（新中国成立后改称上海新华印刷厂）、一幢发行所大楼（今中国外文图书公司）这些"物质遗产"外，它的"精神遗产"——其成功的经验或失败的教训，似乎也不少，值得我们去思考和总结。

"王开"的故事

孙孟英

"王开"是沪上一家著名照相馆的店名,"王开"又是这家照相馆老板的名号(老板姓王名秩忠,字炽开,号王开)。要讲"王开"的故事,还应当从"王开"的老板王炽开讲起——

拍照技艺高　结识孙中山

1888年,王炽开出生在广东省一个南山小村。父亲是一名见多识广的海员,深信"养不教,父之过"及"万般皆下品,唯有读书高"的儒家之道,因而王炽开孩提时,就被父亲送入私塾熟读《三字经》《神童诗》及"四书五经"。后来,由于灾荒与战乱不断,王炽开的父亲失业了,家庭生活一下陷入了困境,王炽开也因此失学。为了减轻家里的经济负担,年仅13岁的王炽开在一位远房亲戚的介绍下,提着棉被孤身一人,背井离乡来到上海,在南京路上一家最有名的耀华照相馆当学徒。王炽开勤奋肯吃

王开照相馆老板王炽开

苦,每天一早总是把店堂与摄影间打扫得干干净净,主动为老师傅洗杯泡茶,加上脑子活络嘴巴甜,很得老板与老师傅们的喜欢,因而老师傅们很愿意教他各种技术。不到三年,王炽开就学会了冲晒照片、整修、着色、拍摄等技术,满师后已成了"大师傅",也是耀华照相馆的主拍师。王炽开爱动脑筋,在多年的拍摄照片过程中摸索出了一套方法,渐渐能拍出每个人的"神""韵""姿""貌",让人越看越有韵味,这是摄影艺术中的一种高境界。几年后,王炽开就成了不少照相馆老板争夺的人才。1911年初,23岁的王炽开终于"跳槽"来到四川北路一家名叫同生的大型照相馆,当上了"头牌"摄影师,而这一"跳槽"也是王炽开事业的一个重要转折。

1912年4月中旬一个春光明媚的上午,王炽开如往常一样在店堂内忙碌着。这时大门口外两辆轿车戛然停下,从车上下来9条大汉,他们走进店内,其中一个身材高大、戴一副墨镜的中年男子径

20世纪20年代王开照相馆的门面

直向王炽开问道："老板在吗？"王炽开见来人架势很足，心里有几分紧张，以为是来敲竹杠的流氓，忙回道："老板不在，有什么事同我说也可以。"中年男子打量了一下王炽开道："今天上午你们照相馆就不要营业了，我们包半天。"说完就叫另外几个人检查一下店堂，随后又对王炽开道："等你们老板来了，我会给他大洋，赔偿你们照相馆的损失。"中年男子在店堂内与摄影棚内巡视了一遍后，又走到王炽开跟前："过一会儿有一位大人物要来你们照相馆拍照，你们照相馆有个王师傅很有名，就让他来拍吧。"话音刚落，中年男子又看了看王炽开，突然问道："你就是王师傅吗？"王炽开点了点头道："我就是。"中午时分，果然来了一辆黑色轿车，车上下来4个人，只见走在前面的是一位身着黑色西装、内穿白衬衣、戴着领带、留着八字须的中年男子。"啊，这不是孙中山先生吗？"王炽开不由地激动起来。

王炽开怀着崇敬的心情，为孙中山一连拍摄了10张照片。拍完照片后，孙中山没有马上离开，而是同王炽开聊起了国事与家事。由于孙中山与王炽开都是广东人，异地遇乡音，真有一种说不出的亲切感，两人也就成了"忘年之交"，而孙中山的随从胡汉民此后更成了王炽开的好朋友。

帮助洋少女　筹足买股钱

王炽开在同生照相馆虽然拿着高薪，但并不满足，他一直有个心愿，想自己在南京路上开一家照相馆。1918年，30岁的王炽开辞职，独自到北京开设了一家中等规模的照相馆，取名"天华照相馆"。然而，王炽开人在北京，心却一直惦念着上海南京路。说来也巧，有一个在南京路上经营照相器材的老板想要开拓摄影生意，就托人同王炽开联系，要求"合资"，王炽开当即同意。同年底,他把刚开了不到一年的天华照相馆转让,回上海与这位老板合作,开了一家名叫"英明王开"的照相馆,两人各占百分之五十股份。照相馆共两层,一楼仍旧经营照相器材,楼上照相。因王炽开思路开阔,经营有方,再加上技术高超,生意很快红火起来,收益大幅上升。谁知好景不长,为了得到更多的利益,合作伙伴向王炽开发难了,要求王炽开在一个月内做出抉择,要么把百分之五十的股份卖给他,要么他把百分之五十股份卖给王炽开。这下可把王炽开难住了,卖掉股份等于放弃自己的事业与生命,但买下对方股份需要一千块大洋,他一时又拿不出。一个月期限到了,王炽开咬咬牙决定买下对方的百分之五十股份,一千块大洋三个月后付清,如付不出,就由对方回购经营。转眼两个月过去了,王炽开手头上只有四百大洋,再过一个月如果付不出一千块转让费,这家店就要被对方回购了。王炽开真是度日如年,整天愁眉不展,忧心忡忡。

　　命运时常会发生出人意料的变化。那是一个礼拜天的下午,王炽开正在为付不出一千块大洋犯愁时,突然店外狂风四起,大雨倾盆而下。在南京路上逛街的行人为躲雨,立刻慌乱地奔跑起来……此刻,王炽开看到一个姑娘在奔跑中不慎滑倒在照相馆大门口,便马上出门把姑娘扶进店内,并让伙计为姑娘洗脸换衣服。当姑娘穿上拍照用的旗袍出现在王炽开眼前时,他傻眼了:原来是一位金发碧眼、高鼻子的洋少女。她穿上旗袍后亭亭玉立、楚楚动人,有一种特别的美感。洋少女很有礼貌地用一口流利的上海话对王炽开谢道:"老板,谢谢侬帮了我这一次忙。"王炽开一听她会说上海话,立刻笑道:"姑娘,你很漂亮,尤其穿旗袍很有特色,我帮你拍些照片好吗?"洋少女一听为她拍照,顿时兴奋起来,一口答应。由于洋少女会舞蹈、会表演,让王炽开的拍摄得心应手,每张照片都能拍出不同的姿态与特点。

翌日下午，一辆崭新的黑色英式轿车停在了照相馆门口，从车上下来的是洋少女与她的父母。他们一家是来向王炽开致谢的。一番客套之后，王炽开拿出为洋少女拍的照片给他们看。洋少女及父母见了照片后非常满意，一定要付钱，王炽开没有收钱，但他希望洋少女的照片能放在橱窗里展览，对方一口答应。洋少女穿中国服装的样照在橱窗内陈列后，吸引了不少外国人来拍"中国服装照"，王炽开的生意一下兴旺起来。而让王炽开更感惊喜的是，洋少女的父亲竟是英国驻上海领事馆的总领事，他把领事馆及洋人的各种酒会、舞会、团体合影的业务都"派单"给了王炽开。王炽开很快就筹足一千块大洋，付清了合伙人的股份转让费。王炽开终于有了独家经营的照相馆，并用自己的号作为店名。从此南京路上就有了这家王开照相馆。

1923年，为了适应业务发展的需要，王炽开花了五千大洋买下了现址，四上四下，经豪华装修后，一跃成为上海最大的一流的照相馆。

1931年王开照相馆在《申报》上刊登的广告

王开照相馆拍摄的全国游泳冠军杨秀琼

为增知名度　频结名人缘

王炽开是一个非常精明的人，他明白要想在商贾巨富比比皆是的上海滩立足，人脉关系是相当重要的。在新店开张之际，他特邀国民政府元老胡汉民用隶书题写了"王开照相"四个大字，然后将这四个字作了店招（如今"王开"仍用这个店招）。国民政府元老、著名书法家于右任不仅是"王开"的常客，也是王炽开的好朋友，他专门为王炽开写了一副对联："桃合天人际，志与神明超。"这是于右任对王炽开的高度评价与赞美。

1925年3月12日，孙中山先生在北京逝世，北京与上海要同时举行吊唁、追悼活动。王炽开受当时政府的委托组织了两支拍摄队，他自己带一支队伍赶赴北京拍摄追悼会全过程，另一支拍摄队在上海拍摄追悼会全过程。王炽开拍完追悼会后立马回上海，连夜放印照片，并把照片做成了一本本精美的小册子，送给参加追悼会的政府要员，博得了一致好评。这其实也是为他的王开照相馆做了一次成功的广告宣传，同时巩固了他与当时政府要员、达官贵人的人脉关系。

1927年12月1日下午，一场世人广泛关注的婚礼在上海隆重而热闹地举行，婚礼主角

王开照相馆拍摄的中国第一代留洋女画家关紫兰

就是蒋介石与宋美龄。婚礼分两次举行：第一次以基督教形式，地点在上海西摩路（今陕西北路）宋家老宅内，第二次以中国传统的婚礼形式，地点在戈登路（今江宁路）豪华的大华饭店里，出席的政要名流商贾巨富1 300多人。凡出席婚礼的贵宾与蒋介石、宋美龄合影的照片，都由"王开"拍摄。在拍摄过程中还有不少小花絮：比如那天汪精卫与夫人陈璧君出席婚礼，宋美龄要与他俩一起合影，当时不少外国记者前来抢拍。汪精卫夫妇见摄影记者镁光灯闪过后就要转身，宋美龄忙道："别急，让'王开'摄影师拍了才算完事。"说完宋美龄对着照相机镜头甜甜一笑，拍摄后说："'王开'拍的照片真好。"在这场婚礼上，"王开"为蒋介石、宋美龄夫妇，为他们同何香凝、陈布雷、吴铁城、周佛海等许多军政要员拍了合影照。

影星来拍照　一律不收费

20世纪二三十年代，上海电影事业发展很快，但由于当时的传媒行业还不够发达，报刊大多没有专职摄影记者，因此，王开照相馆就成了电影明星展示风采的"宝地"。影后胡蝶、王人美、阮玲玉、周璇、徐来、陈云裳，影帝金焰、高占非等，都纷纷到"王开"拍照，并要求将他们的照片放大陈列在王开照相馆的大橱窗内，以此提高知名度。而王炽开也自有他的生意经，凡明星到"王开"拍照一律不收费，并送放大照片一帧，同时在"王开"橱窗内陈列展示。这样一来，吸引了更多的电影明星到"王开"拍照，而"王开"也借此不断提高知名度，吸引了许许多多的大家闺秀、名媛佳丽前来拍照，有不少一心想要出风头的小姐还争着将自己的玉照在"王开"橱窗里展出。因当年在王开照相馆橱窗中展示的照片中的人物穿戴都是最时髦的，故而"王开"的橱窗又成了时尚潮流的发布窗口，一些追逐时尚的女孩为了效仿照片人物的美，常把裁缝师傅、理

王开照相馆拍摄的影星胡蝶（左）、阮玲玉（中）、谈瑛（右）

发师傅带到王开照相馆橱窗前，要求"学样"。而一些电影导演也把"王开"当作了寻找电影演员的"窗口"，不少名媛佳丽就是从"王开"的橱窗里被导演选中的。

1939年，著名电影演员陈云裳主演的《木兰从军》要在新光电影院首映。为了提高上座率，她到"王开"拍了近百张艺术照，并制成明信片，搞促销活动，即购票看电影抽奖，获奖者可得到一张陈云裳的剧照，同时可到王开照相馆拍一份剧照。类似这种明星"促销"活动与"王开"联营的事例真是不胜枚举，当时几乎所有的大小影星都在"王开"留过影。就连抗日女英雄郑苹如也曾在"王开"留下过美丽的倩影。当时《良友》画报及报纸上的明星玉照，大多出自王开照相馆的摄影师之手。

飞机运照片　只为做广告

王炽开是一个极有广告意识的老板，他懂得一家企业要想做好、做强、做大，在行业中独领风骚，就一定要注重宣传广告，但他又认为，光靠花钱在报纸上登广告，效果并不理想。

1926年，王开照相馆为及时运送照片而包租的飞机

　　1926年，南京将举办全国运动会。王炽开深知这是一次展示企业形象与提高企业知名度的良机，他通过关系获得了拍摄资格权。当时上海许多报纸都没有摄影记者，就是有摄影记者的报社，也因交通不便无法将当天的照片从南京送到上海。不少上海报纸得知"王开"到南京拍全运会赛场照片的消息后，就纷纷到"王开"出高价购买照片。可王炽开没有向报馆收钱，而是无偿提供，只要求报馆在登出照片的下方，注上"王开摄"三个字就行。接下来的难题是，由于交通不便，怎样才能把当天拍的运动竞赛场景的照片送到上海，并连夜冲晒放印送至报馆翌日登上报纸呢？王炽开左思右想，最后做出了一个惊人的决定：花巨资包了一家邮政飞机运送照片。此举一出，引发轰动。正因为如此，沪上报纸才能及时登出大量新闻图片，让读者能及时看到全运会赛场上的精彩场面，受到新闻界与广大读者好评。虽然"王开"在拍摄全运会中花掉了一大笔钱，但所起到的广告效果却是无可估量的。

　　1927年8月27日，远东运动会在上海举行，"王开"以二百大洋获得了这一运动会的拍摄权,而报馆仍要求"王开"提供照片,"王开"依旧只要求在登出的照片下方注明"王开摄"就行。仅《申报》刊登这次远东运动会的49张照片中,就有37张注明"王开摄","王开"的知名度再次提高。王炽开同时把拍摄的运动场景与运动员照片制作成一套套明信片对外出售,很受消费者欢迎。这样既起到了广告作用又赚到了钱,真是两全其美。在2007年初"王开"发现的老照片中,就有当年全国游泳冠军、被人称为"美人鱼"的杨秀琼。

1929年国民政府举行"奉安大典",即把孙中山的灵柩从北京运到南京中山陵安葬,"王开"应邀拍摄了这次大典的全过程,并将拍摄好的照片除提供给主要的报馆外,还提供给沿线城市的报馆。"王开"的知名度也因此一路升高。

高薪"挖"人才　质优赢人心

王炽开懂得一个企业要在无情的市场竞争中立于不败之地,必须靠人才和诚信服务,以技术、质量与服务态度赢得顾客。

为使企业始终保持强大的技术力量,王炽开广罗人才,求贤若渴。四马路上有家照相馆里有一位摄影师名叫方炳,此人不仅摄影技术好,而且还会着色、画油画,更难得的是他的社交能力强。不少人拍照就是冲着他去的。王炽开得知后就托人与其面谈,最终以每月100块大洋的高薪把他"挖来",成为"王开"的一名主要摄影师,他的收入是当时"王开"一般职工的十余倍。1926年,一位从日本留学回来的摄影师,在南京路山东路口的"王开"对面开了一家名为"沪江"的照相馆。老板名叫姚国荣,此人摄影技术高超,以擅长拍摄静物照与艺术照而闻名,不少电影演员都成了他的老主顾。这对"王开"来说是一种强有力的竞争,当时"王开"的"智多星"

建议王炽开以打价格战的方法"困死"对方。因为无论从经济实力、整体技术力量还是规模上，"王开"均占上风。但王炽开却认为，价格竞争只能掉企业的身价，是一种低级的竞争手段，是在自砸招牌。那么，如何来解决这一矛盾，使双方实现双赢呢？王炽开想出了一个办法。他在了解了沪江照相馆的经营状况与收入后，亲自出马与沪江照相馆老板谈判。最后，王炽开出巨资收购了沪江照相馆，老板姚国荣则被高薪聘到"王开"任摄影部经理，月薪300大洋，高出他经营照相馆所赚钱的一倍多，而沪江照相馆则成为"王开"拍摄艺术照的一个分部，在那里拍的照片仍用"沪江"名称，仅在中文下面注上"王开"的拼音字母。这种变对手为合作伙伴的方法，真正达到了双赢的效果。

王炽开还非常注重服务质量与照片质量。他坚持三不出门：一，顾客不满意不出门；二，质量达不到标准不出门；三，照片缺少美感不出门。他每天一早就起来检查底片拍得如何，因其精于摄影、暗房、整修等操作技艺，底片上很细小的毛病均逃不过他的眼睛。打烊后，他将洗印出来的成品照逐张检查，发现有断眉毛、大小眼睛、眼镜反光等疵点的，便剔出来要求重拍、重印或重修，照片着色也要求做到非常逼真不可。一次，他见一张团体照上有一人不称心，大为恼火，便唤摄影师来命其重拍，并当众训诫："客人出了铜钿买侬这样蹩脚的东西吗！"王炽开常讲，照片最要紧的是逼真，整修就是要修出"庐山真面目"。比如"笑"，好看的笑纹要保留，不好看的笑纹要修去，年轻的额头不能有一丝皱纹，年老的必须有皱纹，而且要与他的年龄相称，丝毫马虎不得。有一次，有位中年顾客来"王开"取照片时，发现照片上的人像比他的实际年龄要大好几岁，脸上流露出不悦的神色，营业员便耐心地说服这位顾客将照片取去。谁知，他们的谈话被在二层楼上办公的王炽开听见了，便探出头来关照营业员："不能打发顾客走，照片要重拍。"事后，王老板又当众多次强调，顾客只要对照片有一点不满意，就不能说服顾客勉强取走，必须重拍，不然，他下次就不会再来。

开拓又创新　领先上海滩

近几年来，一些国有老字号企业由于墨守成规，不求开拓，在激烈的市场竞争中纷纷"落马"。"王开"作为全国照相行业中的龙头企业，同样遭遇到了市场经济的猛烈冲击，遇到了前所未有的挑战。为此，"王开"及时提出了"开拓""创新""求异"等经营思想，不断推出新品、新款为广大消费者服务，从而广受欢迎。

"王开"在与外资影楼的抗衡中，在原有的婚纱照套系基础上，又开拓出了"海派套系""欧派套系""都市风情套系""民族套系""另类套系"等八大套系。这些婚纱照套系以新颖、前卫、时尚、富有艺术美感与民族特色而深受不同层次消费者的欢迎。同时，"王开"根据现代人文化品位的变化与追求艺术消费的特点，又推出了"十年""十五年""二十年"及金、银婚纪念婚纱照，如"流金岁月""婚恋纪念""温馨爱恋"等五大类婚纱套系，增加了企业约20%的新业务量。此外，"王开"又不断推出新潮、时尚的各类艺术照，有"奔放类""浪漫类""豪放类""西洋类""文静类"等艺术照套系。另外，还推出了"圣诞摄影""年历摄影"等儿童照套系。

在开拓新品方面，"王开"做到领先同行，与世界潮流并驾齐驱，利用高科技先后推出了数码拍摄、电脑制作样照、数码翻照、灯箱照、水晶照、金箔照等30余种新品种。同时，"王开"能根据CD-R光盘、MO盘、ZIP盘、数码相机芯片下载135和120正负片等影像资料，推出相片处理、影像存储记录、制作胸卡、添加文字、索引相片、调换背景、旧照翻新、加印放大等服务项目，有效地拓展了业务。全国各地及外国消费者都称赞"王开"是"一流的摄影水平",更有消费者赞扬"王开"的摄影艺术是"高山流水,阳春白雪"。时至今日,一些党和国家领导人的照片及政府的重大活动的照片,"王开"都应邀参与拍摄。这是对"王开"这个老字号的信任,更是对"王开"照片质量的肯定。

中国第一枚火箭上海升空秘闻

潘先觉

1959年，中国的第一枚火箭，在上海市南汇县的一个海滨地带胜利升空，揭开了中国航天史上的第一页。重温中国航天事业草创时代的风风雨雨，是很有历史价值和纪念意义的。

上海在火箭事业上首开纪录的成功之路，得从1957年讲起。

绝密，急：北京报到

20世纪50年代中期，我在上海交通大学执教。一天，交大教师科宗科长悄悄对我说："中国要搞尖端科技了，中央接受钱学森的建议，下决心要搞火箭、导弹、卫星的研制。目前文件已经下达，正在全国物色人才，你愿不愿意去搞火箭、导弹、卫星和航天？"这是绝密任务，我自然一口答应。

1957年的早春二月，天气还很寒冷，我们一些人紧急从全国各地到北京清华大学报到，参加一个研究班。这个班由钱学森亲自担任班主任，对我们从两个方面着手培训，一方面补充现代科学理论知识，另一方面是从事高科技实践研究。我们这些人原来学的专业都比较窄，对全局不甚清楚，参加这样的培训班是完全必要的。

钱学森亲自对我们培训，是和他在美国的经历分不开的。他在上海交通大学本来学的是机械制造，到美国去攻读博士时，便改行搞了航空专业。他的老师冯·卡门，是当代著名的力学家，那时飞机制造业正处于从亚音速过渡到超音速飞行时期，要克服声障问题（属于流体力学问题），钱学森在他导师冯·卡门的指导和合作下，从理论上解决了声障的关键问题，因而在国际上名声大振，受到美国政府青睐。二次大战后期，盟军攻克柏林，美国政府派员前去德国接收V-2飞弹的时候，他成了美国代表团的副团长，因而对德国飞弹的科技秘密，他非常清楚。之后，他便在美国研究喷气推进，转向航空航天事业。他从自己的工作经验中，认为从事高科技行业的人员，不但要有工程知识，还必须用现代科技理论知识武装起来。因此他主张在中国培养一批既有高深科学理论知识，又有工程实际经验的人才，才能胜任航天工程这样的绝密任务。

当时云集北京的人员中，有高校教师，有科研所研究人员，有企业中的工程技术人员，各种专业人才荟萃。经过学习和研究，又从其中挑选出一部分转入航天研究部门。我则被选入北京中关村力学研究所从事航天动力研究。那时力学所所长便是钱学森。于是我们的工作，就在钱所长的直接指导下进行。为使火箭、导弹、卫星从理论探索进入研制，由当时中国科学院副院长兼党组书记张劲夫同志召集各路专家，拟订方案，我们这些经过一定培训的人，都算是"中国专家"了。张劲夫同志当时对办这件事是极为热心的，他到处奔走求援和创造条件。那时，全国正处于"大跃进"初期，于是这种"科研工程"被称为"上天工程"，为此而发出的干劲，称之为"冲天干劲"。因为是中国要放人造卫星，大家都来劲了，于是定名为"冲天干劲"。起先在中关村力学研究所内干，后来便搬到北京西郊西苑宾馆，包了两层楼房，密不透风，关起门来大干特干。

经过宾馆里两个多月的日日夜夜的苦干，到1958年国庆节前，一套绝密的火箭图纸设计出来了。当时，这套图纸的设计，既没有外国图纸资料可供参考,又没有外国专家来帮助我们,除了钱学森百忙中指点一二,就全靠我们的创造性劳动了,图纸出来后,中央拍板决定着手研制加工。

淮中大楼:火箭制造指挥部

到哪里去加工呢?当时,论加工力量,首推上海,于是,张劲夫率先跑到上海,找到当时的上海市委第一书记兼市长柯庆施,张劲夫与柯庆施商定由上海和中科院联合研制,力求尽快成功。随即确定在北京西苑宾馆参加"上天工程"的原班人马基本上全部迁到上海,上海再派人充实力量。当时要把整幢毕卡第公寓大楼划给这个"上天工程"的设计研究院作为大本营。但毕卡第公寓太大,我们用不完。于是改变方案,先把淮海中路上的淮中大楼作为设计研究院院本部,其后面的一幢大公寓备用。之后,我们便兴冲冲地从北京迁来上海,开始图纸的施工工作。不久,我即被任命为这个产品的主任工程师,具体负责把图纸化为实物。

在北京西苑宾馆闭门设计时,还不知以后何处加工,所以设计中对上海加工的具体条件不甚清楚。待到图纸上的东西要化成实物时,许多困难便接踵而来,材料问题、加工设备问题、实验条件问题等,都得一一解决。经过实际的接触调查,我们原来的庞大设计,即使像上海那样的加工力量,也一时难以解决,这就暴露出设计中盲目求大、求洋、科学分析不足的问题。那个年头,由于要"赶英超美",所以设计得越大、越先进越好,其实当时还是有过争论的,一些人不同意设计得这样大,还是小一点好,但那时头脑热的人多,少数人的意见被否决,仍按大的设计。轮到我去执行实施时,便困难重重。我在一线,奔波于各加工单位之间,遇到问题不能绕开走。有些不合理的地方,想改图纸,但又不好随便改,把问题反映上去,说是要克服困难，坚持高标准。但生产单位一时又做不出来，实力不够，力不从心。当我已意识到非改不行的时候，但只有施工权，没有更改权，就十分为难。想打退堂鼓，又要吃批评；硬着头皮上，造出来的质量不会好。一个工程师的良心逼着我向上级反映，照当时的设计方案没法施工，既不合理也浪费。那可是"大跃进"的年头啊！我这样"右倾"当然在劫难逃，成了重点批判对象，主任工程师的职务也被解除。

我既被解除职务，又要反省检查，但始终想不通。于是，便和一些志同道合者一起提出了缩小比例、删繁从简的模拟火箭方案。起先自然无人理睬，直到中央从土法大炼钢铁中接受教训，提出"冲天干劲和科学分析结合"的口号后，才被重视，在全院开展研讨。我们在"地下"搞的模拟方案经全院讨论通过，不久我也"官复原职"，开始了新的征程。

后来的设计方案，是在摸清了上海当时的加工能力之后提出来的，切实可行，受到加工单位的欢迎。为了加速进程，又提出一面加工、交叉试验的办法，决定选择江湾机场的一些地方和旧碉堡作为地面实验室进行地面实验，积累数据，摸清设计性能与可靠性，而且不断自行更改设计，以求完善。这样许多具体问题都能在现场解决，进展很快。从设计、施工、实验到发射，只用了大约一年时光。

南汇海滨：秘密发射成功

当产品加工研制出来，并在地面实验室经过反复试验确保性能可靠之后，便是"万事齐备，独缺东风"，只待到发射场上去发射了。这时已届1959年初冬，南汇县海滨寒风凛冽。为确保发射时风力不大和晴空可见，我们在海滨就地搞了一个小型气象台，每天收集当地小气候，供发射时参考。因为这是现场，我作为发射总指挥，便得长驻于此,临时设置的指挥所,又像个打仗时的军事指挥所,通向各路的电话线架设起来,以备了解情况和下达命令。设施虽简陋,工作却要一丝不苟,否则功亏一篑,前功尽弃,不好交代。这担子的分量够沉的。

说也凑巧,在待发射前,有几天阴有小雨,发射不能按期进行,我们便在发射场"孵豆芽",在屋子里反复检查发射设备的可靠性。我每天一早醒来,看当地小气候情报,决定是否发射。1959年初冬的一天,终于遇上了理想的天气,现场决定发射。这一天,我在临时指挥所的电话中不断下达进场、加料、对时、安全检查、撤离现场等程序命令。待电话里不断传来"准备完毕""安全无误"等反馈声后,就等我按下起飞电钮,让火箭起飞了。

那天发射时,市领导和驻沪空军首长都来了,院领导全部出动,观看盛况。我们的辛苦没有白费,当我按下起飞电钮,火箭随即冲天而上,顿时场上一片欢呼声:中国历史上第一枚火箭终于在上海上天了!

中国第一枚火箭在上海发射成功的消息,当时绝对保密,严禁公布,但拍下了内部纪录电影,供内部观看,引起了中央重视。从1959年冬到1960年春,我们连续三次发射,次次成功,证明了这枚火箭设计研制的质量的稳定性,也证明了它是一项成功的"上天科研工程"。一时间,党和国家领导人以及中央各部、各省市领导人,都陆续来沪了解情况。

对话:彭真笑谈"百炼成钢"

继郭沫若院长以后,彭真来沪询问火箭发射情况。彭真同志抵沪,由我在院内的产品陈列室接待介绍,他兴趣很浓,问得也最多。当时彭真同志也不过50岁左右,很精神。彭真同志问我:"你几岁了?"我说:"刚过而立之年。"他说:"你这而立之年开头开得好,为中国火箭事业作出了出色的贡献。"我说:"这件事,是大家的功劳,我不过是其中之一。"他说:"谦逊好。"彭真同志还问及:"你是否学火箭专业的?"我答:"不是,在中国还没有火箭专业及毕业生,如要学,得去美国、苏联。"他笑笑说:"那你们就在中国国内学,也学会了,不是也很好吗。"他特别询问了火箭怎么上天的"奥妙问题",表示了对"科技之谜"很有兴趣。我便从"钻天老鼠""爆竹""炮仗""火箭筒""火箭炮"等说起,一直谈到现代火箭以及当代的洲际远程导弹,并谈到中国当时在这一领域的水平和国外的情况等。他听后,感到基本满足。那天,初期勉勉强强造出来仅供陈列的大火箭也在陈列室里,我就告诉他火箭上天前的曲折过程。他笑笑说:"当时不少人头脑发热了,也算是交学费吧。"我放胆说:"我曾为此成为重点批判对象啊。"他说:"这种事也不必老记心里,一个人一生风雨难免,这也是锻炼,叫作'百炼成钢'。你还没到'百炼'呢。"

毛泽东赶到文艺会堂

1960年5月20日,院党委书记神秘地通知我:"明天有一个重要任务要你去完成。"我问是什么任务,他笑而不答。我再问,他说:"到时候,你自然会知道的,而且你将会终身不忘。"我当时觉得有些莫名其妙。而且"明天"到哪儿去,也不告诉我。第二天,1960年5月21日下午,一位平时熟悉的保卫人员陪我乘上小车,直驶延安西路今上海文艺会堂的地方。车子开进院子里,我按指示走进一个房间,进去一看,发现我们研制发射成功的火箭实物模型已经整齐地安放好了。但尺寸较小,而且有的地方都有剖面和窗口,可以窥见其中内脏组部件,显然这是一种展示品,专供有兴趣了解的人们观看的。保卫人员陪我进入后,室内静悄悄没有一个人,他嘱我稍坐,离开之后没有再回来。我知道又将有一位首长来临,要听我的汇报。但能是谁呢?不知为什么,那天的一切使我产生一种神秘感。过了好久我看到有人在汽车道上探雷,才知道今天的事非同小可,心中不免紧张起来,但也还没有想到毛泽东主席会亲自前来。大概下午4时左右,上海市委第一书记柯庆施和随从人员进来了。当我站起来向柯庆施汇报时,他摇摇手说,你不要向我讲,今天你的任务是向毛主席介绍我们上海市的成功经验。我一听,不觉紧张起来,因我事先没有什么准备。柯庆施对我说:"你是亲历火箭研制全过程的人,一直在第一线,熟悉情况,你先思考一下。要讲得简明扼要,一不要噜苏,二不要太数理化,只要讲清火箭功能性能,以及是在怎样的条件下快速发射成功的便可以了。"他接着说:"我比毛主席先来一步,一是检查一下现场情形,二是关照你大致如何的原则。"之后,他巡视一周,便挥手与我告别,又留下了忐忑不安的我。

柯庆施走后,又过了好久。傍晚,天暗下来了,室内灯火通明。几辆小轿车鱼贯而入,我走到门口一看,知道毛泽东主席来了。他下了车,便由柯庆施和杨尚昆二人陪着,向我等候着的房间走来。柯庆施陪着毛泽东走到火箭模型前面,那时我已站好位置等待着了,柯庆施把我介绍给毛泽东,他便和我握手,他手心是暖乎乎的,按照那时的标准说法,我也是"一股暖流流遍全身"了。他对我点点头,示意我开讲,我便讲解起来。他听得非常仔细,并且很专注,说明他对此的重视,因为这毕竟是中国发射的第一枚现代化金属火箭啊!

当我介绍完毕,毛泽东问:"这火箭可以射多高?"我回答:"大约八公里。""啊,八公里,不算太低,亦不算高。"我汇报道,是不能算高,因为是模拟火箭。为了从中探索经验教训,以便制造大中型火箭时,可以少走弯路,带有种"试验田"的意味。当我说清这一层意思后,他似乎点头认可,便说道:"好啊,先低后高,从小到大,这是发展规律,你们干得不错,再继续努力,再大一点、高一点。"我说:"我们这次是'从无到有',下次便是从小到中,现在中型火箭已大体设计好,正在地面实验。"他听后高兴地说:"噢,你们已经在搞中型火箭了,大概可放多高?"我说:"大概三四十公里。"他说"好啊,好啊",鼓励我们继续干下去。

我起先以为,至此毛泽东大概要结束这场谈话了,但事实不然。他把我打量一番之后,却把兴趣从火箭移到了我个人身上来。

下面是毛泽东同我的对话,他操着湖南口音问道:

"你是学生出身,还是学徒出身?"

"学生出身,但打过仗,后来再念大学。"

"哪个大学毕业的?"

"上海交通大学。"

"啊,交通大学!是不是那个学生会自己开火车到南京请愿的交通大学?"

"是的。"我点点头。

他紧接着问我:

"那你是学火车的,还是学火箭的?"

我看他老是站着太吃力了,便随手搬一把木椅子,请他坐下。他坐下以后,继续问我:

"交通大学有火箭专业吗?"

"没有。"其实那时许多高校,都无此专业。

"那你学的什么专业?"

"机器制造。"

稍停一会,他又问:

"那不学火箭专业,怎能造出火箭呢?"

"是摸索着设计制造的。"

毛泽东又问:"你们成功经验何在?"

"火箭上天是一系列工程知识的综合,包括许多非火箭专家发挥作用,而我的工作任务,只是把一系列过程串接起来。至于成功经验……"

他继续追问:"这种成功,主要靠什么?"

当时,我猛然一个"顿悟",便脱口而出:"主要靠实践和主席《实践论》的指导!"

不料,我这个回答极受毛泽东的赞赏,他面露笑容,看了我一眼,当时我忽然想:大约他老人家又有一种"毛泽东思想"要产生了吧。

我正在思忖之际,毛泽东又说了:"你回答得很好,实践已使你们学到火箭专业的全部知识,你们能把这枚火箭自力更生发射成功,也就是火箭大学研究院毕业。"

这时我才领悟到毛泽东一开始问我什么出身、学生还是学徒的含义。

聂荣臻元帅钻进碉堡

毛泽东主席参观以后不久,聂荣臻元帅在钱学森陪同下,来到了我们的火箭研制现场。

那时,我正带着一群"科研战士",在江湾机场的一个旧碉堡实验室里从事中型火箭的动力地面实验。大概是1960年夏秋之交,突然,钱学森陪着聂荣臻光临我们的实验场地。钱所长在北京本来是熟悉的,聂元帅我们是第一次见面。当他低头钻进低矮的旧碉堡实验室时,提出要当场看实验,"灵不灵要当场试验"。中型火箭地面推力试验完毕,钱学森对我说:"你们这样搞法,方向是对头的,我们在美国搞火箭喷气推进,初始阶段,也是这样干的,所以中国人不要自卑。"

聂帅当时没有讲很多话，他只是表达一种意思：在这样的条件下能快速成功，也算是一种奇迹，但他指出，我们军事化还不够。的确，我们这群知识分子大都没有受过严格军训，平时还比较松散，站队时也七零八落，作为现场指挥，我也不能像军官要求战士那样要求部下。后来我听说，国防系统有把我们并入国防科委的意向，但一看我们这种"吃相"，只得作罢。

聂帅走后不久，上面拨来一笔款子，让我们好好筹建实验室，当时这样干，艰苦奋斗有余，但的确太土了些。从此，我们迁出江湾机场，另行择址，建设更好的实验场所。不久，上海开始筹建现在的上海航天局、上海航天基地，一直发展到今天，达到可以发射同步卫星、气象卫星和向太平洋发射洲际导弹的程度。作为中国火箭事业的尖兵，我们感到欣慰。

往事历历，前程似锦

自从聂帅亲临现场，了解实情以后，据说便委托当时的罗瑞卿大将出面筹组上海航天局和后来的上海航天基地。我们也一古脑儿都并进去了，起先我被调去筹建大型的地面喷气推进实验室，一直忙到大中型火箭推力可以在地面实验成功为止。那时的工作出差，已不是南汇海滨，而是深山野岙、沙漠、草原、大海、太平洋了。分工更细，责任也就更重。我们这一代科技人员是无愧于人民的，我们服从国家需要，执着于填补中国现代化中的空白。往事历历，思之神往！

中国航天事业整体已获国家金质奖，这是多少人的心血凝成，包括我们上海人！火箭上天，是上海首开纪录的，这是上海市的光荣。

钱学森曾发表电视讲话说:"50年代,如果中央不下决心搞火箭、导弹、卫星、原子弹等,中国能有今天的高科技成就吗?中国能有今天的国际地位吗?"

几十年间,中国航天事业迅速发展,我们走过一段艰苦而光荣的历程,对于似锦前程,我们有充分信心,我热望新的一代航天工作者作出更大的成绩。

上海制造

新中国汽轮机厂第一家

骆贡祺

1949年5月13日,从浙江平湖方向攻击前进的人民解放军20军58师,在一举解放了奉贤南桥镇之后,继续向北推进,直逼通向上海市区的要隘闵行镇。

20世纪60年代的上海汽轮机厂厂区

闵行镇濒临黄浦江,地处沪杭、沪闵两条公路之要冲。盘踞在这里的国民党军队垂死挣扎,逃跑前炸毁了黄浦江两岸的渡船码头(南岸的奉贤西渡码头和北面的闵行渡船码头)和渡轮。之后,又窜到闵行镇西侧的通用机器厂,妄图炸毁厂房和机器设备。

护厂队阻止国民党士兵的破坏

通用机器厂(上海汽轮机厂的前身)是国民政府资源委员会于1946年在上海创办的"三大工厂"之一。说是大厂,其实这个工厂当初只有一个4 000多平方米的车间,280台机器和368名职工,只能生产行车、电动葫芦和小型的鼓风机、水泵等一般工业产品,却被政府经济部门视为"重工业骨干企业",可见当年中国机器工业的落后。解放军过长江后,国民党政府曾想把这个厂的机器设备搬迁到台湾去。为此,厂里组织了工人护厂队,严加防范。

由于工人护厂队早已有了防备,当一队国民党士兵乘着军车,携带炸药,企图闯进通用机器厂进行破坏时,被工人护厂队的周盛志、姚永巨、徐其昌、苏顺泉、苏治中、马惠芳、任三度、黄炎龙、苏醒亚等40余人组成的人墙拦截。人称"猛张飞"的老工人周盛志挺身而出,面对荷枪实弹的国民党逃兵,大吼一声:"不许进去!"然后大义凛然地说:"工厂是我们工人的命根子,谁要来破坏,我们就与他拼!你们若要进去,就叫你们出不来,大家同归于尽!"这时,把守在工厂大门口的一百多位护厂队员手持铁棍、榔头、木棒,跟着周盛志高喊助威,吓得这群士兵龟缩在军车上不敢下来。就在此时,有位守护在厂区黄浦江边的护厂队员跑来报信,大声说:"解放军都开到对江划船俱乐部了,已经有解放军过江来了!"这一喊产生了奇效,这群国民党士兵好像老鼠听到猫叫,立刻掉转车头逃跑了。

抢修登陆艇送解放军渡江

　　解放军真的来了。5月14日下午3时许,解放军第20军的先头部队抵达奉贤西渡,因渡船码头和渡轮被炸毁,大队人马和辎重一时无法过江,只好驻扎在沿江一带。有一天,正在厂区沿江巡逻的护厂队员姚永巨,发现对江"菲力浦划船俱乐部"码头上有艘划子船过来。当摇近通用机器厂江边码头时,姚永巨一眼看清小船上是几位解放军战士,他不由地高声欢呼:"解放军真的来了!"于是一传十、十传百,最后全厂职工自动聚集在江边码头欢迎解放军。当晚,厂里举行大会,解放军指导员讲了解放战争形势,表扬了通用机器厂工人护厂有功,并鼓励工人们努力生产支援前线。当提起解放军遇到无法过江的困难时,老工人朱焕良和缪瑞甫就说,厂里有艘登陆艇,是原资源委员会拨给厂里做交通船的,后来因为耗油量太大和乘船去上海速度太慢而弃置。解放军指导员闻言大喜,然而到船坞一看,却发现这艘登陆艇的两台发动机(225匹马力柴油机)已经损坏,要拆卸下来修理。指导员便问:"厂里有修柴油机的老师傅吗?""有!"在场的忻贵堂、顾聿明、尤振家三人齐声回答:"刚才向你报告的两位,就是我们厂里修柴油机的能手!"忻贵堂还指着朱焕良说:"他是我们厂里有名的万能博士,什么机器都能修!""那好啊,有劳朱、缪两位师傅了!"指导员说,但见朱、缪两人面有难色,便问:"有什么困难吗?"朱焕良说:"不是不肯修,因为这两台柴油机已经老掉牙了,许多零部件必须调换,而厂里没有备件。"缪瑞甫也补充说:"还有时间问题,不是一天两天能修好的。""那么修理需要几天时间?""至少半个月。""那不行,兵贵神速,不能延误战机!"指导员说:"要知道,解放大军早一天渡过黄浦江,上海就早一天解放啊!"听到这句话,朱焕良和缪瑞甫不禁心里一震。他俩二

1953年8月30日，上海汽轮机厂挂牌

话没说，带领一班机修工连夜抢修柴油机。没有柴油机零配件，硬是用手工打磨。经过一天一夜连续奋战，两台"轧兰马令"柴油机终于修好了，登陆艇可以开动了。

然而，开登陆艇的驾驶员却找不到。于是，朱焕良和缪瑞甫又担起了这个重任。"外行人开登陆艇，它不听你使唤。"朱焕良回忆时说，"在江心驾驶还可以，想要登陆艇乖乖地靠上码头就难了。尤其是两岸的码头已炸毁，这就更难了。我们想了一个笨办法，等登陆艇快要靠岸时，拴上一条粗绳子，让岸上的人拼命拉住。当时要求一个连、一个营地集体过江，登陆艇上挤满解放军，又有重武器和战马，行驶中晃动厉害。由于担心出事故，每一渡我都捏一把汗。为了尽快摆渡，我和缪瑞甫分成日夜两班不停工作。经过四天四夜努力，终于完成了任务。记得每渡过去一个连或一个营，解放军指挥员就会给我们写一纸感谢信。写信的纸张是各式各样的，甚至还有用香烟盒子反面，用钢笔书写，落款都写明解放军部队的番号。当时，我和缪瑞甫都收到厚厚的一叠，可惜后来都遗失了。不然的话，这些感谢信倒是解放上海的珍贵文物史料呢。"

修军械造武器支援解放战争

1949年5月27日,上海解放。上海市军管会派军代表孟亚人等接收通用机器厂,划给上海市重工业处领导。同年11月,通用机器厂更名为"华东工业部通用机器厂",陈去非任军代表,老厂长马雄冠留任厂长。这段时间,正是人民解放军向全国进军的关键时期。由于通用机器厂工人抢修登陆艇为解放大军摆渡出了名,因而该厂成了军械修理厂,为解放军跨江渡海修理登陆艇、战舰及各种枪炮。

老工人苏治中回忆说:"修理枪炮是一门特殊技术,就连我这样的一级技师也不会修枪炮。好在厂里有位姓徐的师傅,原先在重庆兵工厂制造过枪炮,于是大家拜他为师,边学边干。当时,我带领一个班组,为解放军修大炮。每修好一门大炮,就用红漆在炮身上写上'为了解放全中国,向敌人开炮',以鼓励解放军英勇杀敌。"

有一次,部队下达紧急任务,要求通用机器厂制造土炮和炮弹。当时,厂里既无专用设备又无材料。车工桂品山和冷作电焊工钱裕昌、廖和进、周长松、马惠芳、任三度等20人组成制造小组,集思广益,利用解放前资源委员会存放在厂里的一批氧气瓶和柴油桶作原材料,把氧气瓶的头子和底部割掉,经过冷作、电焊加工,变成土炮筒,把柴油桶割开用来做炮弹壳,装上火药即成土炮弹。经解放军试射,效果很好。这种土炮和土炮弹,成了专门攻打碉堡的有效武器。

由于通用机器厂职工支援解放战争有功,受到解放军总部的表扬。冷作电焊工钱裕昌在制造土炮和土炮弹中有突出贡献,被评为上海市第一届劳动模范和支军(支援解放军)功臣,并受到陈毅市长的亲切接见。后来他们还为抗美援朝作出了贡献。

上汽厂的奠基人龙跃

1953年，国家实行第一个五年建设计划，全国对发电设备需求量很大。同时，考虑到要改变我国发电设备完全依赖进口的落后状况，必须要有自己的发电设备制造工业，于是，中央决定首先在上海建立发电设备工业基地。而上海通用机器厂当时由于修复大连发电厂的一台1.5万千瓦汽轮机而名扬全国，自然成为制造汽轮机的首家工厂。

1953年8月30日，上海通用机器厂被国家命名为上海汽轮机厂（简称"上汽厂"）。由老红军龙跃为党委书记，原松江行政公署专员王佐群为厂长，原解放军坦克兵团团长赵之一为副厂长，原地下党员张达平为工会主席，组成厂领导班子。龙跃到上汽厂的第一天，就给自己规定四条准则：一要保持红军本色，不摆官架子，不搞特殊化；二要多接触群众，深入生产第一线；三要认真学习工业生产知识，尽快缩短主客观差距；四要努力工作，做出成绩。

龙跃关心职工疾苦，尤其对工程技术人员悉心照顾，即使对少数有"历史问题"的，也一视同仁以诚相待。对于高级知识分子，不仅与他们交朋友，还亲自介绍他们中的积极分子入党，吸收他们进入领导决策层，以充分发挥其才能。上汽厂的第一任总工程师印均田回忆说："上世纪50年代中期，中央第一机械工业部黄敬部长来上汽厂检查汽轮机生产进度时，发现上海地区有相当一部分高级技术人员集中在上汽厂，曾感慨地说：'长春第一汽车制造厂的高级技术人员是靠国家调集的，而上汽厂却能独立做到这一点，实在难能可贵！'"

当中央下达试制我国第一台6 000千瓦汽轮机时，原来只能生产电动葫芦、行车和小型机械的上汽厂，立刻全厂动员上下一心，人人努力贡献自己的才智。如制造汽轮机所需的几种当时我们国家还生产不出来的特殊合金钢，厂锻冶工程师李伯屏主动请缨，要求到山西太原钢厂去冶炼所需钢材。饯行时，龙跃殷殷嘱咐李伯屏："不要怕失败，哪怕是失败十次、二十次，不要灰心。党组织相信你一定能冶炼成功！"感动得这位钢铁专家热泪盈眶。他到太原钢厂后，夜以继日地进行试炼，而且每隔几天写信向龙书记汇报进展情况。经过10个月的奋斗，李伯屏终于圆满完成了任务。

制造6 000千瓦汽轮机，有14 000多个零部件需要加工，但当时厂里只有275台旧设备，只能加工一般产品。龙跃带头深入车间、班组，找工人交流。叶片车间老工人朱顺余回忆说："龙书记每次下车间找我谈心，总是不厌其烦地讲解叶片在汽轮机运转中的重要作用，要求我们精心操作，不能粗心大意，更不能不遵照图纸加工，造成返修。所以，我像重视自己生命一样重视叶片加工的质量。"

龙跃为什么一再强调叶片加工的重要性呢？原来，叶片是汽轮机中的"心脏"。一台6 000千瓦汽轮机，内部有2 000多片叶片镶嵌在叶轮上，要在400多摄氏度的高温蒸汽冲击下，以每分钟旋转3 000转的高速运行中经受考验。只要其中有一片叶片出毛病，就会发生严重事故。如果叶片加工的精度达不到要求，还会影响整个发电机组的效率。因此，叶片加工的精度要求非常之高，仅叶片上的小小叶根，就有三到五个地方的精度不允许超过一根头发丝的七分之一误差。加工叶片要用高精度的"双轴铣床"和加工叶根的专用设备"靠模铣床"，但当时厂里最好的铣床加工精度也超过2丝。怎么办呢？时任叶片车间副主任的朱顺余保证说："请龙书记放心，叶片车间不会拖试制工作的后腿。"于是，他带领铣床工黄铮和刘宝林一起搞技术革新。在工程师万定国的帮助下，发明了"半自动靠模工具"，装在普通铣床进行试验，经过19次改进，终于获得成功。加工出来的叶片，质量完全达到设计要求。由于朱顺余在试制第一台

6 000千瓦汽轮机中立了大功,被评为全国劳动模范。

龙跃治厂甚严。为了确保汽轮机质量,他要求所有汽轮机零件都必须通过首检、中间抽查和完工检验三道关口,并作出文字记录和盖上合格图章,方能入库备用。有一次,第一金工车间的仓库里,在一堆备用的销子中发现有两颗没有炉号和合格证的。销子虽小,但关系重大。它是用特殊合金钢制造的,如果把不合格的销子嵌在转轴上,会发生因经受不住强大的应力而导致叶轮飞出的严重事故,后果不堪设想。当时正值肃反运动,有人怀疑这是一起破坏活动,而捷克专家也说,二战时捷克地下党员就是拿不合格销子破坏德寇发电的。因而龙跃非常重视,亲自带领保卫人员进行调查。从冶炼钢材、锻造热处理、加工、检验记录逐一检查,并对两颗没有合格证的销子进行X光销片和化验分析,弄清楚事情的真相。原来,这是做夜班的中间抽查检验员把没有查过的销子错放了位置。龙跃抓住这桩"销子事件",举一反三,对职工进行质量教育。

龙跃在上汽厂任党委书记7年,为上汽厂的发展壮大奠定了基础。许多老职工至今还在深深地怀念他。老厂长王佐群回忆说:"龙跃同志像当年在浙南游击纵队当司令员和政委那样,领导我们在汽轮机制造中打了一个个胜仗——从试制我国第一台6 000千瓦汽轮机,到1.2万千瓦、2.5万千瓦、5万千瓦以及功率更大的汽轮机。同时又锻炼了一支比较坚强的技术队伍,还向哈尔滨汽轮机厂等新建基地输送了大批技术力量。他不愧为上海汽轮机厂的奠基人!"

黄敬部长要求"一丝不苟,精益求精"

在试制我国第一台6 000千瓦汽轮机时,中央第一机械工业部黄敬部长来到上海汽轮机厂蹲点,先后两次,每次一个月。因为他了解上海汽轮机厂当时的客观条件,技术上只有捷克斯洛伐克提供当时属于世界先进水平的捷克汽轮机图纸和一个专家组,设备上除了部里批准引进一台"动平衡机"外,一律使用工厂原有旧设备,所以他放心不下。然而,当他到了厂里以后,欣喜地看到在党委书记龙跃和厂长王佐群的领导下,每当遇到生产中的难题,工人、技术人员、干部三结合,采取各种有效措施加以解决。如汽缸是汽轮机上一个体积庞大、体形复杂、加工技术要求非常高的部件,八级车工杨金泉在接受加工汽缸任务时,感到又喜又忧。喜的是,能够亲手参与制造我国第一台汽轮机;忧的是,担心自己操作的这台车床已经老掉牙,万一加工出毛病,责任担当不起!车间领导请有经验的老师傅和金加工工程师一起想办法,在大立车上装上"煞铁马达""油压表"和"保险开关",以保证大立车运转自如和控制加工的精密度,

1957年,黄敬部长陪同捷克斯洛伐克总理参观上海汽轮机厂

杨金泉终于圆满完成了汽缸的加工任务。

在汽轮机的大汽缸内，一根主轴上装有八级叶轮和八级隔板，而隔板是用铸铁浇铸的。浇铸隔板时，不是出现疏松，就是出现白点气孔，技术人员和翻砂师傅一时找不出原因。他们苦思冥想，徘徊在黄浦江边（车间就在江边），看到涨潮的江水后浪推着前浪、一浪高过一浪的情景时，翻砂工李师傅突然灵光一闪，得到启发，说："如果型砂增加强度，不受近千度的铁水浇铸的冲击影响，上述质量问题兴许可避免。""你说得对！"副总工程师丛勉说，"但还需加适当的盐（氯化钠）拌入型砂中以增强凝固度。"经过十多次试验改进，终于解决了隔板浇铸的质量问题，使型砂可以反复利用，节约了大量砂泥。这一翻砂技术，还被推广到全市和全国铸造行业。

6 000千瓦汽轮机的一根两吨多重的转轴，放在一台老爷外圆磨床上磨制。人们为操作的陈大生捏一把汗。因为这是关系到汽轮机部件装配中最难掌握的"红套"关键技术。什么叫"红套"？打个比方，一只瓶子的瓶盖咬紧了，开不开，那么在火上烘一烘，瓶盖马上就能拧开了。这是由于"热胀冷缩"。6 000千瓦汽轮机的八只叶轮要稳固地套在转轴上，也是根据热胀冷缩的原理，先把叶轮内孔用火焰烧红后，趁热套在转轴上，冷却后恰好就位。因而要求

工人们对汽轮机转轴施行"红套"技术

磨床工把转轴的外径磨得非常精确，比叶轮内孔稍大20丝。如果磨大了，套不进；磨小了，套不牢。

因为这是试制工作中的重要时刻，所以这一天，黄敬部长和捷克专家以及厂领导都来到现场。只见陈大生心不慌、手不抖，凭着多年操作经验，一边磨制，一边仔细观察迸发出来的火花以判断其精密度。待到磨床停下来，总装技师用外径分厘卡一量，正好是叶轮"红套"的尺寸。随后，八只叶轮的内孔一一烧红后，稳稳当当地套在转轴上。这时，在场的黄敬部长和厂部领导们都舒了口气，而捷克专家则跷起大拇指称赞上汽厂工人技术高。回京前，黄部长语重心长地叮嘱："造汽轮机就是要一丝不苟、精益求精！"从此，黄部长的这句话成为上汽厂职工的座右铭。

刘少奇："谁说我们不能领导工业"

1958年10月26日，全国人大常委会委员长刘少奇视察上汽厂。当年担任上汽厂党委副书记的姜宿回忆说，刘少奇同志莅临我厂视察，当时主要由党委书记龙跃和厂长王佐群接待，我也忝列其中。当刘少奇同志在会议室听取汇报时，党委书记龙跃先作了自我介绍。少奇同志便问："你是浙江打游击的龙跃吗？""是的，我是在浙江打了14年游击。"这时，在场的人都惊叹："刘委员长的记性真好！"少奇同志听了，莞尔一笑，用手指指龙跃说："他是赫赫有名的浙南游击纵队司令员兼政委，当时我是新四军政委嘛，怎么会不知道这位龙司令呢！"接着王佐群厂长自我介绍"来上汽前在松江地委专员公署担任专员"时，龙跃又为他补充说："王厂长和我一样，解放前在山东打过游击。"当轮到我作自我介绍时，龙跃再次补充说："姜宿同志也是部队转业的，抗美援朝时任团政委。"少奇同志听了，高兴地说："好啊！你们过去都是指挥打仗的，现在转业到工业战线上来了。"讲到这里，少奇同志

1958年，中共中央副主席刘少奇视察上海汽轮机厂。前排右起：萧卡、于同尘、龙跃、刘少奇、许建国、姜宿

语重心长地说："我们一定要遵照毛主席的教导，谦虚谨慎，向一切内行的人们学习经济工作……"

　　随后，龙跃汇报了工厂情况，并陪同少奇同志参观各个生产车间，对少奇同志提出的问题都一一作了解答。刘少奇对一个老红军干部能够很快熟悉并掌握领导现代化工业生产的本领感到由衷的高兴，说："龙跃呀，你是一个老红军，从来没有搞过工业，但在短短几年时间里就钻进去了。谁能说我们共产党不能领导工业？"

　　姜宿说，刘少奇同志称赞龙跃的话，后来传到龙跃的老上级、时任国务院副总理谭震林的耳朵里。有一次，谭震林在杭州人民大会堂作报告时，也表扬了龙跃："上海有些资本家对我们搞工业化建设是有怀疑的，说我们是土包子，打仗还可以，但管理不了工业。可是你们浙江的龙跃同志，是个老红军，在担任上海汽轮机厂党委书记后，很快钻进去了，把一个几千人的现代化大工厂，治理得有条有理，生产出全国最大的汽轮机，能说我们管理不了现代化大工业吗？"

跃居全球汽轮机产量第一

进入"大跃进"年代，上汽厂的工程技术人员鉴于当时的形势，向厂党委提出设计制造拥有自己知识产权的大型汽轮机。党委书记龙跃十分重视技术人员的胆识和首创精神，经过调查研究，认为上汽厂职工有能力、有可能造出大容量汽轮机。

然而，那个年代实行的是计划经济，生产什么都是根据上级主管部门布置的。依照中央一机部的部署，上汽厂分工生产1.2万千瓦以下的中小型汽轮机；而当时刚刚建成投产的哈尔滨汽轮机厂，则分工生产2.5万千瓦至5万千瓦的高压汽轮机。如果上汽厂要生产大容量汽轮机，不仅要打破原来的分工界限，而且还要考量自身的条件。于是，龙跃与员工们认真研究后，亲自上北京向中央一机部领导表达了全厂干部职工的心愿。几经周折，最终得到一机部四局领导的同意，为上汽厂发展大容量汽轮机开了"绿灯"。

回到厂里，龙跃秣马厉兵，发动全厂职工，先从制造2.5万千瓦汽轮机入手，而后成功试造了一台5万千瓦大容量汽轮机，在上海闸北发电厂试运行。接着，又生产了一台5万千瓦中间再热式汽轮机，在武汉青山发电厂进行试验。1960年3月，上汽厂已在酝酿制造12.5万千瓦中间再热超高压大型汽轮机了。从此，奠定了上汽厂从生产中小型汽轮机为主转向生产大型高压汽轮机为主的发展道路。

党的十一届三中全会以后，随着改革开放的步伐，上汽厂走出国门，与美国西屋电气公司开展技术交流，从西屋公司引进技术，制造出我国第一台30万千瓦汽轮机。接着，又为秦山核电站试制成功我国第一台30万千瓦核能汽轮机。

1999年，上汽厂成为西门子公司的全球合作伙伴之一。2006年，上汽厂的汽轮机产量达到3 600万千瓦，跃居全球汽轮机产量第一，并且生产出60万千瓦和超临界100万千瓦汽轮机。

2008年,上汽厂承担了上海市科教兴市重大产业科技攻关项目"100万千瓦超超临界火电机组开发"和"百万千瓦级核电汽轮机技术研究",为企业今后在该领域的发展提供了技术支撑。它也是上海电气集团中最先完成科教兴市任务的单位。截至2009年,上汽厂先后创造了中国汽轮机制造业的"十五项第一",充分显示了"中国制造"的魅力。

上海锅炉厂九十年风雨录

骆贡祺

马易尔空手闯荡上海滩

说起上海锅炉厂的历史,就不能不先提到丹麦人马易尔。

1902年,而立之年的马易尔赤手空拳从丹麦哥本哈根来到上海。先在宝隆洋行和俄华道胜银行当了三年职员,手头积攒了一点钱,便萌生了当老板的念头。不久,他得到同乡安德生和裴德生两人的资助,于1906年3月31日,在上海泗泾路2号租下一间店面作为营业所,专门推销外国剩余物资。由于生意出奇的好,两年后,他买下了圆明园路4号整幢大楼扩大营业。

马易尔

马易尔认为,市场竞争就是"大鱼吃小鱼"。要在中国市场上求得更大发展,只有依托全球性的大企业、大财团,才能立于不败之地。于是,他几度赴美寻找靠山,终于在1915年第三次赴美期间,在纽约与慎昌总公司挂上了钩。回来以后,他就在圆明园路4号营业所的门楣上挂上了"慎昌洋行中国公司"的牌子。虽然董事长由美国人施栋担任，但马易尔是掌握实权的总经理。他凭借美国银行为靠山，以年息2厘的低息向外国银行借得巨款作为资本，采用分期付款、低息放账的办法，向中国市场推销外国产品。凡向慎昌洋行订购机器的中国厂主，在订货时只需先付定金四分之一，机器到厂后以六个月为一期分六次将本金全部还清，利息则为5厘。而中国厂商如向华商银行借贷款，利息却高达1至2分以上。因此当时的民族资本家纷纷向慎昌洋行购买机器。当时全国的纺织机器有25%系由慎昌洋行所售。因而马易尔的财富与日俱增，到了20世纪20年代，他手头已经拥有数百万美元了。

然而，雄心勃勃的马易尔并不满足当一个推销商，他要利用中国廉价的劳动力，在中国开设修理、装配、制造工厂，以获取更大的利润。当时，杨树浦路尚未开发，外国人的货轮为逃避海关关税，不开到十六铺码头，却提前在杨树浦路铜梁路一带卸货。精明的马易尔看准了这是赚钱的好地方，便于1920年花了18万美元，买下了铜梁路沿黄浦江的26亩土地，建造了一座钢筋水泥的大货栈，并安装了黄浦江上第一部支架伸向江面的20吨电动行车，并于1921年成立了"慎昌洋行杨树浦工厂"（简称"慎昌工厂"）。

慎昌工厂开始时只是修理、装配进口产品，后来承接加工各种钢结构业务，以后又很快发展到制造八尺车床、龙门刨床、电风扇等。这些刻有"上海慎昌工厂生产"字样和打着奇异牌商标的产品，不仅畅销中国市场，还远销东南亚和非洲。到20年代末，慎昌工厂已初具规模，设立了钢窗、铜匠、冷作、电扇、翻砂等五个生产车间，成为上海最早一批现代化机器制造企业之一。

慎昌工厂在开设后的二十多年里，厂里基本上没有固定的工人。马易尔这个外国老板，一直采取雇用临时工的办法，即每接到一个大工程，便根据工程需要招收一批临时工。等工程结束，就把临时工全部辞退。等下一个工程开始时，再从社会上招工。由于慎昌工厂的工资略高于其他华商工厂，这样就能不断地从社会上招进技术较高的熟练工人。因而，慎昌工厂职工的人数流动很大，往往在同一个月里，会从千余人降至几百甚至几十人。如电扇车间，夏天是生产旺季，工人有二三百人，但到了冬天，车间里冷冷清清，只剩下几个人。所以，慎昌工厂工人工作没有保障，遭受剥削更严重，从而激起工人的罢工斗争。

求生存举行三次大罢工

慎昌工厂是沪东地区工人运动的策源地。工人们为了求生存，与外国老板和国民党政府进行多次斗争。罢工时间长、影响大的斗争有三次。

1941年，上海尚在"孤岛"时期，物价飞涨，民不聊生。慎昌工人纷纷向美国老板提出加工资的要求。老板却以"日本当局不准慎昌的产品出口"为借口，不但不增加工资，反而减少工人的伙食津贴和停开夜班，还扬言要解雇一批工人。工人们忍无可忍，在工人代表王志寿、张妙根、史荣根的带领下，数百名工人把外国老板的办公室团团围住。谈判破裂后，工

慎昌工厂厂房

人们关闭工厂大门，切断与外界联系。洋人们待在办公室里，肚子饿得发慌。而这时，包围办公室的工人们又故意在洋人面前吃着大饼，并且高声说道："你们不给我们工人吃饱肚子，也叫你们老板尝尝挨饿的滋味。"外国老板恼羞成怒，向租界当局报警。巡捕房的红色警车撞开了工厂大门，大批"红头阿三"（印度巡捕）用高压水龙头和催泪瓦斯喷射工人，企图冲开包围圈。这更加激怒了罢工工人，他们一边高喊："慎昌工人团结起来，与其饿死，不如拼死！"一边用铁棒、榔头为武器，抵抗全副武装的巡捕。最后，终因寡不敌众而受挫。事后，包括7名工人代表在内的200多名参加罢工的工人被开除。

1946年6月20日，慎昌工人为了阻止外国老板关厂的阴谋，再次发动大罢工。他们吸取了上次罢工蛮干失败的教训，采取静坐示威的办法，同时又通过工会和地下党联系，得到沪东区工会和中共沪东区委的支持，所以罢工运动开展得有理有节。狡猾的外国老板不敢与厂里工人代表谈判，而是直接找当时的上海市长吴国桢。然而，吴国桢态度暧昧，既不敢得罪美国老板，又怕关厂会引起社会动荡。倒是时任中国劳动协会理事长的朱学范挺身而出，通过慎昌洋行买办顾兰荪，向上海美国商会会长和慎昌洋行总经理谢尔凯陈说利害关系，促使美国老板打消了关厂念头，并于8月9日签署劳资协议。这次慎昌工人为期40天的罢工终于取得胜利。而慎昌老板损失了2 000万美金。因而外国老板对领导这次罢工的厂工会主席、地下党员邵仁泉恨之入骨，伺机报复。

1947年10月3日，慎昌工厂老板趁解雇工人之际，把厂工会主席邵仁泉也解雇了。这一决定，立即遭到全厂工人的反对。邵仁泉在沪东区工会的支持下，再次领导全厂工人举行罢工，得到了社会舆论支持。上海《大公报》在1947年10月3日出版的报纸一版头条新闻栏上，刊登了"慎昌洋行工人决定今日罢工"的消息，并刊登了工人提出的复工条件。

这次罢工僵持了半年之久，急得美国老板团团转，他既想早日开工，又不愿答应工人提出的全部条件。最后为了保全面子，洋老板只得提出，只要工会同意邵仁泉离开本厂，可以全部接受工人复工的条件。而这时的邵仁泉已身患重病，无法再到工厂上班了。他决定牺牲个人利益换取全厂工人的利益，经沪东区地下党组织同意，邵与洋人签订了"劳资协议书"，美国老板也全部满足了工人提出的工资和福利条件。

入虎穴劝降敌军一个连

慎昌工厂地处杨树浦要冲，厂房设备在当时的同业中属于较好的，故国民党政府十分重视，解放前夕派来一个连兵力驻守。他们一到厂里就把工人赶走，安营扎寨，修建工事，妄图作垂死挣扎。

慎昌工人被赶出来后，并不屈服，而是根据中共沪东区委的指示，立即组织一支"人民保安队"，在工厂四周进行巡逻，严防敌人

20世纪50年代初建造的金结车间

上海锅炉厂原生产处、计划处办公室

破坏。而担任工厂门卫的地下党员马学勤,则在厂内监视敌人的一举一动,随时准备里应外合。

1949年5月27日上午,一队别着红袖章的人民保安队,雄赳赳气昂昂地来到工厂大门口,配合解放军消灭盘踞在厂内的敌人。人民保安队的领队叶木有向解放军指挥员建议,为了避免战火对厂房设备的破坏,他愿意单枪匹马进厂劝降敌军。

解放军首长经慎重研究,同意了他的建议,指示叶木有和工友程邦贵两人进厂劝降。但由于敌军顽固不化,他们连续两次劝降均未获成功。对此,叶木有并不气馁。情急之中,他又心生一计。他叫门卫打开工厂大门,请解放军摆好进攻阵势,而他一个人冒着生命危险,再一次进入敌营时,向敌人大声喊话:"工厂大门已经打开了,解放军快要冲进来了。你们如果不投降,就是死路一条!只有放下武器,才是唯一出路。"并说:"给你们最后三分钟时间考虑,千万不要错过机会!"色厉内荏的敌人被叶木有的英雄气概所震慑,终于慢慢地扔出了枪支,举起白旗投降了。解放军兵不血刃,解放了慎昌工厂。

三合一催生上海锅炉厂

　　1950年12月28日，慎昌工厂实行军管。王文奎和曾经领导过厂里大罢工的工人代表王志寿，被陈毅市长任命为军代表。

　　军管后，慎昌工厂隶属华东工业部领导。当时工厂规模远远不能满足国家建设的需要，华东工业部因而于1951年7月10日把附近一家流动冷作工厂划给慎昌工厂，称为慎昌二厂。后来又更名为浦江机器厂。1953年9月1日，中央第一机械工业部决定，把浦江机器厂更名为"中央第一机械工业部第四机器工业管理局上海锅炉厂"（以下简称"上锅厂"）。

　　解放前，我国工业基础薄弱，尤其是锅炉制造业，连大学里也没有开设锅炉专业，只在机械系里附带讲一点蒸汽动力工程。从1865年清政府在上海开设江南制造局兼营船舶锅炉修造业务起，至1949年，全国屈指可数的几家小锅炉厂，只能生产烧开水的"炮仗锅炉"，年产量总共也只有244吨蒸发量。直到解放，全国发电装机容量只有1 849千瓦，包括锅炉在内的所有电站设备，全部依赖进口。

　　1951年4月，慎昌工厂的工人和技术人员，在没有锅炉设计图纸的条件下，仅凭外国人的一张广告图，奇迹般地用榔头敲打出我国第一台5吨蒸发量的三汽泡发电锅炉，为我国锅炉制造史写下了新的一页。

　　1953年，我国第一个五年计划开始实行，国家决心改变发电设备完全依靠进口的落后状况，决定首先在上海闵行建设发电设备制造基地。而发电设备的主机，是由发电机、汽轮机、锅炉组成的，三者缺一不可。当国家确定上海电机厂制造发电机，原上海通用机器厂更名为上海汽轮机厂制造汽轮机，那么，锅炉厂自然是已经独家造出发电设备锅炉的慎昌工厂了。

三元老自强不息树榜样

建厂之初，上锅厂困难重重。首先是缺乏锅炉专业技术人员。当时，就连担任总工程师的杨立洲也是外行。但他虚心学习，刻苦钻研，很快成了锅炉设计制造专家。杨立洲1941年毕业于四川重庆市中央大学机械工程系，获硕士学位，留校担任讲师。1945年9月公费留学英国，1950年获伯明翰大学工业冶金硕士学位及高级研究员。1950年12月，他响应祖国号召，放弃在英国的优越条件，毅然回到上海，担任华东工业部顾问。1951年3月分配到慎昌工厂，任技术员和技术科长等职。

杨立洲发挥所学特长，进厂不久，就搞成功了球墨铸铁试验项目，为我国以铁代钢开创了新的途径。1952年，他又为西南钢铁工业局设计制造了一台起重100吨重型行车。《人民日报》为此作了专题报道，并拍了新闻纪录片。

上锅厂成立后，杨立洲就挑起了总工程师和总工艺师的重担。他虚心好学，刻苦钻研锅炉制造技术。1954年，当捷克锅炉专家来上锅厂为设计人员上课时，杨立洲毕恭毕敬地听课，详细做好记录。当捷克专家得知他是从英国留学回来的冶金专家，对此表示钦佩时，杨立洲实话实说："我对锅炉是外行，应该老老实实向你们学习。"功到自然成，杨立洲很快成为锅炉专家。1958年，他与工人和技术人员一起试制成功我国第一台5万千瓦的直流锅炉。1963年，又试制成功我国第一台高压中间再热锅炉，书写了我国锅炉制造史的新篇章。

1979年，杨立洲退居二线当顾问，精心编写《我国2000年能源供需设想探讨和政策》的指导性文章，为加快电站锅炉发展作出了贡献。他在担任上海市政协委员期间，多次提案呼吁研制超临界电站锅炉。甚至到了行动不便时，他还拄着拐杖，从市区家中乘公交车，辗转来到闵行厂里,向领导建议"赶快上马发电效率高和节煤、少污染的'超临界电站锅炉'"。

在上锅厂,像杨立洲这样的技术领导,还有史习仁和刘钟灏,人称"上锅厂三元老"。

刘钟灏厂长

史习仁1949年3月在厦门大学求学时参加中共地下组织,曾任学生会主席。1952年9月毕业后分配进上锅厂,从技术员、技术科长到总工程师,一直到技术副厂长。1957年设计的"防核战争消毒锅炉"获新产品试制一等奖。他还参加核电站试制,获国家科研进步二等奖,成为机械工业部火电设备专家组专家。

而原来对锅炉制造一窍不通的刘钟灏,新中国成立之初只是上海税务局常熟分局的一名普通干部。1953年进上锅厂后,自强不息,从工艺员、工艺组长、技术科长、副总工程师、副厂长直至厂长。

在这三位元老的带动下,上锅厂一支领先国内的锅炉设计制造技术队伍很快成长起来。

搞革新钻头管子称大王

新中国成立以后,上锅厂(包括其前身慎昌工厂)为国家建设作出了不小的贡献,尤其是实行第一个五年计划之后,干部和工人群众的聪明才智得到更大的发挥,涌现了一大批像李福祥、刘金堂这样的技术革新能手。

1954年,上锅厂担任试制中国第一台6 000千瓦发电设备配套的

40吨中压电站锅炉。这台锅炉中有个叫"减温器管板"的零件,上面要钻2 500多个孔。当时厂里设备简陋,用手工钻孔,速度慢,成了生产上的拦路虎。钻工李福祥急工厂所急,他白天在钻床上边操作边琢磨,晚上在家里研读技术资料,搞试验。他把车床的快速切削法用到钻床上,创造了一种"分屑槽钻头",替代了手工操作,不仅工效提高几十倍,而且质量有了保证。从此,李福祥对技术革新入了迷。

一天,他下班乘25路电车回家。在车上,他看见四扇车门自动关闭,瞬间产生了灵感。他想,这几天正在加工高压锅炉上腰形法兰,如果采用一把多角形铰刀加工,工效不是大大提高了吗?于是他连夜画好草图,第二天到厂里用废钢材做了一把锁链式多刀搪刀杆。这样一孔用两刀前后切削,效率提高了5倍。李福祥技术革新越搞越有劲,一年之内创造了12种高速钻头、3种先进铰刀、12种先进机

"管子大王"刘金堂

"钻头大王"李福祥　　　　　　荣获1957年"上海市青年突击手"称号的彭大生

械攻丝夹具,使生产效率提高几倍至几十倍。他因此获得了"钻头大王"的美誉。

　　成天与管子打交道的管子车间弯管工刘金堂,动脑筋用机械替代手工劳动。如加工过热器管子和蛇形管,原校正工序是将弯头加热后用榔头敲圆。刘金堂利用旧铆钉枪做成一台"气动热弯扳机"替代手工劳动,提高工效好几倍,且质量有了保证。又如过去加工"管子校头",也是靠榔头手工敲打,刘金堂用土洋结合的办法,做了一台"校头机"替代手工操作,工效提高9倍。

　　随着生产的发展,要求将弯弯曲曲的管子校直过来。刘金堂又动脑筋,制作了一台"自动化管子校正机",又快又好地校直管子。仅1963年至1966年,刘金堂对管子加工进行技术革新56项,人们纷纷称赞他为"管子大王"。

展宏图择址闵行建新厂

1958年，国家决定把上锅厂扩建成制造高压锅炉为主的大型工厂。而原有杨树浦厂区狭小，无异于"螺蛳壳里做道场"，于是择址闵行建造新厂。因为闵行濒黄浦江而地处沪闵沪杭两条公路之要冲，地域宽广，水陆交通便利，并且那里已有生产发电机的上海电机厂和生产汽轮机的上海汽轮机厂，既方便协作，又可以把电站设备配成整套。

建造新厂的好处还不止这些。当时据中央和上海有关领导估算，只需投资6 000万元，就可以将上锅厂年产量从4.2万吨提高到10.4万吨，单位产品的容量由35吨提高到410吨。而原来的慎昌一厂和二厂加上原有设备，国家不需要投资，一厂可以改建为一个中等规模、单位起重容量为百吨的起重机械厂，二厂也可以成为一个具有现代化水平、中等规模的低、中压锅炉厂。

此举得到了当时主持中央经济工作的陈云同志赞赏和批准。

几年后，一个规模宏大又现代化的锅炉厂初步建立起来了。同时，为5万千瓦汽轮发电机配套的220吨高压直流锅炉也试制成功，标志着我国电站锅炉开始向高参数、大容量方向发展。

后来，上锅厂又陆续设计制造配12.5万千瓦发电机组的400吨超高压再热锅炉和配30万千瓦发电机组的935吨亚临界中间再热双膛直流锅炉。这都是自力更生取得的成果。

超临界引进锅炉新技术

2009年11月28日上午，上锅厂的"建厂元老"杨立洲在家中无疾而终，享年94岁。在追悼会上，厂党委副书记、工会主席忻惠发深情地说："杨老呀，可以告慰您在天之灵的是，您生前奔走呼吁的

'超临界锅炉',我们厂里已经制造成功了!"

"超临界"和"超超临界",是锅炉技术的一项大突破。为了满足电力增长和节能环保的需要,世界先进工业国家的火力发电机组都已向大容量、高参数的方向发展。美国早在1983年就已建成600万千瓦的超临界机组。

那么,超临界锅炉又是怎样的呢?原来锅炉里的水加热到沸点后会变成蒸汽,由此会产生两种情况:一种是水、汽共存,水逐渐蒸发成汽;另一种是高压下水突然全部蒸发成汽。研究表明,当炉水压力低于每平方厘米22.064公斤时,便呈现水、汽共存状态,这便是"亚临界";当炉水压力高于这个"临界点",便出现第二种情况,叫"超临界"。超临界压力下炉水不存在水、汽共存,所以无须采用汽包锅炉,而只能用强制循环的直流锅炉。由于汽压和汽温较高,故超临界锅炉发电效率也高。超临界机组发电还能节省煤炭和减少对环境的污染,所以具有高效、脱硫、除尘、脱氮功能的超临界机组,广为燃煤发电厂所采用。

作为国内锅炉行业的排头兵,上锅厂早在20世纪八九十年代就研究超临界锅炉的制造技术了,并且取得了一定的成果。2000年,首次承制了配90万千瓦机组的超临界锅炉的受压件,后来安装在上海外高桥发电厂。

2003年3月,上锅厂与美国阿尔斯通公司签订超临界锅炉技术转让协议,从这家公司引进当今世界最先进的超临界锅炉制造技术。从此上锅厂开始成批生产超临界和超超临界(温度和压力比超临界更高的叫"超超临界")锅炉了。

如果从1921年慎昌工厂成立时算起,上锅厂已经有百年历史了。它在我国锅炉工业发展中作出了重要贡献。

1978年,党的十一届三中全会的召开,给上锅厂带来勃勃生机。在第六个国家五年建设计划中,上锅厂完成电站锅炉282.5万千瓦,工业锅炉226台，蒸发量4 684吨，生产总值35 708.2万元，上交利税6 786.9万元，并且通过技术引进，消化吸收，实现了我国电站锅炉的升级换代，步入国际电站锅炉先进行列。上锅厂先后试制成功了一大批国家急需产品，如国产第一套年产30万吨合成氨设备，配30万千瓦机组的1 025吨控制循环锅炉，我国第一台配30万千瓦机组的1 025吨单炉膛直流锅炉，国产第一套30万千瓦核电设备中的蒸发器和稳压器并出口巴基斯坦，我国第一台配32万千瓦机组的油汽两用锅炉，国产首台60万千瓦核电站设备中的压力容器、蒸发器、稳压器，我国第一台60万千瓦超临界压力直流锅炉，国内首台100万千瓦超超临界塔式燃煤锅炉等。2009年，电站锅炉的年产量达到1 959.5万千瓦，生产总值达到108.6亿元，位居国内同行之首，还被评为"上海市和谐劳动关系示范企业"。

由于上锅厂对国家作出了重大贡献，所以它与上海电机厂、上海汽轮机厂、上海重型机器厂一起，被上海人誉为"四大金刚"。

铸造万吨水压机的英雄们

骆贡祺

坐落在上海闵行区江川路1800号的上海重型机器厂，因为在20世纪60年代初成功制造我国第一台万吨水压机，厂里的那座因组装万吨水压机而闻名的巨大车间，在2004年已被上海市政府列为"市级优秀历史建筑"。

笔者家住闵行，常于早晨锻炼时喜遇当年参与制造万吨水压机的功臣们，相处日久，交谈甚洽。这些早已离开工作岗位的老人们，一说起当年那场震撼人心的大会战，依然眉飞色舞，滔滔不绝。那一代中国工人和知识分子的献身精神令人神往……

"巨人"锻压钢锭如同揉面团

1962年6月下旬的一天，我国自行设计制造的一万二千吨自由锻造水压机（简称万吨水压机）建成投产。笔者有幸亲临现场一饱眼福，那动人心魄的场景，至今仍历历在目。

当走进高40米、长300米的特大型车间，灼热的气浪扑面袭来。仰头望去，万吨水压机像屹立着的钢铁巨人。随着"当当当"的响声，加热炉的炉门抬起来了，台车从炽热的炉膛里慢慢地开出来，一个巨大的钢锭横躺在台车的耐火砖台面上，浑身红里透黄，看来已经

上海制造

1962年6月22日，万吨水压机全体设计人员合影（前排左四徐希文、左五沈鸿、左七林宗棠）

加热到1 000摄氏度以上的高温，烧得红透透的，正是锻压的火候了。

350吨的重型行车轰隆轰隆地开过来，把两根碗口粗的吊链绕在大钢锭上，轻而易举地把它吊了起来。忽而，大钢锭翻了个身，竖起来了，立在一个又厚又大的圆盘上，大行车又把圆盘和钢锭一同吊起来，直奔那钢铁巨人。转眼之间，巨人仿佛已做好准备，它的活动横梁升得高高的，张开了6米多高、5米多宽的"大嘴"，大钢锭被缓缓地送了进去，正好撑在"上颚"与"下颚"之间。这时，参观者都为它捏一把汗：这样粗的大钢锭，巨人咬得动吗？

霎时间，指示灯闪烁起来了："4 000——8 000——12 000"。这是"巨人"在告诉我们：它的压力从四千吨上升到八千吨，又从八千吨上升到一万二千吨。"来吧，尝尝咱的厉害！""巨人"用力一咬，只见活动横梁慢慢向下压去……

"嚯！巨人的力气真大！"随着参观者的惊叹声，"巨人"发出"咝——"的一声，就把那个高大的六角形大钢锭压成了番茄形状，然后像揉面团似的上下翻揉着，不一会儿，就铸造成了一根圆柱形、中间胖、两头瘦的"双水内冷发电机"大轴。

党中央把光荣任务交给上海

读者也许会问：大钢锭为什么要用万吨水压机锻压呢？打个比方吧，就好比擀面条，面粉加了水，还得用力揉，否则一拉就断。钢锭也是这个道理。用钢水浇铸出来的钢锭，它的内部组织疏松，甚至有气孔。上文提到的那根大轴，若用这种钢锭制造，那么发电机每分钟三千多转高速运行时，势必断裂，后果不堪设想！而万吨水压机能够锻造三百吨重的大钢锭，足以解决我国经济建设包括国防工业在内所需的特大型锻件。因此，在当时能否制造万吨水压机，是衡量一个国家重工业水平的重要标志。当年，世界上只有美、苏两国拥有这种万吨水压机。我国所需的大型锻件，不得不依赖进口。可是，美国对我们实行经济封锁，而"苏联老大哥"又奇货可居。据说，一根发电机大轴锻件，需要上千吨猪肉去交换。

为此，在1958年6月召开的党的八届二中全会上，党中央作出决定，把制造万吨水压机的光荣任务交给上海。而上海把这场"大会战"的主战场放在上海重型机器厂，并以江南造船厂为主，会同上百家工厂共同制造。所以，这台万吨水压机上的出品单位就用"江南造船厂"冠名。

沈鸿和他的助手接下重任

制造万吨水压机的总设计师和总指挥沈鸿，是周恩来总理亲自"点将"的机械制造专家。这位原机械工业部副部长，年青时在上海当过布店学徒和机器工人，参加革命后到延安担任机器厂总工程师，用土办法制造了许多装备，被毛主席誉为"咱们的土专家"。沈鸿接下重任后，当即从中央机关的青年干部中，挑选了一位毕业于清华大学机械系的林宗棠为助手。到了上海后，他又在江南造船厂的青年技术员中，挑选了一位毕业于大连工学院的徐希文为设计技术组长。在后来的大会战中，林、徐两人果然不负所托。林宗棠不仅担任了副总设计师，还被委以常务副总指挥的重任。

作为总设计师，沈鸿不是坐在办公室里苦思冥想，而是带领设计人员到全国有小水压机的工厂考察了解各种不同水压机的性能，听取操作工人的意见，使设计人员加深对水压机的感性认识。同时，广泛收集世界上有关水压机的技术资料，进行分析对比，集各家之精华为我所用。他还借助"糊纸马"（原是迷信用品，用纸和竹片糊成人、车、马、房屋等形状）的办法，做成万吨水压机的主机、辅机和车间的模型，使参与制造者看到了这个庞然大物的大概模样。

有一个感人的故事，至今仍在当年的参战者中间传颂。沈鸿在设计万吨水压机主机基础地下室扶梯台阶时，竟然花了三天时间，到上海所有高层建筑里去走楼梯。他一边走，一边量，琢磨着哪个楼梯台阶上下最方便舒适。当他最后走完南京东路市百一店的楼梯后,不禁喜上眉梢:"这座楼梯建造得最好,咱万吨水压机地下室的楼梯就按这个办!"对于沈鸿的举动,有人感到不可思议,好心地劝他:"沈部长,你是五十多岁的人了,何必为这区区小事亲自跑上跑下呢!"沈鸿听了,严肃地说:"我们共产党人做任何事情,都要为人民群众着想。万吨水压机地下室的楼梯,关系到检修工人上上下下的方便和安全,绝不是小事!"

在设计阶段,数以万计的技术数据需要精确地计算出来。然而,那时没有电子计算机,年青的设计组长徐希文当仁不让,凭着丰富的数学知识,无论多难的计算难题,到了他的手里都能迎刃而解。由四根大立柱和三道大横梁构成的框架系统中,有个叫"静不定"的计算难题,徐希文夜以继日地奋战了一个月,才把它精确地计算出来。在制造过程中,徐希文又成了解决技术难题的"智囊"。紧箍四根大立柱的法兰盘,因为是用厚钢板一层层焊接起来的,经受不住万吨压力的冲击。徐希文动脑筋在每只法兰盘上嵌入12个销子,就变得异常坚固了。万吨水压机在试车时声音响,抖动厉害。徐希文遍查国外有关文献资料,发现这是高压阀门压力参数不对所引起的毛病,于是很快做了改进。

按照美、苏两国的技术要求,万吨水压机本身的重量应该是3 000吨。精通机械制造理论的林宗棠经过缜密计算,提出减为2 200吨,高度降低4米。沈鸿明白,减少800吨重量,不光为国家节省大量资金,而且在日后生产中还可降低能源消耗。经过深思熟虑,他大胆采用了林宗棠的建议。

万吨水压机的设计工作是在反复试验后完成的。先是以百分之一体积的小水压机模型做试验;继而用有机玻璃做模型,作密封圈机理试验。可惜这两台模型都没有保留下来,否则到现在将变成珍贵的历史文物了。好在最后做试验的一千二百吨水压机,因为是真家伙,如今仍在上海重型机器厂的第二水压机车间发挥作用。

一老一少发愤攻克焊接难关

　　万吨水压机的大件,原本应该用特大型的锻件和铸钢件制作,可当时我们还没有,所以只好以小拼大,用电焊把很多铸件和钢板焊接起来,以代替大铸件和大锻件。然而,这些大件焊缝厚,焊接工作量大,焊接结构又非常复杂。毛坯400多吨重的下横梁,是用100多块12厘米厚的钢板焊接起来的,焊缝有横的,有竖的,还有交叉的。而四根大立柱,每根长18米,直径1米,重80吨,是用八节铸钢件焊接起来的,而且还是空心的。水压机的一万二千吨压力全部吃在这四根立柱上,千万马虎不得啊!

　　负责焊接工作的是江南造船厂工人出身的工程师唐应斌,周围人都称呼他为"老焊工"。还有一位助手叫邹积铎,刚从清华大学焊接专业毕业,分配到上海重型机器厂工作。唐应斌亲昵地称他"年青人"。

老焊工唐应斌

　　这一老一少听了副总设计师林宗棠的技术交底,接过用硬板纸做的万吨水压机模型,反复地琢磨着。"我捏了三十多年电焊龙头(电焊钳),从来没有碰到这样棘手的生活!"老焊工自言自语地说,"看样子,焊这样大的家伙,电弧焊(一种常用的电焊技术)是派不上用场了。"

　　"办法倒是有一个,"年青人接过话题说,"我从一本《焊接技术》杂志上看到,外国有

唐应斌正在焊接万吨水压机的大立柱

一种电渣焊新技术，能焊这样大的机器。"

老焊工一听，立刻高兴地说："好啊！既然外国有这样的新技术，我们一定要把它学到手！"

"可是……"

"可是什么？"不待年青人说下去，老焊工哈哈大笑说，"你想说的我知道了，无非是杂志上说得不清楚，那是人家故意卖关子。这不要紧，有位苏联焊接专家在我们江南造船厂当顾问，不妨向他请教去。"

谁知，这位打着"无私援助"旗号的技术权威，不但对电渣焊技术守口如瓶，反而轻蔑地说："电渣焊是当今尖端技术，你们是学不会的！"老焊工一听，震怒了，但出于礼貌，强忍着只回敬了一句："请阁下先不要下这个结论！"

遭到奚落以后，一老一少并没有气馁。老焊工拍拍邹积铎的肩膀说:"年青人,不要怕困难。党教导我们自力更生。你有书本知识,我有实践经验,加在一起,就是攻克电渣焊技术的法宝!"邹积铎连连点头说:"唐师傅,你说得对,我一定好好配合你!"于是,一老一少索性把铺盖搬到工地上,夜以继日地搞电渣焊试验。经过千百次的实验,终于掌握了这门新技术。

有意思的是,当他们用电渣焊把万吨水压机的大件一个个焊接起来后,先前那位苏联焊接专家却像换了个人似的,对一老一少大加赞扬:"你们干得不错呀,这样大的东西都焊接起来了,真是不可思议!"

大炉子内可容千人开大会

在焊接大件过程中,还有一个"朱伯欣造大炉子"的故事。

三根大横梁焊接好以后,必须放到900摄氏度高温的炉子里进行热处理。因为横梁是用100多块厚钢板焊接起来的,在焊接过程中,钢板之间会产生焊接应力——你拉我,我拉你,爆裂出一道道的裂痕,同时在焊缝处的金属晶粒会变得粗而脆弱。热处理就是为了消除焊接应力和促使金属晶粒变细,以增强其耐力,使横梁天长日久经受住万吨压力的冲击。

然而,每根横梁都有3米

万吨水压机荣获国家计委、经委、科委颁发的奖状

多高，8米多宽，10多米长，世界上还没有这样大的热处理炉子。总工程师朱伯欣迎难而上，带领100多个砌炉工日夜奋战，破天荒地在工地上临时建造了一座高7米、宽11米、长14米的单层拱形热处理炉。令人叫绝的是，这个大炉子不仅世界第一，而且构造独特，没有用一根柱子，炉内却大得像一座大礼堂，可供上千人开会呢。

大横梁热处理的难题解决了，朱伯欣也因此得了个"大炉子"的雅号。

魏茂利发明"绳子吊昆仑"

攻克了焊接关和热处理关，又遇到了起重运输的难题。万吨水压机的大件有一百多个，大的有几百吨重，小的也有几十吨。不但要把这些大件运到车间去焊接，而且在焊接中，有的还要吊高和翻身。厂里只有一台履带式吊车，最重只能吊8吨啊！

这时，绰号叫"老山东"的起重班长魏茂利站出来了："大件的起重运输，咱全包了！""你们七八个起重工赤手空拳的，能对付得了吗？"魏茂利面对人们怀疑的眼光，铿锵有力地说："谁让我们是起重工呢！起重工不干，谁干？"就这样，他带领一班人，凭几根木头当把杆，以枕木作填头，用几只千斤顶当起重工具，硬是把几十吨重的大件运入了焊接车间。更绝的是，他借用大船下水的办法，在枕木上涂上一层牛油，让上百吨重的大件乖乖就位。

然而，随着焊接工作的进展，小件焊大件，越拼越大。三根横梁焊接起来，都有几百吨重，简直像三座小山。魏茂利面对庞然大

起重班长魏茂利

物傻眼了。"俺从13岁开始当起重工,几十年来,没有碰过这么大这么重的东西!"他回忆说,"解放前,有一台从国外进口的92吨重的大汽锤,从南码头到工厂虽然只有一二里路程,但我们二十个起重工足足花了两个礼拜,才把这大家伙运到目的地。"

"老魏,还有什么办法吗?"在场的领导问他。

"办法还是有的,只要给我解决三个条件。"

"什么条件,尽管说。"总指挥沈鸿赶紧问他。

"第一条,压勿杀(千斤顶)起码要50台,越多越好。"

"这一条好办,上重厂有个生产千斤顶的分厂,你要多少,就去领多少。"厂领导当场拍板。

第二个条件,魏茂利似乎有点说不出口,他吞吞吐吐地说:"要木头,要非常硬的木头,也是越多越好,至少像小山样一大堆。"这一条虽然难,但好在全市各行各业都在支援"万吨水压机工程",沈鸿立即打电话向市政府求援,也很快解决了。

在讲第三个条件时,"老山东"故意卖了个关子,叫领导猜一猜。

"老魏,是不是起重工不够?"

"对了,就是人手不够!"魏茂利爽快地说,"培训起重工是来不及了,我只好向领导上借人!"

"借什么人?"厂长问他。

"只要有力气,肯听我指挥,什么人都可以!"于是,上至党委书记、厂长,下至各科室办事员,都纷纷向"魏司令"报到。

魏茂利倒真像个指挥员,他把参战者分成日夜两班,分配每人管一台千斤顶,把它填在大横梁下面,让大家注意听他的口哨声,他吹一次,大家就用力搬一次千斤顶,一毫米、一毫米地顶起来,每顶起一点,就垫上一根硬木……就这样顶了三天四夜,才把400多吨重的下横梁顶到6米高。然后,在横梁中心部分焊上两根轴,再用废钢铁焊成两个轴承架，托住这两个翻身轴，只要用绳子轻轻一拉，笨重的横梁就非常听话地旋转翻身，焊接起来方便多了。大伙问他："老魏，你这一招叫什么？""老山东"笑嘻嘻地说："俺管它叫'绳子吊昆仑'呗！"

袁孔明巧布"蚂蚁阵"

巍巍万吨水压机，外看似笨重，内里却非常精密。它用的高压水有350个大气压，要用12台高压水泵、16个蓄水器和250个高低压阀门进行联动控制，有关构件都要求高度的精密，否则，机器就运转不起来，甚至会发生重大事故。所以，机械加工在万吨水压机制造过程中难度最大，也是最后一道关口。为此，市里调来了精兵强将，为首的袁章根工程师是江南造船厂的技术革新能手，因善攻技术难关而博得了"袁孔明"的雅号。然而，当他接过加工图纸，不禁双眉紧锁：三根大横梁要加工十多个大平面，其中下横梁的大平面有13米长、3米多宽，但加工的平直度误差不得超过万分之一。他粗粗一算，若用二十台大铣床日夜不停地加工，也得花三个多月时间，而指挥部限令一个月内完成。再到现场看看，这些大件像座钢铁山。"这么大的加工件，即使最大的机床也无法操作，只能来个蚂蚁啃骨头！"于是，他把厂里仅

袁章根工程师

有的几台移动式铣床倒吊起来,用刀盘装上多把铣刀,对下横梁大平面进行加工。这种不是把工作件放在机床上,而是把机床倒吊到工作件上去加工的做法,尽管有点冒险,但在全体车工和检验人员的密切配合下,居然只用了半个月时间就顺利完成了,平直度误差仅一万五千分之一。

随后,袁工程师又不声不响地带领几个青年搭起了脚手架。有人看不懂,问他做什么,"我准备在上面安装四条土镗排,自上而下地加工横梁上的四个立柱孔"。

"这样大的立柱孔,必须用特大型的精密镗床。土镗排能行吗?"

袁工程师信心十足地说:"这虽然是土办法,但只要操作细心,检查严密,一定能行!"果然,三根大横梁的十二个1米直径的大孔,又快又好地加工完毕了,其累计误差仅0.24毫米。林宗棠感慨地说:"袁工用'蚂蚁啃骨头'的土办法,加工要求精密的机器大件,恐怕在全世界都找不出先例!"

四万多个零件总装一次成功

1961年12月13日,这是考验上海机械制造水平的日子。万吨水压机的四万多个大大小小零件,已从四面八方运送到车间。总设计师兼总指挥沈鸿一声令下:"万吨水压机总安装开始!"

"嘑——"哨声响了,还是那位精神抖擞的起重班长魏茂利。随着他的哨声,两部重型行车吊着巨大的下横梁缓缓地开过来,稳稳当当地将其放在四根立柱上,中心偏差没有超过3毫米。"嘑——"哨声又响了,行车把活动横梁端端正正地放在下横梁上,上下四个立柱孔对齐,四根立柱顺利插入活动横梁和下横梁的立柱孔。哨声又一次响起,最后的一根上横梁像戴帽子似的,不偏不倚戴在四根擎天大柱的头上……总装进行得相当顺利,只花了一个多月的时间。

"成功了！我们成功了！"庆祝总装一次成功的掌声和欢呼声在高大的厂房里回荡。沈鸿与参加万吨水压机制造的代表一一握手拥抱，他噙着激动的泪花说："万吨水压机的四万多个零件一次总装成功，体现了上海机械制造的水平，体现了上海的大协作精神！"

斯诺被眼前的景象惊呆了

1962年6月22日，万吨水压机经过一万六千吨压力的超负荷运转后，正式投入生产了。消息传遍全国，震惊了世界。从沪闵路到一号路（现名江川路）西面的上海重型机器厂，一路上车水马龙，热闹非凡，来自全国及海外的参观者络绎不绝。

在参观万吨水压机的人群中，有位特殊的客人，他就是1936年只身访问陕北革命根据地并以《西行漫记》一书而闻名世界的美国记者埃德加·斯诺。

斯诺一直非常关心中国的命运。他此番是专门来观看万吨水压机的。因为在西方世界，他听到了对中国制造万吨水压机的种种诽谤。他要亲眼看一看，向全世界作客观报道。

斯诺毕竟是斯诺，他一到上海重型机器厂，就关照接待人员："先让我亲眼看看，然后再听你们介绍。"当他步入万吨水压机车间，瞥见这庞然大物时，就直截了当地提了个意想不到的问题："你们花这么多财力和人力，造这样大的机器，有必要吗？"我们的陪同人员没有正面回答，而是说："请斯诺先生看看万吨水压机的操作，再给我们提宝贵意见。"

说话间，巨大的加热炉炉门自动打开了，大吊车抓住红彤彤的大钢锭直奔那钢铁巨人。转眼间，这个大钢锭被锻造成像擀面棒形状的锻件。斯诺看着这神奇的一幕，惊呆了。半响，他才问："这是做什么的？"陪同人员回答说："这是舰艇上的燃汽轮机大轴。如果没有这台万吨水压机,我们就得依靠进口。"随后,又向斯诺一一介绍其他锻件成品:这是船舶上的"螺旋桨轴"和"舵桨轴";这是汽轮机、发电机、水泵的大轴;这是冶炼、轧钢机上的"支承轴""工作辊"……斯诺听着,脸上露出会心的微笑,不住地点头说:"我理解了,要建设强大的新中国,必须有这样威力巨大的机器!"

斯诺的话说对了。我们国家自从有了这台万吨水压机,成套电站、大型冶炼设备以及国防工业和基础工业的重要设备都能制造了。船舶的吨位越造越大,昔日的万吨巨轮与现在上海外高桥船厂制造的175 000吨集装箱货船相比,真是小巫见大巫。尤其是汽轮发电机,从六千千瓦逐渐发展到六十万千瓦,现在向一百万千瓦飞跃。而我们这台万吨水压机相应的锻造能力,仍显得绰绰有余!

刻骨铭心的"万吨水压机情结"

我们的钢铁巨人至今仍然"身强力壮",这不能不归功于当年制造万吨水压机的英雄好汉们。

岁月无情,英雄老去。总指挥沈鸿以96岁高龄谢世。"老焊工"唐应斌也88岁了,住在浦东颐养天年。当笔者要求他谈谈当年是怎样攻下电渣焊技术难关时,"老焊工"还是那个豪爽劲,挥手便道:"好汉不提当年勇!"稍停,他讲了一段充满感情的话:"当时我和小邹、宋大有等都有这样的信念,造万吨水压机是为了替我们中国人争气,所以开动脑筋,拼命地干!"

昔日意气风发的"年青人"邹积锋,多年前在副总工程师岗位上中风病倒,导致全身瘫痪。笔者在看望他时,只见他目光呆滞,面无表情,躺在床上。然而,奇迹发生了,当他的夫人刘康辉对着他的耳朵大声说"骆先生来看你,想了解当年制造万吨水压机的故事"时,他的双目突然炯炯发光,喉咙发出"喔啊,喔啊"的声音。

更加令人惊奇的是，当笔者两个月后第二次登门拜访时，邹积铎竟能下床一瘸一拐地走路了，并且坐在沙发上与我面对面地交谈。虽然他声带发出的语音还是"咿咿呀呀"的，但我已能听懂了。

看到自己的丈夫像换了个人似的，刘康辉也感到奇怪："怎么？老邹一下子好起来了！"当我把这个奇迹告诉某位脑神经科医生并向他请教时，这位大夫解释说："这是因为邹积铎对万吨水压机有刻骨铭心的感情，当大声问他这个话题时，脑神经受到强烈刺激而产生了反应。"

其实，具有"万吨水压机情结"的何止邹积铎一人！在上海重型机器厂这家万人大厂里，不管是在职的，还是离退休的，甚至早已调离的职工，只要有人问起他们曾在哪里工作，都会情不自禁地说："噢，就是那个有万吨水压机的工厂！"

当然，万吨水压机不单是给上重人增添荣光，同时也为上重厂创造了财富。锻件分厂党总支书记秦永桢说："前几年，我们上重厂虽然不景气，但万吨水压机的锻件生产却热火朝天！"他不无感慨地说："我们的'巨人'逢上了好时光。改革开放前，锻件的年产量一直徘徊在5 000吨上下，最高的一年，也只有5 900吨。这几年，产量节节上升。去年（指2004年）超过一万吨，创历史最高纪录！"

"不过，机器和人一样，需要保养。"秦书记说："即使前几年上重厂处于困难时期，但我们还是尽量挤出资金，不断对'巨人'进行养护。现在好了，我们有钱了，就有足够的维修资金，让万吨水压机永葆青春！"

双水内冷汽轮发电机诞生记

骆贡祺

笔者在查考资料时,看见一篇题为《工业技术的现状和技术转移可能性》的文章,这是1979年日本野村综合研究所主任研究员森谷正规论述中国工业的论文。文中在罗列中国"研制成果显著的大型机械"一节中写道:"30万千瓦双水内冷汽轮发电机,在中国的技术开发成果中也是最自豪的一项,它的难度极高,日本厂家曾进行试验,但未获成功。"

野村综合研究所是世界著名综合性咨询研究机构,它的评价是具有世界权威性的。而文中提到的30万千瓦双水内冷汽轮发电机,是1971年由上海电机厂研制成功的,早在1958年,这个厂还试制成

1971年,总装第一台30万千瓦双水内冷汽轮发电机

功了世界上第一台12 000千瓦、每分钟3 000转的双水内冷汽轮发电机。不可否认，上海电机厂是我国汽轮发电机工业的摇篮、上海工业的骄傲。

杨树浦桥下的一家小小铁工厂

说起上海电机厂的历史，可以追溯到清宣统元年（1909年）。当时有个姓顾的铁铺老板，在杨树浦桥东首开了一家"公兴铁工厂"。说是厂，其实只是个修配工场，规模很小，老板、工人再加学徒一共才11人，专门为沿河往来的小船打造锚链之类的船上用具。由于生意清淡，渐渐入不敷出，于1916年以半卖半租的方式出让给日本商人池田太郎，随后改名为"公兴铁工厂株式会社"。那时，杨树浦一带已兴起了不少英商和日商的纺织厂，池田老板近水楼台，接下了不少生产纺织机械零件的生意，几年下来居然还发了点小财，便于1924年在韬朋路（今通北路）购地建造了新厂房。

1944年，日本侵略者对公兴铁工厂株式会社实行军管，改名为"日本机械制作所第一工场"，其实质是日寇的一个兵工厂，专门制造迫击炮和手榴弹等武器。当时工人们知道了他们做出的产品将被日寇拿去屠杀自己同胞，于是就设法躲过日本管理员的严密监视，巧妙地进行斗争。那时，工场里全部的机器只用一台电机通过天轴和皮带带动操作，机床工人就利用这一点来拖慢生产进度。他们事先约定了一个暗号，工作时大家一听到这个暗号便一同进刀切削，导致马达因超负荷运转而烧坏，这样厂里的机器就全部瘫痪了。而钳床间的工人则使用另一套斗争方法，他们掉过头来监视日本管理员的行动，发现管理员来车间了，大家就佯装干活，只要其一离开，大家就怠工。工人们还有意识地制造"瞎眼"炮弹和"瞎眼"手榴弹，瞒过日方检查人员混入成品出厂，以减少同胞的伤亡。因为总抓不到"破坏分子",日本人只能气急败坏地骂道:"大大的坏,大大的坏!"

1945年8月15日日本侵略者无条件投降后,国民政府资源委员会接收这家敌产,改名为"资源委员会上海电工四厂",开始生产电动机。但在当时全国经济濒临崩溃、百业萧条的形势下,电工四厂的年产量少得可怜,直至解放年产量仅1700千瓦,出品电动机的最大容量也只有200匹。

孟博士发愤图强造出国产第一台6 000千瓦发电机

孟庆元博士

1949年新中国成立后,历史展开了新的一页。12月1日,上海电工四厂扩充改组为上海电机厂,生产小型交流电动机和变压器。1953年,国家有关部门把试制6 000千瓦空冷汽轮发电机的重任,交给了此时勉强具备制造发电机条件的上海电机厂。当时,厂领导决定由副厂长兼总工程师孟庆元来主持这项光荣而艰巨的工作。

读书时的孟庆元,就有为祖国制造发电机的梦想。高中毕业时,身为实业家的父亲希望儿子报考工商管理类高等学府深造,以便日后继承他创办的三星热水瓶厂。而孟庆元违背了父亲的意愿,考入上海交通大学电机系。1937年,孟庆元进入杨树浦发电厂实习。当时这家由英商创办的发电厂已卖给了美国人。有一天,厂里要安装新的汽轮发电机组,这是一种用热高压锅炉带动汽轮机发电的新产品。孟庆元求知心切,便凑到安装机组的美国人身边,目不转睛地观察着,还不时地发问,显出浓厚的兴趣。不料竟遭到这个美国人的奚落:"你问这些有什么用?你们中国人是永远也造不出汽轮发机的！还是向我们美国买吧！"面对突如其来的羞辱，孟庆元冷静地回敬道："你等着瞧吧！"

1938年5月，孟庆元大学毕业时，恰逢英国根据退还庚子赔款议案来华招收7名留学生，其中有一个读电机工程的名额。孟庆元就凭借自己优异的成绩，获得了这个名额，于1943年进入利物浦大学深造。1946年6月，他取得了电机学博士学位后，导师希望他留在英国，而他却执意要回国，说要为祖国研发国产汽轮发电机。导师感到不解："你们中国这么落后，连可以制造汽轮发电机的工厂都没有，中国没有你的用武之地！"孟庆元则充满信心地说："我相信祖国的电机工业会发展起来的。"英国导师被这位中国学生的言行所感动。孟庆元回国后，国民政府资源委员会派他去美国匹兹堡的西屋公司学习。

西屋公司成立于1885年，是一家世界知名的电机制造企业。但这家老牌美国公司却看不起中国人，孟庆元提出的种种学习实践的要求都被置之不理。孟庆元锲而不舍，坚决要求参加上万千瓦大型汽轮发电机的设计。带班老师勉强同意了，但仅分给他2 000千瓦的小型设计。

1948年，孟庆元回到上海后，进入上海电工四厂工作，足足等了4年多，才盼到这一施展抱负的机会。

1952年底，新生的上海电机厂搬迁到闵行新址，开始试制发电机。当时厂房都没造好，孟庆元就迫不及待地带领大家不分日夜地干起来。当有人对孟庆元说："你是电机工程博士，又有西屋公司的实习经验。制造6 000千瓦这样小容量的汽轮发电机，岂不是小菜一碟！"孟庆元严肃地回答他："这是第一台国产发电机，我不能有任何闪失啊！"就凭着这种严谨的精神，孟庆元和他的团队将试制发电机与励磁机配套的每一步都踏踏实实地做了试验，而没有贪图省力去走捷径。1954年9月25日，这台国产6 000千瓦空冷汽轮发电机制造

孟庆元与捷克专家在检查机器运行质量

成功了。虽然设计图纸和制造工艺都是仿造捷克斯洛伐克的,谈不上自主知识产权,但毕竟是我们中国人自己制造的啊!

1956年5月,这台发电机通过国家鉴定,安装在安徽淮南市发电厂正式投入使用。当听到中央人民广播电台的播音员自豪地宣布"我国第一台6 000千瓦空冷汽轮发电机已在淮南电厂成功并网发电"时,孟庆元禁不住热泪盈眶。

从1954年起至1957年底,上海电机厂共累计生产出27台6 000千瓦空冷汽轮发电机,同时试制成功12 000千瓦空冷汽轮发电机,有力地支援了国家第一个五年计划建设。但是,随着国家建设对电力的需求越来越高,新的挑战又摆在了上海电机厂的面前。当时汽轮发电机的主要部件转轴和护环等锻件还是依靠进口,而我国的进口量又远远跟不上需求量。孟庆元等工程技术人员和浙江大学电机系教研组主任郑光华教授,一起研究怎样用现有的进口锻件的数量制造出尽可能多的发电机。大家研究来研究去,最后认定只有研制

1965年,汪耕(后排右三)带领的设计先进小组。陈同济(前排左一)、张清烈(后排左一)

双水内冷汽轮发电机才是最佳的方法。如果成功,将可能使一份进口锻件(转轴和护环)派上两份用场,还可为制造大容量汽轮发电机打下基础。

汽轮发电机发电量大了,强大的电流通过机内的线圈就会产生高热,这种热量如不及时散去,往往会将汽轮发电机烧坏。最初的汽轮发电机都是从铜线的外面吹风,利用空气散热,而铜线的外面裹着厚厚的绝缘层,靠吹风散热,就好像人穿着皮袄扇扇子。因此,如何更有效更迅速地为运行中的汽轮发电机散热,是长期以来该行业的工程技术人员改进发电机构造、提高发电量的瓶颈。1951年,世界上已出现了用氢气通过空心的铜线圈散热、改"外冷"为"内冷"的技术,大大提高了发电机的散热能力。然而上海电机厂的技术人员还有一个更大胆的设想,他们觉得如果能用水来作冷却剂,散热效果可能会比氢气提高15倍,比空冷提高40倍。如这个设想能成立,将是向研发大容量发电机的目标迈进了一大步。不过,实现它还有很多难以突破的尖端技术问题需要解决。因为国外虽然解决了定子水内冷的技术,但定子是不转动的,通水的技术较简单。高速旋转的转子通水技术,当时尚无先例可循。

汪耕集思广益试制成功双水内冷发电机

1958年7月10日,上海电机厂开始试制12 000千瓦双水内冷汽轮发电机。可谁来担当这个试制组组长呢?那时已负责统揽全局的总工程师孟庆元自然想到了他的得力助手汪耕,便向厂党委做了推荐。

说起这位汪耕,他1949年毕业于上海交通大学电机工程系,和孟庆元还是校友呢。汪耕原名汪积威,因为读音有点像"汪精卫",所以改名为"耕",也有提醒自己要"只求耕耘,不问收获"之意。1949年4月,汪耕在交大加入了中国共产党地下组织。1950年5月他

工人、干部、工程技术人员集思广益共同破解技术难题

来到上海电机厂后,承担起了异步电机和同步电机的设计工作。在短短两年间,他就完成了数十个异步电机的电磁设计,填补了国产空白,为国家节省了不少材料。

1954年,山西大同市发电厂送来了一台在战争中损坏的15 000千瓦汽轮发电机,希望上海电机厂帮助修复使用。汪耕检查后,发现这台发电机连线圈都烧坏了,仅剩一座机座还算完好,与其说修理,不如说是重造一台。而当时国内恐怕还没有人能完成这项工作。汪耕却凭着自己的扎实基础和在设计异步电机方面积累的经验,接下了这个任务。他带着两个刚分配进厂的大学生,先通过缜密的计算绘出草图,再用硬纸板做成配件的模型,在实物上装配验证,然后大胆地投入制作。经过他们锲而不舍的努力,这台发电机居然起死回生了。而汪耕等人也从这次实践中积累下宝贵的经验。

此次,厂党委根据孟庆元的推荐,任命汪耕担任试制组组长,正是看好他的实践经验和执着大胆的进取精神。

接到这个任命时,汪耕才30岁,刚随厂长萧卡访苏归来。他知道自己将要挑战当时世界上还无人攻克的尖端技术,而他的组员只有陈同济、张清烈这两个年轻人,另有来自浙江大学和西安交大的16位实习生帮助绘制设计图。

难题从研制工作一开始就出现了,在设计水内冷转子方案时,关于怎样使水从不旋转部分引入转动的进水密封结构,他们设计的几个方案都失败了。就在试制组一筹莫展之际,厂党委书记胡沛然提醒汪耕说:"水泵上也有转和不转的水管连接,你们不妨去上海水泵厂看看,或许能得到启发。"于是,汪耕他们反复揣摩水泵结构后,终于领悟到:"水从不旋转部分进入旋转部分进水密封装置,如果完全不

厂党委书记胡沛然

滴水出来就会摩擦发热。这个部件装在发电机本体外面,应该允许少量的水滴出来起润滑冷却的作用。这只要装配一个控制微量水的机构就行了。"

这次研发中有许多部件设计是没有现成资料可以参考的,所以汪耕等设计人员集思广益想方法:他们请来厂内各个方面的技术人员,听取他们的建议,最后由设计者将这些建议吸纳到一个个方案中去试验。有些构想太抽象,虽然听懂了原理,但是设计者还是无法把它们落实成设计图,如水进出发电机转子线圈部分的设计,即俗称的"拐脚结构",其形状曲折奇特,设计者说得出,却画不出来。于是,汪耕带了组员去车间向工人求助。嵌线工谢宝根心灵手巧,很快将设计员构想中抽象的"拐脚结构"变成了实物,有实物在手,绘制图纸就顺当了。所以这台12 000千瓦双水内冷汽轮发电机的设计,并非都是走先画图纸、后造实物的常规过程,而是设计员、工人、干部三者群策群力共同攻关的大胆尝试。

1958年10月27日,世界上第一台12 000千瓦每分钟3 000转双水内冷汽轮发电机在上海电机厂诞生了。从这个项目的启动到总装成功,共历时100天。笔者采访汪耕时,他还对当时的情景记忆犹新:"那时,我和同事们喉咙都哑了,眼睛因长期熬夜而布满了血丝。但没有一个叫苦叫累,而是无比兴奋和自豪!"

说到这里,汪耕又讲起一件让他和同仁备感自豪的事情:那是双水内冷汽轮发电机试制成功不久,第一机械工业部派他到列宁格勒参加苏联召开的大型汽轮发电机冷却技术会议。当我国代表团团长在大会发言中讲到"中国已经试制成功一台12 000千瓦双水内冷汽轮发电机"时,会场内立即出现了一阵骚动,与会的各国专家纷纷交头接耳、窃窃私语。有人当场提出质疑:"是不是翻译错了,把'氢气冷却'译成'水冷却'了(在俄文中'水'和'氢气'的读音较为接近)。"于是,我国代表团团长不得不重申是"水冷却"而非

"氢气冷却"。外国专家们这才由惊愕转为赞叹,并一致通过将"中国创造出世界第一台12 000千瓦双水内冷汽轮发电机"写入那次会议的会刊,成为一个有效的历史记载。

王作民巧借外援成功完善双水内冷发电机

不过在国内,这台双水内冷汽轮发电机诞生的消息,并没有马上对外公开,该发电机被安装在上海南市电厂试运行。中央有关部门还提出了"一年过关,三年完善"的要求。为此上海电机厂成立了"双水内冷发电机完善办公室",专门开展改进工作。本来这项工作理应由汪耕来负责,可是当时他已投入了更大容量双水内冷发电机的研发中,不能分身。于是,孟庆元想到了另一位能干的年轻人——王作民。

1992年,王作民在技术交流会上发言

王作民毕业于上海大同大学电机系(1953年院系调整时,这个系并入了交通大学),1951年来到上海电机厂重型电机车间担任技术员。刚参加工作不久的他,发现厂里的有些设计图纸存在问题,就大胆向厂部提出,这引起了时任副厂长孟庆元的注意。就这样,孟庆元把王作民调到了厂新产品工作室,并让他参加国产第一台6 000千瓦空冷汽轮发电机的试制工作。后来王作民成了"汽轮发电机主任设计师",接着又擢升为设计科长、副总工程师。

领命后的王作民，首先就从这台发电机的漏水问题开始他的完善工作。发电机为什么会漏水？原来，它的定转子线圈是用空心铜线绕制的，而空心铜线的接头是焊接起来的。定子线圈在运行中会产生电磁振动，转子线圈以每分钟3 000转高速运行，在极大的离心压力下，空心铜线上的焊接点裂缝漏水。但进一步探究，又发现并不是每一个焊接点都会漏水，这与焊接的技术有着很大的关系。于是，他们请来了焊接专家，为电焊工上技术课，培训提高焊接技术，以杜绝有瑕疵的焊点。后来王作民又想到了更好的方法，干脆请协作厂专门生产了一种长150米的空心铜线，这样就不用焊接了，焊点的问题也就不存在了。

然而很快王作民又发现，即使整根的空心铜线有的也会发生漏水，于是他又跑到线圈车间找老师傅请教。他们一起反复琢磨，最后发现传统的"扁形"空心铜线因孔壁厚薄不均，绕制成定转子线圈后容易变形漏水。针对这个问题，他们将绕制定转子线圈的铜线改良成方形的空心铜线，结果不仅达到了预期的效果，还使"水内冷"的水流更加流畅了。王作民还在郑州机械研究所、上海材料科学研究所、上海塑料研究所和上海橡胶厂的帮助下，开发出新材料新结构的绝缘水管（俗称"引水拐脚"），彻底解决定转子的漏水问题。

在采取了一系列的完善措施之后，这台12 000千瓦双水内冷发电机安装在南市电厂运行了34年，而到了1985年，上海电机厂生产的30万千瓦双水内冷汽轮发电机顺利通过了国家验收。

"你们中国走了自主创新的道路"

1965年4月29日，《人民日报》《工人日报》和上海《解放日报》，几乎同时报道了上海电机厂制造成功世界上第一台双水内冷汽轮发电机的惊人消息。一时间，国内各媒体都竞相报道此事，搞得

1958年10月27日，世界上第一台12 000千瓦双水内冷汽轮发电机试制成功

热热闹闹、喜气洋洋。这样就把对中国的实力还心存怀疑的外国同行引来了。他们名为参观交流，实则想一探虚实。直至80年代，还有不少国外的大电机公司派人前来考察此事。王作民曾向笔者讲述了他亲历的一次接待工作。

那是1983年，世界著名汽轮发电机制造商瑞典ASEA公司的一位设计科长来到上海电机厂，要求参观正在运行的双水内冷汽轮发电机。于是王作民陪他到闵行发电厂观看运行中的12.5万千瓦双水内冷汽轮发电机。当这位设计科长透过转子出水支座的窥视窗看到里面水珠在翻滚飞溅时，竟停住了脚步，目不转睛地看了好一会儿，才自言自语地说："这是真的双水内冷，我亲眼看到了。"接着，他又不无感慨地对王作民说："密司脱王，你们中国走了自主创新的道路！"王作民向这位技术专家介绍道："上海电机厂已经造了200多台、容量达200多万千瓦的双水内冷汽轮发电机，并且都已安装在全国多家电厂运行发电了,质量也很稳定。"听到这里,对方真诚地说:"中国有这么多支持双水内冷汽轮发电机的用户,令我们羡慕不已啊!"

随着"双水内冷"声名远扬,我国电机制造业的国际地位也大大提高。1981年,美国电机工程学会举行年会,特地邀请上海电机厂参加。经上级批准,孟庆元偕助手王作民应邀出席,并在会上介绍了创制双水内冷汽轮发电机的经过及其21年来的发展情况。随后他们又在美国西屋公司技术会议上作了介绍,还在美国电机工程学会会刊上发表了题为《双水内冷汽轮发电机制造21年》的论文,得到业内人士的一致好评,也引起美国一些大电气公司的注意。出人意料的是,34年前孟庆元实习过的那家西屋公司居然对上海电机厂情有独钟,先后进行了三次技术交流。1996年,该公司还与上海电机厂设计制造汽轮发电机的这部分资产进行合资,组成了中方控股的"上海汽轮发电机有限公司"。中方的部分入股资本,就是双水内冷汽轮发电机的制造技术。此举开创了中国知识产权作为合资入股资金的先河。

从1954年造出第一台6 000千瓦空冷汽轮发电机开始,至2005年底,上海电机厂总共已制造了552台双水内冷汽轮发电机,总容量达到了5 592万千瓦,其中512台5 336.5万千瓦已在全国电站运行发电,足见上海电机厂无论从产量上、质量上、容量上都达到了国际一流水平。而为秦山核电站设计制造的31万千瓦双水内冷汽轮发电机和为巴基斯坦恰希玛核电站制造的32.5万千瓦双水内冷汽轮发电机都安全运行至今,已成为汽轮发电机史上最耀眼的亮点。

半个多世纪以来,党和人民始终记着这些为制造双水内冷汽轮发电机的英雄们。1985年,双水内冷汽轮发电机获得首届国家科技进步一等奖,并被列为135项一等奖的首奖。孟庆元、汪耕、王作民、徐孝岳、周明辉、陈同济、谢宝根七人是该项成果奖的获奖人员。之后，孟庆元还获得全国劳动模范等殊荣，汪耕则于1991年当选为中国科学院学部委员（后改为院士）。

孟庆元博士不幸于2004年5月8日在美国病逝，享年88岁。但可以告慰孟博士的是，如今上海发电机厂已生产出100万千瓦超大容量的汽轮发电机，年产量达到3 000万千瓦。而他的两位得力助手——汪耕院士和王作民高级工程师，已分别从副厂长兼副总工程师和总工程师的岗位上退休，目前他们仍担任着厂里的技术顾问，为我国的发电机工业继续作出贡献。

"导弹之叔"萧卡的风云历程

陈正卿

新中国成立前夕的萧卡

年届95岁高龄的萧卡安详地坐在华东医院病房的窗前,沐浴着冬日温煦的阳光。这位被邓伟志先生戏称为"导弹之叔"的老人,行动虽不再敏捷,记忆却十分清晰。他操着浓重的湖南乡音,向我讲述了从青年时代起的革命经历,展现了他期盼祖国富强的炽热情怀。解放后他在上海参与并主持三大工业项目的实施,成为他一生中最值得自豪的成就。

挥师挺进月浦　血战刻骨铭心

淮海战役胜利后,解放军挥师南下,强渡长江。华野第11纵队改编为解放军第29军,萧卡任260团政委。这个团奉命从靖江的天生港渡江,在江阴石牌港登陆。登岸后,在定山遭遇敌军阻击,连长杨忠率队攀岩夺下山头,他和18名战士英勇牺牲。至今江阴还留下由烈士命名的杨忠街。大军旋风般一路南下,横扫无锡、苏州后,暂作补充休整。接着,就奉总前委命令,于5月12日由常熟青龙桥出发，参加解放上海战役。260团因团长暂时外调，只有萧卡和副团长梅永熙带队奔赴上海。

这次进军上海，萧卡很兴奋，他们团不再打阻击，而是抢到了宝山、月浦一线的主攻任务，全团上下无不摩拳擦掌。上级命令，必须于13日中午12时前攻下月浦，14日占领吴淞，进而拿下车站、炮台。然而，当全团和配合的左、右翼两个团于凌晨2时发起进攻后，遭到敌军岸炮、舰炮的猛烈炮击以及飞机的轰炸，担任主攻的1营正、副营长受伤，全营伤亡了三分之一，团里的3门火炮也被击毁2门，形势十分严峻。

原来，月浦不仅被蒋介石、汤恩伯确定为重点防区，由王牌部队52军防守，还配备了多个炮兵团、多艘军舰协防，加上地面有密集碉堡群构成的交叉火力网，成为敌军吹嘘的所谓"固若金汤"的防线。而解放军为避免城市遭受破坏，对重炮使用有所控制，加之进军过急，炮兵没跟上，以致初战失利。萧卡认为战术也有不当之处，应加以调整，变大部队猛攻为多路小组攻坚。师部却不同意，说战斗方案已报总部批准不能更改。这样，萧卡和梅副团长又带领战士们冒着密集的炮火，顶着瓢泼大雨进行猛攻，一直打到凌晨，在付出了伤亡700余官兵的代价后，才攻进月浦街北阵地和几间民房。助攻的兄弟团损失也很大。但到了这时也只能一鼓作气，决定次日下午3时发起第二次总攻，军长胡炳云直接打电话给萧卡鼓劲。

二次总攻开始，梅副团长在前冲锋，萧卡带一支部队殿后。激战中，敌军4辆坦克呼啸而来，仅相距50米开外。萧卡跳出战壕，挥着枪吼叫着，命令山炮连长快开炮。山炮手也急了，近距离射击，一炮命中第一辆坦克，顿时起火爆炸，余下3辆坦克掉头就逃。萧卡率部队趁势冲进月浦。团参谋长负伤后，警卫员小马和通讯员跟着萧卡。这时，又一颗炮弹落下，小马牺牲，通讯员负伤，萧卡也被震倒，满口是泥土。战斗至黎明，进入月浦街上，萧卡清点人数，跟上来的只有62人。好在2营、3营又有零星队伍跟上来，全团合兵一处，继续鏖战坚守3昼夜。16日，敌军开始败退，萧卡和梅副团长清点部下，全团共伤亡1 200余人。23日，解放军完全占领月浦，萧卡率领部队迅速挺进吴淞及宝山全境。

萧卡在晚年一再念叨月浦，因为那是他终身无法忘怀的地方，他的很多战友都在那场恶战中倒下了。

投身机电行业　攻克"双水内冷"

在上海解放的欢呼声中，萧卡却病倒了。连续作战的劳累和压力，使他再也支撑不住了，整日昏昏沉沉，连走路都艰难。妻子徐希曾得到误传，以为他已牺牲了，但萧卡最终还是站起来了。这时，29军已开往福建，他到设在南京的三野总部报到，老首长钟期光让他去南京市委工作，他同意了。然而，他内心向往的是能为新中国的大工业建设出力，这是他从青年时代起就怀抱的宏愿。

萧卡1919年出生在湖南省湘乡县萧家冲，幼时就读于村里私塾，10岁到享有盛名的湘乡东山小学读高小。这所小学原称东山书院，毛泽东曾在这里求学。该校校训勉励学生"立大志、做大事"，萧卡深受熏陶。后来，他考进了毛泽东表兄王季范任校长的长沙长郡中学，和王季范的长子、王海容的父亲德恒是同班同学。中学毕业后，因受"工业救国"的思潮影响，他考入湖南工业专科学校读机电专业。这是国内最早的工科学校之一，尤为重视理化、英语课程及动手能力。虽然"七七"事变的炮声中断了他的学业，但他献身祖国工业建设的理想却从未泯灭。

1952年，萧卡调到在上海的华东局工业部任办公室主任，副部长是吴亮平。萧卡意识到从事工业建设的机会来了，提出要下基层去。吴亮平让他先熟悉一下机关工作再说。他去找分管书记谭震林，谭倒是一口答应了。于是他便到上海电机厂担任第二书记,组织关系仍在部里,不久转任厂长,全身心地扑在了厂里。

发电机是国家建设"龙头"——电力的基础,在发展规划中举足轻重。中国当年还不能造发电机,因此,上海电机厂承担着研制和生产的任务。萧卡到厂后,除抓国营企业管理的千头万绪外,集中精力抓研制攻关。经过努力,上海电机厂短短几年就成功地造出了 6 000 千瓦和 12 000 千瓦的空冷发电机。

1958年,世界第一台双水内冷发电机研制成功

所谓"空冷",就是发电机转动中利用自然通风使空气冷却,但费时长、效能低。当时,国际上已有利用水冷却延长转动期提高效能的技术,萧卡在出访苏联时就听到了。1958年他回国后向市委汇报工作时,"大跃进"正如火如荼,到处都要电力支援。市委第一书记柯庆施听到有这项新技术,当场表态:"好啊,你们赶快搞!"实际上,在市委领导正式表态前,电机厂已着手筹备研制,由工程师汪耕等和浙江大学老师联合攻关。

发电机机芯有定子、转子,两者若都用水冷却,即称"双水内冷"。这是巨型汽轮发电机的一种,因水的比热大,且可直接带走热量,故可提高发电机的效率。市委批准上马这个大项目后,萧卡亲自挂帅,组织设计人员、工人和领导"三结合"的攻关队伍,并确定了以6 000千瓦转子研制12 000千瓦"双水内冷"的方案。

那个年代的建设，都有一种紧迫感。7月14日，国家科委副主任刘西尧接见副厂长孟庆元和汪耕等，要求攻关项目加速，力争在一两个月内就拿下12 000千瓦"双水内冷"发电机。当晚，孟庆元等急如星火地赶回厂向萧卡汇报。萧卡顿感压力巨大，但他知道当此关头，气可鼓而不可泄，只能像在战场上一样往前冲。萧卡心里明白，这项技术创新在理论上已无争议，关键是技术上怎么实现突破。于是他连夜召开会议，布置各路人马会战，将设计、试制两步并一步走，设计人员把设计桌搬到车间，遇难题就张榜招贤，群策群力，争分夺秒。

"双水内冷"发电机的研制过程，真正体现了通力协作、艰苦奋斗的精神。转子通水的空芯导线是弄堂小厂——协昌无缝钢管厂，用一只土熔炉、一台穿孔机和几台拉伸机解决的。转子导线震动渗水难题，是请汽车修理厂老师傅帮忙攻克的。经过100多天日夜奋战，17次设计大修改，90多次试验，上海和外地数不清的单位协作支援，当年10月27日，既是中国也是世界第一台12 000千瓦"双水内冷"发电机诞生了。

在将这一喜讯报告市委领导之前，萧卡反复追问技术负责人："是否绝对安全？"他在得到再一次的肯定回答后，才拨通了给市委领导的电话。这台发电机要送往南市发电厂合并发电，华东电力局负责人有些担忧，柯庆施亲自打电话做工作："安全保证没有问题，发电若有毛病，厂里会帮你们修的。"发电机送往南市发电厂时，一路上披红挂绿。《解放日报》为此专门在头版套红，报道中有这样的豪言壮语："外国有的，我们要有，外国没有的，我们也要有！"萧卡说，这是刘少奇亲自批准见报的。

对于这台发电机，后来有些议论。萧卡说，第一台运转几十天后发现了毛病，于是换了第二台，比较正常了。第一台经过检修，于1959年9月重新安装,也使用到了设计规定的年限。1958年12月,列宁格勒国际电机技术会议通过决议,正式写入中国首创这项技术。1960年2月,国务院发文批准广泛采用"双水内冷"发电机。因此,这是货真价实的"中国第一"。

执掌仪表电讯 研制"红旗一号"

1958年9月,"双水内冷"发电机攻关正在紧锣密鼓之时,上海市委又任命萧卡为市电机局首任局长,负责全市电机工业的规划。当时,一项新技术正在全球迅速崛起,这就是无线电仪表工业。仅隔一年多,1959年12月,市里再度任命萧卡为市仪表电讯工业局首任局长。

新组建的仪表电讯局,基础更差。偌大的上海没有几家像样的仪表厂,以前的无线电行都是作坊式的,只能在弄堂里配配装装。首先是要解决厂房困难。当时,外滩有不少外国银行撤走了,一些纺织、卷烟厂也因外汇紧缺,没有进口原料而停产。这批闲置的大楼、厂房一时"名花无主",萧卡就去找市领导游说,介绍苏联战时改民用工厂为兵工厂的历史经验。柯庆施同意拨出一部分老大楼和厂房给仪表电讯局,同时也批了一些资金,在漕河泾、虹口四达路等处建新厂。上海仪表电讯业后来发展很快,迅速成为国内该行业中的第一大局。

市委领导调萧卡去组建仪表电讯局,自有深远考虑。当年邓小平、李富春和聂荣臻元帅来上海时都曾关照,上海要优先发展仪表电讯工业,努力为国防服务。上海市委表示坚决落实中央指示精神。所以,萧卡就任新局长刚三个月,北京的国防工办副主任赵尔陆就带着无线电局、导弹局几个副局长来上海。他们会晤了萧卡,商谈了合作研制几类导弹的计划。这时,市委书记处书记陈丕显还特意

"红旗一号"导弹

找萧卡去,询问研制导弹的可能性。萧卡认真思考后回答,这项技术对上海来说也是空白,确实有难度,但他相信可以搞出来,因为上海的科技基础还是领先全国的。

此后,市委就派萧卡带一批技术干部,到北京等一些研制导弹的单位去考察。其间,萧卡等人得知中苏关系完全破裂,苏联撤走专家,中断提供资料,欲使中国的国防工业胎死腹中。对此他们十分愤慨。回到上海后,市委任命萧卡兼任市科委副主任,负责新成立的新技术办公室,调集一批专家建立设计室,开始了导弹研制的征程。

萧卡深感肩头的担子沉重。好在东风不断吹来:一是经周恩来总理签署,中央批准了上海的研制计划;二是在南汇老港海边沙滩,中国第一枚探空火箭成功升天,毛泽东主席看了实物复制品。火箭是导弹发射的动力,关系太密切了!当然困难也很大,除了技术难度外,还有"大跃进"造成的经济困境,科研经费拮据。面对现实,研制者实事求是地调整了计划,将几类导弹同时推进的方案,调整为先攻克"地对空"一种导弹。周恩来等中央领导批准了新方案。1961年的"八一"建军节,市委调集一批精兵强将,成立了上海市机电二局。市委书记处候补书记刘述周到会讲话,他传达了一句名言:"当了裤子,也要把导弹搞上去!"萧卡又受命出任机电二局首任局长。

当年上海的导弹基地,选址在松江一片叫作横潦泾的荒原上,三面环水，只有一条小路进出。萧卡等陪市委领导陈丕显亲自去勘察拍板。起步之艰难，一言难尽。工程在土建中，设计就在帐篷里进行。由于国家经济困难，经费时断时续。最窘迫时，萧卡手上一分钱都没有。他去找分管副市长也没用，又一同去找市委第一书记柯庆施，三个人拨算盘一笔账一笔账地轧，总算挤出200万元给他。柯庆施还答应给军委贺龙元帅打电话，请求支援500万元。那年春节，这个新组建的局连工资都发不出，是曹荻秋副市长批给60万元才解决的。因粮食、副食品供应紧张，筹建人员连饭也吃不饱，过年时工地食堂没有肉，萧卡亲自去找分管的副市长，结果也没辙，只能吃青菜。但当年参加建设的人员都不叫苦，憋着一股劲要把工程拿下来。萧卡亲眼看到许多动人的情景，真是既感动又心疼。

导弹研制的技术质量要求极高，精度往往精确到微米、丝米。有一个头发丝的故事流传很广，说是工程中有一根细丝，原先苏联是用俄罗斯姑娘的头发，但中国汉族姑娘的头发偏硬又脆，达不到指标要求，经过反复研究，决定用维吾尔族姑娘的头发。

由于导弹研制的技术要求高，时间又很紧迫，为此萧卡提出了一个可能犯大忌的请求。当时，按照"八字方针"进行经济调整，许多老技工被精简回乡。可是，导弹研制急需技工，萧卡向分管市领导要求调回那些已经回乡的技工。那位领导很紧张，说这是违背中央精神的。萧卡又去找柯庆施，柯庆施勇担责任，以华东局的名义批准了萧卡的请求。于是，萧卡派一位副局长前往江苏、浙江、江西，调回了600名4级以上技工，400人到总装厂，200人到配套厂。这些能工巧匠为中国导弹事业立下了汗马功劳。

一切都在有条不紊地进行中。1964年初的一次市委会议上，萧卡正在汇报上年聂荣臻元帅派人来上海落实导弹研制进度的情况，柯庆施十分严肃地下了一道命令："萧卡，导弹必须在今年试制出来，12月31日12时前不出来，我找你算账！"虽然进度已有安排，但萧卡仍感觉压力巨大。他当即提出几项请求，柯庆施当场答复批准。当晚回到局里，萧卡立即层层动员，整个项目包括基建，都如箭在弦上。

然而就在这个关口，偏偏出了意想不到的纰漏。当年10月的一天，萧卡正在总安装厂出席会议，突然，焊接车间主任冲进会议室，用带着哭腔的声音报告，一名技术非常高超的焊接工，在滚焊铝镁合金的导弹三舱时，由于太紧张，加上焊接设备温度调节不稳定，一不留心竟将舱体烧穿了。会场里的人都惊呆了，有同志当场哭出声来。萧卡也禁不住热泪长流。他知道，国家在如此困难的情况下，下了这样大的决心来搞导弹，中央和市委是多么急切地等着好消息啊。想不到在这关键时刻，竟出了这么大的事故，叫他怎么向上级和全体研制人员交代？

然而，萧卡毕竟是从战场上拼杀出来的指挥员，一种久经磨砺的冷静警醒了他。只见他一挥手，说："全体到现场！"整个现场愁云笼罩。然而，经过仔细观察分析，发现焊穿部位不长也不深，似乎可以挽救。萧卡决定就地召开现场会，稳定大家的情绪。所有发言的人都是噙着泪花，表示在最后两个月内，不惜一切代价也要完成任务。萧卡代表局领导宣布，这次事故不处分任何人，关键是吸取教训，严明工作纪律，今后对焊接温度一定要有专人调试。他还决定，焊坏的三舱立刻报废，不留隐患，拍成照片贴在厂区，以为警诫。

1964年12月20日，上海研制的第一批导弹完成总装，各种测试完全合格，比市委要求的期限提早11天。中央军委将这批导弹命名为"红旗一号"。萧卡知道，市委在年初之所以严令导弹研制必须当年成功，是因为同年10月中国的首颗原子弹也将试爆。第二年11月末的一天，一列神秘军列由解放军武装押运，直驶大西北巴丹吉林大沙漠，空军将在那里进行导弹实弹打靶。"红旗一号"导弹连射3发，有2发击中靶心，完全达到实弹试验的要求。周总理在中央军委会议上,充分肯定了上海作出的贡献,说值得全国学习。继"红旗一号"成功后,上海又研制出了二号、三号等各类导弹,后经中央军委决定,统一编入"东风"系列。

动乱年代复出　领衔"运十"工程

1966年,萧卡正按中央和市委部署,奔走在贵州大山里建设新的导弹研制基地,突然间,狂飙勃起般的"文化大革命"将他打翻在地。他这个"走资派",从贵州经北京,一路被批斗回到上海,不但戴高帽子、"喷气式"罚跪,还挨了一榔头险些被打死。回到机关蹲黑屋,仍没完没了地写交代、挨批斗。实在挖不出什么了,就送到奉贤海边干校劳动改造,一折腾就是六年!

1971年"九一三"事件后,中央着手解放老干部,又给了萧卡重新走上工作岗位的机遇。早在1970年8月,毛泽东在上海时就曾问过:你们能不能造大飞机?周总理和叶剑英等领导研究后,把这项任务交给了上海。上海决定将龙华5703厂改建为总装厂,虹口汽车附件厂改建为航空发动机厂,组织队伍研制大飞机。

谁来负责挑重担?有人想起了萧卡。萧卡主持导弹研制曾得到中央的肯定,对科技尖端攻关有经验。于是有人发话:"萧卡还有什么问题,到现在还没解放?"萧卡本来历史清楚,自延安入党,从没被捕过,到新四军后一直在部队。于是,他很快走出了干校。到任后,他做了调查研究,认为大飞机是高科技项目,一定要有严格的设计、试制程序,质量是第一位的,总装必须集中搞"正规军"作战,不能沿袭"草棚里飞出金凤凰"那一套。然而,另一些"新干部"不同意,仍坚持要"发动群众大家搞",甚至还要把部分项目照顾"小兄弟"。从1972年底到第二年春节后,始终争执不休无法达成一致,而时间又很紧迫,萧卡决定去找市领导和工交组负责人反映情况。

大场总装厂的"运十"飞机

萧卡一口气写了3份报告，坦率地谈了他的观点：没有科学严谨的态度，大飞机上不了天！报告寄出后不久，引来了不少指责，说他"对新生事物缺乏感情"，甚至有人说是"搞阴谋"。萧卡生性倔犟，虽陷入孤立，仍声明"只服从真理"，依据科学道理，逐条反驳对方。

实际上，当时的市领导已经决定，"708"工程指挥部属机电一局管，局副书记当主任，局常委当副主任，萧卡仅是"五把手"，管管材料和协作、配套。但在这个班子里，从上到下都知道，真正懂行的是"老萧"。萧卡也只得顾全大局，忍辱负重，只要是他职权范围内的，尽心尽责去做。出席北京的会议，联系外省市的协作，他仅带着一两个能理解他的年轻人到处奔波。

制造大飞机，在那个年代也是全体中国人的心愿。无论是设计人员还是第一线工人，都在不分昼夜地奋战。1973年设计进入打样阶段，两年内全部设计图纸完成。与此同时，新的大场总装厂建成。

又一年后，命名为"运十（01架）"的机身从龙华运到大场总装；随后于7月间，用28节车皮专列，运到陕西耀县国家飞机研究所做静力等一系列试验，试验取得了圆满成功。萧卡说，尽管那是在"文革"动乱的年代，但从北京三机部调来的设计人员，都是航空战线第一流的专家，上海各厂抽调的技术工人也都是最强的，所以取得那些成绩也是正常的。

就在这个时候，北京传来了"四人帮"被抓的消息，中央派来的工作组改组了上海市领导班子。新市委书记林乎加找萧卡到延安饭店谈话，让他全面负责大飞机工作。很快，市委就任命他为上海飞机制造厂厂长、市708办公室主任、市航空办公室主任，萧卡名正言顺地成了大飞机项目的领军人物。

萧卡深知，被动乱耽误的时间太多了。他抓住"大飞机上了天会不会掉下来"这个课题，让全厂上下展开调查、讨论，又花两年时间对原有的14万幅图纸重新一张张做了审定，然后归纳出20多项重大问题、100多项各类问题，都限期落实处理。这时国家经济也开始好转，进口了一批外国先进设备，如电子拉力试验机、金相显微镜等。"运十"前前后后进行了163项试验。1978年11月，又到陕西耀县进行最关键的全机结构性试验。试验现场气氛紧张到极点，几乎听得到喘气声。突然一声巨响，机翼在预定部位断裂，全场欢声雷动。这意味着试验的最后一道关口闯过了！萧卡为此赋诗："一夜不曾睡好，只待今日分晓。千目睽睽攒动，砰隆一声捷报。"

1980年9月26日，在经过几次滑行试验后，"运十"终于迎来了正式试飞。此时萧卡虽已调往市委任秘书长，但他作为该项目负责人，还是作为首飞押机人登上了飞机。中国首席试飞员王金大担当"运十"试飞员。在雷鸣般的欢呼声中，飞机飞上蓝天，以1 350米高度、每小时310公里速度，绕行28分钟以后，又平稳地降落。萧卡说，猛一启动时有些震感，但很快就平稳了。乘坐亲自领导研制的中国第一架大飞机，首次翱翔在祖国的蓝天，他终于实现了以工业报效祖国的人生愿望！

接着，"运十"又进行了多次不同区域的飞行，在北京、哈尔滨、海南岛、乌鲁木齐、拉萨等地，都取得了成功。萧卡说："尽管后来因各种原因大飞机没有投产，但得到的经验、教训是很珍贵的。"

听着萧卡的娓娓讲述，我不由肃然起敬：这位脱下军装就投身工业建设的老人，就是新中国工业从诞生、发展到强大的最好见证人。他的名字和业绩，将被载入上海史册，永世流芳。

（萧卡老人于2015年2月8日在华东医院逝世，享年96岁。谨以此文向这位为新中国工业及国防建设作出卓越贡献的前辈表示深切的敬意）

金山石化工程建设我见我闻

金洪远

1972年1月,一份国家计委关于引进国外先进设备和技术、生产石油化纤来解决八亿人民穿衣问题的请示报告,得到了党中央的批准。从此,引进国外先进的设备和技术,在神州大地拉开了大幕。

建设中的金山石化一期工程

顶寒风　千军万马筑大堤

按照文件精神,这个项目将在上海建成。不过,要在远离上海市区的荒滩上,建设一座特大型的石油化工、化纤联合企业,其难度可想而知。俗话说:兵马未动,粮草先行。要建厂,就得先"征地"。选址在哪里?经过周密的筹划,在上海石化总厂筹建指挥部龚兆源等人指挥下,于1972年12月27日在金山海滩开始了上海石化一期围海造地的工程。

是日,海滩寒风凛冽,冰冷刺骨。金山县5万多名农民和浙江平湖近万名农民在金山卫南部海滩聚集,吹响了围海筑堤的集结号。农民兄弟在雨雪交加的恶劣天气下,自带粮草、铺盖,硬是靠着人拉肩扛,用锄头、箩筐、扁担、铁锛等原始工具,在淤泥没膝的海滩上,仅仅用了32天,就修筑了一条长8.4千米、高9.2米、顶宽11米的大堤,被老员工亲切地称为总厂的"镇海巨龙"。

施工期间,阴雨连绵,雨雪交加,滩地淤陷,无法用车辆运输。参加会战的能工巧匠们创造了用铁皮船装石块、用拖拉机牵引的"陆地行舟法",把5万多吨块石运至堤线,建成了"石化内塘"。为巩

昔日金山茫茫海滩

固大堤，工人和技术人员还创造性地用砼浇制了大量"消浪器"（一种不规则的多角水泥块），沿大堤外坡层层排放。海浪一遇上"消浪器"，即向不同方向碰出浪花，可消减对大堤的冲击力。当年修筑的大堤，历经40多年台风、大潮的考验，安然无恙，像巨龙雄踞，稳稳地守护着上海石化总厂和沿海居民。

接着，创业者们硬是凭着一股劲，日夜奋战，在次年7月围出建厂用地10 591亩，为石化一期工程破土动工奠定了坚实的基础。许多老石化人自豪地将围海造地的工程誉为"淮海战役"。

黑蚊咬 "猪公馆"里出诗人

上海石化创业者嘴里的"猪公馆"，就是指原金山县种猪场的猪舍，在稍加清扫整修后，成了龚兆源、李家镐等指挥部领导和工作人员的宿舍和办公场所。"猪公馆"就像大庆的"干打垒"一样名闻遐迩。

近年来，笔者采访了不少当年居住在"猪公馆"的干部和职工，他们对当年的艰苦环境至今记忆犹新。每逢气象预报下大雨，屋里总要放上好多个脸盆盛水，这叫"备胎"；蚊帐顶上也总是用塑料布铺着，这叫"护身符"。雨歇了，屋外水塘里青蛙"呱呱"声此起彼伏。老友陈新禅就向我描绘过当年听屋外蛙声闹海滩的盛景。

最挠头的是夏秋时节的蚊子。我的老朋友老韩当年是总厂二期工程指挥部秘书，每晚拖着疲惫的双腿回到宿舍，还要在灯下赶写材料。不一会儿，就被蜂拥而至的金山当地大黑蚊咬得满脸满身开花。无奈之下，只得躲进蚊帐里，就着微弱的光线继续写汇报材料。年近七旬的他向笔者袒露心迹：人说"愤怒出诗人"，其实艰苦的环境也会让他这个从来不写诗的人时有灵感。"心系工程绘图宏，身居猪棚献忠勇。躲进蚊帐成一统，管它黑蚊飞西东。"就是在那个特殊环境中的即兴创作。

其实在"猪公馆"的职工,何止老韩和新禅兄充满积极乐观的生活态度。记得当年笔者去"猪公馆"联系工作时,映入眼帘的是一户户院墙上爬满了各式花草,印象最深的是夏日里盛开的金银花,白色的、淡黄色的、大红色的竞相绽放,清风送来一阵阵的扑鼻清香……这里充满了创业者的罗曼蒂克,使我非常感动。

2016年逝世的全国政协原副主席陈锦华,曾于1975年来金山蹲点,特地看了原总厂厂长李家镐住的"猪公馆"。他在回忆中说,那是一间单独圈养种猪的猪舍,由土坯垒筑起来,人进去后腰都直不起来,只能低着头、弯着腰,里面小得只够放一张帆布床,床上还放了两个馒头。李家镐厂长确实是一位了不起的创业者。古时候大禹治水,"三过家门不入"。李家镐家在市区,离金山不过两三个小时车程,但他日夜坚守在工地,竟长达两年时间不回家。当年像李

铁道兵和上海警备区官兵支援金山工程建设

家镐这样一心扑在金山工程、以工地为家的创业者的感人事迹，真是三天三夜都说不完。

坐棚车　干群并肩聊家常

对于石化人来说，那列从金山火车站驶向上海西站的火车是一个绕不开的话题，因为它承载了太多石化人的记忆。

金山工程创业初期，基建任务重，工期紧，建设者夜以继日奋战在建设工地上，每两周才能回沪休假一次。虽说金山到上海也不过是百把公里路，但过江没有桥，全凭车轮渡来回摆渡，很不方便。建设者们盼星星盼月亮，盼的就是何时能搭乘火车飞到亲人的身边。

1975年和1976年，当先后传来松浦大桥铁路和公路开通的消息时，干部和工人群众都额手相庆，奔走相告。他们将告别以往乘班车乘长途车七兜八弯的历史。

虽然起初坐的火车是"棚车"，但速度快多了。之后，随着条件的改善，坐起了"绿皮车"，再后来还有了空调车，乃至"子弹头"火车。有老员工在接受笔者采访时调侃说："棚车犹如茅草屋，绿皮车就像土坯房，空调车前进一大步，'子弹头'就是精装潢。"

"棚车"毕竟比不上列车。尤其是炎热的夏季，室外三十七八摄氏度，大棚车的四周都是铁皮，太阳一晒，车厢里的温度就呼呼地往上蹿，车内还不跟蒸笼一般？角落安放的尿桶里散发出的气味，更令人难以忍受。

尽管"棚车"条件如此之差，但是乘车的人特别多，从指挥部的各位领导，到工地上的普通员工，都挤在一起，干群关系非常融洽。不经意间，你会发现坐在主席台上的总指挥和你正并肩席地而坐，亲热地和你拉着家常；你也会看见邻座的几位正在为工程的进度聊得热火朝天，有时为了一个难题争得面红耳赤；也有像我这样的几个年轻人屁股下垫一张报纸或塑料布，围在一起打扑克；最为有趣的是，常见那个身着凝结着汗花工装的中年人，寻个角落一屁股坐下，顷刻间便鼾声如雷般响起！后来有些脑筋活络的人，上车时就携带一个折叠小凳，解决了无凳可坐的难题。没过多久，仿效者众多，一排排折叠小凳成为"棚车"里一道别样的风景线。

当时，上海副食品供应匮乏，而我们可以在金山集市上买一些农副产品带回来。每次，当我们拎着鸡鸭鱼肉等农副产品，在西站下车回家路上，便会吸引许多路人羡慕的目光。我还清晰地记得，当时表姐产后需滋补身子，当我拎着一篮活蹦乱跳的河鲫鱼搭乘21路电车去表姐家时，车厢里的乘客七嘴八舌问个不停，探寻这上海市区难得一见的河鲫鱼是在哪里买的。当我实话相告是"金山"时，他们都"哎哟"一声长叹，那脸上绝望的神态，至今还清晰地定格在我脑海里。是的，"金山太远了"！

如果说每次探亲搭乘的棚车是"老金山"挥之不去的记忆，而对于老友鹤龄兄来说，则更是"情缘难舍"。他告诉笔者，当时他正和沪上一位姑娘热恋，对方欣赏他的人品和才华，但两周才能见一面的现状，对热恋中的她毕竟是太"吝啬"了，何况小伙子还是乘着"棚车"赴约的！可未来的岳父母却有"高见"：棚车怎么啦，说明小伙子能吃苦，人品是第一位的，两周见一次面有啥关系，比起我们当年支内赴贵阳只享受一年一次探亲假强多了。回忆起当年和棚车的这段"情缘"，这位浦东新区两新组织优秀党务工作者感慨不已：亏得岳父母开明，想不到我们结成伉俪，这其中也有棚车的一份功劳呢。

焊油罐　安装工人来支援

在远离市区的一片荒滩上，建设一座特大型的石油化工、化纤联合企业，其艰难程度是不言而喻的。金山工程的建设者们和前来支援的各路精兵强将，夜以继日鏖战在火热的工地上，他们只有一个信念：只要还有一口气，也要把金山工程搞上去。

我不会忘记42年前那个冬夜，陈山原油码头五万立方油罐会战的场面。

冬夜的晚上10点，我们刚开完油罐工程协调会，从工地回来的大庆支援金山工程建设的张队长激动地告诉我们，现在工地上上海冶金安装大队的工人正在加班加点挑灯夜战。大伙都知道，罐底焊接这道活，白天师傅们奋战了一整天，晚上必须马不停蹄加紧焊接，才能确保油罐底板一次成型。

参会者都很激动。工地总指挥张自友当即布置，食堂同志准备姜糖茶为工人们御寒，其余同志备好扫把和簸箕、草包，敲锣打鼓地把我们筹建单位的感谢之情送给安装大队的师傅们。

我起草的慰问信墨迹还未干，从热乎乎的被窝里爬出的职工已经聚集在会议室门口，有的扛着保温桶，有的抬着锣鼓。随着锣鼓声响起，队伍迎着凛冽的寒风向工地走去。

我至今不能忘怀，几十束弧光，像几十条银龙，在罐底腾飞跳跃，缤纷的焊花，点燃了寒冷的夜空，整个工地就像一块银光闪闪的水晶。子夜的寒露，刚刚在钢板上凝成一层白霜，霎时又被劳动的热情融化。焊接师傅们蹲着焊吃力了，就坐着焊；坐着焊疲倦了，就跪在钢板上焊。尽管安装大队的领导哨子吹得呼呼响，但大家头也不抬，继续烧焊，随着银龙的腾跃，一块块钢板被连接起来了……

我们一拥而上，有的挥起扫把将焊渣和霜花扫除干净，有的捧着姜糖茶送到口干舌燥的师傅面前，有的把草包铺开，一声轻唤：师傅，坐着焊吧。工地指挥部张自友等领导将大红的慰问信递上，一声声"辛苦啦"，紧紧地握住安装大队领导的手。我记得那

大庆油田石油工人来到金山支援建设

位大队领导姓朱,是位精明强干的干部。这支来自沪上的铁军,为了抢时间,没有吊车和铲车,硬是肩抬人扛,把一块块钢板运到工地上。我还记得有一位怀孕的女焊工,领导和同伴一遍又一遍地劝她休息,她的回答是:"为了让陈山油罐区早日授油,确保石化厂一次开车成功,我这点困难算啥……"

事后,我写了一篇小通讯刊登在当年的《解放日报》上,叙述了那晚震撼人心的场景:36个焊工经过28小时的烧焊,提前完成了我国第一台特大型浮顶式油罐底板的焊接,用去1 200公斤焊条,焊接了3 600米焊线,经验收质量全部合格。这真是一个奇迹,是上海人的骄傲!

上海工业设备安装公司为三期工程制作球罐

金山一期工程11.5万吨乙烯装置裂解炉点火

齐动员 "我给母鸡喂把米"

如果说上海石化一、二期工程成功开车，奠定了在全国人民心中的地位，成为人们口口相传的上海"金山"，而继后的三期30万吨乙烯工程则是它迎着市场经济的风雨，投融资体制重大改革考验负重奋进的一搏！

在国务院和中石化的全力支持下，这套世人瞩目的30万吨乙烯工程落户金山，但当时国家财力有限，这项资金总额达50亿元的大型工程由企业向国内、国外筹集资金组织建设，企业自借自还，自担风险。这在我国基本建设中是首开先河之举。钱从哪里来，上海石化在金融市场发行了债券，筹集1.3亿元资金，投入乙烯工程。笔者在采访中了解到，最困难时，承包上海石化工程建设的金山石化工程公司，有2.6万人在现场施工，而银行账户里只有区区7 800元。1989年初，建设资金已经到了难以为继的紧张阶段，而30万吨乙烯项目必须在1990年4月建成投产的军令状不可动摇。时任总厂厂长的王基铭向上级慷慨表态："我们原材料工程是增加有效供给的母鸡，我这只母鸡快要生蛋了，下了蛋还可以换回生蛋的母鸡。我作为厂长哪怕卖了家里的四大件，也要把乙烯工程搞上去！"

王厂长的决心，感动了全厂干部职工。无论是在火热的建设工地，还是在炼塔林立的装置下，无论是在红绿灯闪闪的操作室，还是在银丝飞泻的纺丝机前，"给母鸡喂一把米"牵动了每一个石化员工的心。在一次石化老友的聚会上，时任总厂副厂长的张一飞深情地回忆起，在1989年2月16日召开的总厂基建会议快要结束时，他收到一张纸条。纸条上写道："作为三期工程的直接参加者，作为一个石化厂的老职工，我应该作出自己微薄的贡献。前年，我家买了1 000元石化三期债券，我决定放弃到期的360元利息，献给我们的三期建设……"一张薄薄的小纸条，给春寒料峭的二月点燃了一把温暖的火,烧得与会者心里热乎乎。其实,像这种想三期工程所想、急三期工程所急的动人事迹,在石化的《新金山报》《厂史通讯》里披露得更多。机关职工施炳芳在给王厂长的信中说:"三期建设遇到资金困难,个人的力量只是沧海中的一滴水,但'众志成城'是我们国家民族的精神。今天将我获得的先进奖励80元、参加义务献血的营养费32元共112元寄上,为三期工程建设资金添上一个小水点。这是我的一点心意,请收下!"

一石激起千层浪,信件像雪片似的飞来,其中有离退休老干部、研究院所的科技人员,有石化公安干警,有奋战在一线的普通职工,一封封信融汇了共同的心声——"30万吨乙烯工程的上马,对国家、对上海、对我们石化总厂的发展,都有着巨大的影响。现在,资金是这项工程成功与否的关键。我们虽是普通的石化人,但是,'天下兴亡,我们有责',我们建议在总厂范围内开展三期工程专项储蓄,汇集资金,凝聚力量,战胜困难……"

1989年2月23日,总厂发起了"爱我石化总厂,支援三期工程建设专项储蓄",以应建设资金之急需,确保三期工程如期建成投产。号召一经发出,全厂职工立即行动起来,女职工准备结婚的嫁妆钱,男职工的私房钱,老职工留给儿子盖新房的钱,职工子弟的压岁钱,小朋友储蓄罐里的零花钱,甚至有的职工献血后的营养费,都汇聚起来。石化四小的小朋友们在"了解金山热爱金山"的活动中,了解到这只"快要下蛋的母鸡"没"米"吃了,非常着急,全校一千多名少先队员省下了503.85元零用钱,表示要"给母鸡吃点米,让母鸡早下蛋"。当王基铭厂长从李海轶、张婕同学手中接过这一袋全是硬币毛票的钱款时,激动地说:"这笔钱的分量特别重,这对我来说是一种促进和勉励!你们小小年纪,这样关心总厂建设,我代表总厂6万职工感谢你们!"笔者不会忘记,在远离总厂27公里的海运码头作业区的一位许姓师傅,老家在江苏农村,家境贫寒,平时沉默寡言，但当他听说"三期工程建设专项储蓄"的消息后，二话不说，就将平时积攒的探亲费购买了1 500元石化债券，让知悉他家经济窘况的同事为之动容。他和成千上万的石化人一样，捧出的是对石化工程建设的一份沉甸甸的真心。

从2月23日至3月17日，在短短一个月不到的时间，全厂6万职工筹集了1 100多万元，超过了总厂的预期计划。虽然相对乙烯工程7.9亿元的投资金额来说，1 100万元只是很小的一部分，但是，这一把"米"来得珍贵，喂得及时，养育了30万吨乙烯这只"快下蛋的母鸡"，催生了"90.4"目标的胜利实现，上海石化每年30万吨乙烯工程顺利投产，使我国的乙烯年产量突破了200万吨大关，跃居世界第八位。

花似海　厂区景迷"大阿哥"

凡是到过上海石化的参观者，无不对石化厂区的绿树成荫、繁花似锦、鸟鸣枝头、蝶舞花间的美丽景象惊叹不已。人们会问，昔日潮来一片汪洋的海滩，围海成陆的新土地都属于滨海盐渍土，一般植物无法生长，石化厂的职工是如何将盐碱地改造成良田，让数百种树木花草在这里安家落户，实现了海滩变花园的巨变？这是金山石化职工尊重科学规律，苦干加巧干才实现的。

每到周末，沪上亲友便结伴而来，小区响起了"阿拉"的亲切声音。笔者当年居住在石化梅州新村，常有亲友、同学、邻居前来做客。记得十几年前，我沪上旧居瑞康里老邻居"大阿哥"来访。"大阿哥"是著名老报人赵超构的大儿子。那天他来金山办事后便来我家叙旧，用罢午餐，"大阿哥"提出到小区里散步。刚下楼，扑面就送来栀子花的清香，一阵阵撩得人神清气爽。行到梅州街心小花园，在亭子里歇息，"大阿哥"指着那棵状如华盖、挂着一嘟噜一嘟噜紫色花朵的树，问它的树名。惭愧，我住了这么多年，小区里有多少树，有多少种花，还真的说不出个道道来。只晓得，寒冬时节，一丛丛红梅、腊梅在花圃里怒放；只晓得，春风吹拂，家门口金灿灿的迎春花开了一地；只晓得，夏天的石榴、月季和杜鹃，在小区花坛和居民的阳台上争艳斗彩。记得金秋送爽的一个夜晚，梅州小学的周老师在电波里和上海电台《市民与社会》的主持人左安龙交谈甚欢，他告诉主持人，梅州小区清风徐徐，正送来一阵阵沁人心脾的桂花香。电波那头是老左的即席回答：他所在的小小的直播间也弥漫着来自金山梅州小区的桂花香味，呵呵，真是妙语如珠！大阿哥听了我的介绍，一直频频点头。他步行至小区后面宽敞的遮天蔽日的林荫道，更是赞不绝口：真是"春深似海"啊！他说比他居住的衡山路更整洁，更幽静，更有味道。"大阿哥"的眼光老辣，这条家门口的林荫道，曾被评为上海市最美林荫道。

当年金山工程建设的创业者留下了许许多多可歌可泣的故事，这是一笔不可估量的精神和物质财富。同时，我们也忘不了在金山工程建设的大会战中，沪上21个工业局乃至全国的精兵强将所作出的无私的支援。笔者作为金山工程建设的亲历者，所见所闻历历在目，写下了上述这一个个难忘的片段，献给金山工程建设45周年，献给千千万万金山工程的建设者们。

上海：中国重型卡车诞生地

颜光明

上海又生产重型卡车了。

这是一条重要新闻。2003年元月，两辆标有汇众商标的重型卡车（HL100牵引车，HL100自卸车）犹如两个庞然大物，首次在上海松江佘山公开亮相。

"好家伙，真是汽车中的大哥大！"人们惊叹道。

这两辆重型卡车不仅漂亮，而且有水准，令人为之眼睛一亮，使国内汽车界看到了希望，并且让久违的"重卡情结"重又被燃起……

1958年，上海已造出"交通"牌卡车

尽管上海是以轿车为主的汽车生产基地，但汽车界的老一辈人认为，上海还应该算是中国"重卡"的诞生地。大约在20世纪初期，上海已经在改装外国卡车了。

新中国成立后，由于我国工业生产发展的需要，1958年上海就已成功地试制出"交通"牌4吨卡车。车标上"交通"两个字，是毛泽东主席的手迹。因此，上海是国内最早生产卡车的城市之一。

新中国成立后，上海的交通运输除了部分使用旧上海遗留下来

32吨重型卡车

的国外破旧的货车外,基本上都是靠自行设计制造的卡车,其中成为主力军的就是"交通"牌卡车。据统计,20世纪六七十年代,上海的交通营运车辆中的54.5%是"交通"牌卡车。

"交通"牌卡车自问世后,几经改进和完善,8年后通过技术鉴定,成为成熟产品,获得了国家新产品一等奖,享有出厂免检的特殊待遇,生产单位也被光荣地评为全国"自力更生"十大红旗单位之一。尤其是在"交通"牌卡车上设计的双排座,颇具人性化,避免了装卸工日晒雨淋之苦,很受用户欢迎。之后,由4吨平台衍生出来的多种多样的变型车,从油罐车、抢险车到拖挂车,再到汽吊,横跨许多行业,繁衍出一个庞大的汽车大家族,蔚为壮观。

10年后，上海"套裁"出15吨和32吨重型卡车

一位资深汽车专家回忆说，新中国汽车业的发展中，"缺重少轻"一直困扰着运输部门，是我国汽车业发展的瓶颈地带。早在1969年，上海为了解决钢铁厂的运输问题，就提出了要上"重大卡"项目。当时，"文革"动乱已有三年，工厂生产不正常，许多工程技术人员被"打倒""靠边"，更谈不上引进国外先进技术，只能靠自力更生，自行设计，自行制造。上海的工人、工程技术干部是好样的，硬是在十分困难的情况下，很快就试制成功了我国第一辆"大通"牌15吨重型卡车。

其实，在此之前由于社会持续动乱，再加上配件供应不上，全国不少矿山的重型卡车趴窝了，动弹不得，工业生产将受到严重影响。此事惊动了中央高层领导。当时主管汽车生产的机械部建议由上海来试制大吨位的重型卡车，认为上海具有零部件配套能力强的优势。

上海的工人和工程技术干部仅用了8个月，就试制成功了32吨重型卡车。这是一个奇迹。32吨矿用车的投入使用，在相当程度上缓解了不少矿山的燃眉之急，该车先后被安徽、江苏、武汉、福建、新疆等地厂矿作为露天矿区及工地的驳运工具。1975年，该车取名为"上海"牌SH380型32吨矿用自卸汽车，并顺利地通过了技术鉴定，成为国家批准的定型产品。

有趣的是，上海是将15吨和32吨重卡作为"套裁"产品而一起研制的，并且双双作为国庆20周年的献礼车，在北京接受了检阅。一位老同志说，在研制32吨时，带出15吨，原是出于产品发展战略的考虑。想不到，今天"大通"牌15吨卡车成了上海重卡的当家产品，至今在上海重卡市场上，还流传着"运土方找大通"的名言。

"交通"牌卡车

"汇众"牌重型卡车

从1983年起，15吨重卡开始出口到巴基斯坦、贝宁、尼泊尔、智利和朝鲜等国。

其实，这中间还有一段鲜为人知的史实。早在试制15吨重卡之前，上海已经在尝试8吨和12吨的柴油卡车的试制，并已取得成功。为了支持内地建设，上海把刚研制成功的8吨"猛狮"牌卡车的全部技术图纸资料转让给山东济南汽车厂（即今天的中国重型汽车厂），后取名为"黄河"牌卡车。从这件事中也可看出上海一以贯之的"全国一盘棋"的优良风格。

新世纪，上海推出新款重型卡车

2003年元月，上海新推出的汇众重卡是一款紧贴市场、拥有中高端技术的车型。专家们在试车后说，无论其外观还是性能，确是以市场为需求而度身打造的车。有人说，这是上海重卡"凤凰涅槃"之作。这意味着上海的重卡在产品性能上已有新的突破。

据介绍，此车的整体性能已达到了国外中高档重卡的水平，其性价比很有优势。专业媒体评价，这是一款具有高端的技术含量、价位又与市场上的主流产品相近的新型重卡，对市场将会产生"闪击战"的效应。

上海重振"重卡"，是市场的召唤，也是上海不可推卸的历史重任。

上海轿车"三个第一"

颜光明

1901年：上海有了第一辆进口轿车

上海人最早见到汽车是在1901年。那一年，一位叫李恩时的匈牙利人带了两辆小轿车登陆上海。从那时起，上海乃至中国才有了汽车。当然，这是两辆最早进口的汽车。

这两辆进口汽车，现在还留有照片可供研究。经上海电影制片厂复制后，现放在东方明珠塔内的"上海城市历史发展陈列馆"内供人参观。但是，这些年常听人说，当年慈禧太后乘坐的那辆Dvryen（译音：杜里埃）汽车是我国进口的第一辆汽车，现在还有实物陈列

1901年匈牙利人李恩时最早引入上海的两辆小轿车

在北京颐和园内。

究竟哪一辆汽车是中国最早的进口汽车？

据我国汽车专家魏励勇先生考证，虽然李恩时将汽车带入上海的具体时期已不可考，但租界工部局例会史料记载：1902年1月30日，即光绪二十七年十二月二十一日，工部局工董会讨论通过了为上海第一辆进口汽车颁发牌照的决定。假设汽车进口到办理牌照所需时间为一个多月的话，那么上海最早进口汽车的时间，应当是在1901年12月里的某一天，这要比慈禧太后乘坐的那辆Dvryen汽车还要早一年。因此，上海是中国出现第一辆进口汽车的城市，这是毋庸置疑的。当时上海《申报》曾报道说："汽车进入本埠首张牌照颁布。"不过，工部局发出首张汽车牌照是临时执照，暂时列入马车类征税，每月捐银2元。

因此，后来真正颁发的"001"号汽车牌照却不是这两辆最早的进口车，而是上海著名房地产商人周湘云的车。为此，还发生过一场"龙虎斗"。当时，周湘云得到"001"号牌照后，引起了洋大亨哈同的垂涎。他便派人与周交涉，想用高价收买"001"号牌照。据说，当年李恩时带进上海的两辆汽车中的一辆已被哈同买下，他想为这辆最早的进口汽车配上"001"号牌照，以真正显示出他独占鳌头的威风。想不到周拒绝了他的要求，哈同恼羞成怒，欲用武力强夺。周湘云闻言，干脆将牌照和车子一起锁进车库，深藏不露，免得驶上马路，被工部局借口违反交通规则来"吊销"驾驶执照，帮哈同抢走这"001"号牌照。他另买了一辆进口车出入家门，遂使哈同的阴谋不能得逞。

1958年：上海第一辆国产轿车问世

上海生产的第一辆国产轿车，当数"上海牌"轿车的前身——

1958年9月28日试制成功的第一辆国产"凤凰"牌轿车

"凤凰"牌轿车。

那还是20世纪50年代的事。当时，上海人民凭着一股翻身做主人的精神，很想改变中国人不能造汽车的历史。其实，早在1920年孙中山先生就曾提出"发展自动车工业"的计划，并邀请了美国汽车大王福特先生来华办厂，但最终未能如愿。

50年代是个激情奔涌的年代。一批来自解放前汽车旧洋行的工人，聚集在长乐路锦江饭店对面的汽车装配厂（即上海汽车厂前身），凭着翻身当家做主人的奉献精神，模仿美国顺风牌轿车，硬是用手工敲出了一辆轿车。车身采用无大梁结构，发动机是用南京汽车厂生产的M-20型四缸发动机，80匹马力，底盘是按华沙轿车的式样制造的。

1958年9月28日，上海终于造出了第一辆国产轿车，取名叫"凤凰"。这在当时是一件了不起的大喜事，人们奔走相告，欣喜若狂。一位工人还写了一首题为《凤凰轿车出世了》的诗，刊登在当年10月8日《新民晚报》上。第二年，又试制了一辆绿色凤凰牌轿车，送到北京中南海，请中央领导检阅。周恩来总理试乘之后，高兴地鼓励了送车进京的工人代表，同时也指出了轿车还存在的问题。这使上海工人和技术人员明白了光靠热情和闭门造车是造不出现代化轿车的。尽管当时不少参加凤凰牌轿车试制的工人身怀绝技，但汽车毕竟不是工艺品。有些老工人回忆说，当时光敲好一个车顶起码要敲10万次榔头；那些特殊曲面还要分段打造，而后才能拼拢。制造"四门两盖一顶"（即轿车的前后四扇门、发动机盖、后行李箱盖和车顶）以及车身成形后刮腻子、上油漆，全是最原始的操作，真是费时又费工。后来，经一些技术改进，以奔驰轿车作参考，动员全上海各有关单位进行大协作，又试制出第三辆"凤凰"，这成了上海第一只报春鸟。这是中国轿车工业的重大发展，给上海人民以极大的鼓舞。从此，轿车的神秘感被打破了。

1960年，凤凰牌轿车通过技术鉴定，投入小批量生产；1964年，凤凰牌轿车正式改名为上海牌轿车。直到1991年，最后一辆上海牌轿车下线，走完了它自身艰难的发展历程。当时，上海牌轿车的最高年产量还只有5 000辆，而到2001年，上海的轿车年产量已达40万辆。

2001年：上海试制成功第一辆燃料电池汽车

20世纪60年代，第一辆32吨载重汽车在上海试制成功，这在当时是件了不起的事情。改革开放以来，上海汽车工业发展更加迅速。

2001年金秋十月，上海研制成功的第一辆氢燃料电池概念车问世。

这是中国汽车业第一辆新动力系统的汽车。这辆取名为"凤凰"的燃料电池概念车，集成氢燃料电池与蓄电池双能源并列驱动，动力性、行驶里程、舒适性及功能与传统汽车相比毫不逊色。

2001年上海研制成功第一辆燃料电池轿车

前来出席APEC·CEO峰会的美国通用公司董事长约翰·史密斯专程到泛亚技术中心观看了这辆车。连史密斯都不敢相信，上海在很短的时间内就拿出了具有世界先进水平的被称为零排放的高科技汽车。他说，他现在已不怀疑上海的能力，对泛亚充满了信心。

时任科技部部长徐冠华在看了凤凰燃料电池车后说，我们终于看到了一辆实实在在的燃料电池汽车了。原机械部部长何光远花了1个多小时仔细地听取了这辆车的研发过程汇报，欣慰地说，照这样干下去，就有希望了。

毋庸置疑，这是中国汽车业实现跨越式发展、抢占世界汽车核心技术制高点的一次机会。

这是辆零污染的汽车，喝的是氢气，排出的是纯水。可以说，这是中国的"氢动一号"。当时上海研发燃料电池汽车的近期计划是接近产品的前期开发和国产化，目标计划是2008年在北京举办的奥运会上能用上我国自己制造的燃料电池汽车，最终目的是使这种新能源汽车产业化。

其实，燃料电池汽车更像数字化汽车。人车一体化几乎达到了人性化的程度。除了驱动形式由内燃机改为电驱动外，高度智能化的控制均已数字化。燃料电池汽车的工作效率高，且有噪声低、无机械磨损、无污染的优点。如德尔福最近研制的固体氧化物燃料电池提供给汽车作为动力源，效率要比机械式内燃机高出两倍多，前景喜人。

根据别克GL8原型车设计的燃料电池车，行驶起来轻盈，操作方便。这种车可乘5个人，车重2.8吨，最高时速为113公里，0—100千米/小时的加速时间仅需13秒。从表面上看，这种车和传统车完全一样，而内涵却变了，它预示着汽车未来的发展方向。

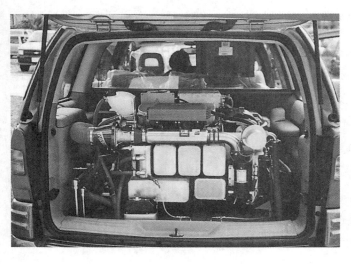

提供动力源的燃料电池堆

创新发展中的上海汽车

王依群

上海汽车集团股份有限公司（简称上汽）发展史是上海乃至全国改革开放的缩影和典范。上汽已连续13次登上《财富》世界500强榜单，2017年名列《财富》世界500强第41位、中国500强第4位。蒋以任说：上汽不论是规模还是品牌都已成为中国同行业第一。创新，是上汽实现跨越式发展的关键。具体来说，他们做到了观念创新、技术创新、管理创新。

上汽汽车生产线

"要善于站在别人肩膀上看到更高更远"

王依群（以下简称王）：您觉得上海汽车在观念创新上有哪些突出表现？

蒋以任（以下简称蒋）：旧上海是世界各国汽车的展览场所，但满街上跑的车，没有一辆是中国造的。1958年"大跃进"时期，还是"弄堂小厂"合并组建起来的上海汽车装配厂，试制成功了第一辆轿车，起名叫"凤凰"，送到北京向党中央、毛主席报喜，周恩来总理还坐上车在中南海转了一圈。这激发了上海汽车人的创新发展热情。到了1976年，上海牌轿车已年产2 500辆，并逐步形成了一定的技术装备力量，当时在全国是领先的，但与世界汽车制造业的先进水平相比，差距巨大。

江泽民同志任上海市委书记时，曾针对上汽发展说：我们要自力更生，同时要善于站在别人的肩膀上，使技术高起点、高水平。站在世界先进技术的肩膀上，就是为了看得更高更远。瞄准未来，敢为人先，争创一流，这就是上汽人的观念。

1978年中国开始改革开放，国家允许引进技术。当时国内真正形成千辆轿车批量生产能力并拥有装配线的只有上海，上海汽车立即抓住了这次机会，原公司老领导蒋涛、仇克等同志考察世界知名汽车制造商，又经邓小平同志批准可以与国外公司搞合资公司，于是，在国家政策支持下，就有了与德国大众合资，有了中国汽车制造业第一个引进技术中外合资的项目。这是上海汽车工业跨越式发展一个千载难逢的"天赐良机"，更是上汽人长远发展眼光、敢为人先观念的具体体现。

与德国大众合资是成功的，但合资的双方是两个不同的利益体，不可能事事一致。当时还有一个情况，德国奥迪项目与一汽合资，就这样在中国一南一北办了两个合资厂，占据了很大优势。但是，他们在技术转让上并没有考虑将更多的新车型投放到中国，甚至连转让零部件核心技术、实现进一步的国产化都有所保留。我们想要研发更新的车型投放市场，德方却一直强调现有的技术和车型已经足够满足中国市场，对此并不积极。那时，时任市长黄菊同志亲自任上海汽车发展领导小组组长，我任副组长。在他领导下，我们一方面不遗余力地巩固与老朋友大众公司的合作，争取新产品引进和开发，90年代诞生了桑塔纳2000、3000和B级帕萨特车，成立了大众二厂、三厂以及发动机厂；另一方面决心探索新的发展路子，寻找新的合作伙伴，引入竞争机制，打破这种受钳制的僵局。于是就有了与美国通用公司的合资。

经过3年的艰苦谈判，1997年3月25日，上汽集团与美国通用公司合资项目的合同签字仪式在北京人民大会堂隆重举行，李鹏总理和美国副总统戈尔以及上海市徐匡迪市长站立在签字人的后面，见证了这一历史性时刻。上海市政府把这次上汽与通用合资列为"一号工程"。仅仅经过22个月的建设，第一辆别克车就下线了。随后，新的适应中国市场的车型不断投放，销量直线上升。同时，立足于本土开发的泛亚汽车技术开发中心也运作得很好，很多新的车型就是从这里开发出来的。与通用合资的发展形势，又推动了上海大众的技术研发与车型换代，这就实现了我们引入竞争的初衷，很快形成了上海大众和上海通用"双雄并起，互争高下"的局面。上海通用和上海大众，长期以来在市场占有率上始终在全国名列前茅。

王：听说上汽与通用合资的过程一波三折，是什么使你们意志那么坚定？

蒋：上汽人敢为人先的观念还体现在执着和坚韧性上。要搞第二个合资企业，必须得到国家批准，要有批文。而当时国家产业政策在这方面是严格控制的。在这种情况下,我们必须有很充足的理由。于是我们先对市场进行考察论证,拿出可行性报告。1994年3月,我们组成了考察团。先考察的是韩国和日本,然后又到了美国汽车大企业。回来以后,对各家的条件、车型反复对比,进行可行性研究,然后就向国务院递交了申办第二个汽车合资企业的报告。从当时情况看,上海要搞第二个汽车合资"简直不可能",但想到这不光是为上海发展,也是为中国汽车工业发展,汽车合资领域必须创造市场竞争机制,从而又坚定了我们的信念和决心。经过多次努力,我们争取到了国家计委、机械部、外经贸部等主管部门的理解和支持。1994年7月,黄菊市长带队去北京汇报,表示:上海办第二家汽车合资企业,资金完全由自己解决。听取汇报的国务院副总理邹家华同志明确地说:"如果不要国家一分钱,这个项目,国务院可以同意。"这次汇报后,国家同意立项,发了会议纪要。

接下来就该选择和哪家合作了。当时国家对汽车工业对外合资审批很严格,能立项很不容易,我们必须"货比三家",掌握谈判主动权,确保国家利益不受损害。美国福特和通用两家公司竞争得很厉害,通用公司的技术转让价格大幅度下降。在多次严格对比车型、性能、价格后,时任上海市委书记的吴邦国听取各方意见后,当场决断,对通用公司代表说:"就这样定了,选你们了。"

在确定车型和合资对象以后,对搞第二个汽车合资企业仍有来自各方面的不理解和反对的声音。我们既理解和服从国家建设大局,同时也坚信致力于扩大开放、促进市场竞争、发展汽车业的路子是正确的。因此,具体工作没有停下过,各种可行性研究仍在继续深入。1996年夏天北京传来好消息:有关部委研究一致认为,该项目是国内汽车合资项目中合作条件很有利的一个,国务院领导也点头了,可以签约了。然而,1997年初又出现了只能草签的说法,大家觉得,已经草签过了,怕再长时间等待,功亏一篑。"行百里者半九十",我们坚持不放弃。也许是被我们的坚韧和执着所感动,按时签署了正式合同。当然更主要的原因是可行性报告是有说服力的。

坚持符合国际标准的国产化,绝不能"瓜菜代"

王:上汽大众、通用公司是合资企业,主要是引进技术,那么是怎么做到技术创新的?

蒋:上汽经历了引进技术、消化吸收技术到再创新技术的三个重要阶段。我的体会是,引进技术不是目的,我们的目的,是通过引进、消化吸收国外先进技术,再经过技术创新,最终建成有自我开发能力的完整的轿车工业体系。

记得在与大众合资前夕,有一批日本人到上海汽车厂来参观考察,临出门时说:"怎么汽车厂里到处是榔头声?"的确,那时我们的汽车制造业还没有很好的模具,还没有真正脱离手工作坊阶段,中国与国际轿车水平差距很大。合资,不是盲目引进一两个国外车型,靠组装赚钱,必须实现国产化。就这样,从引进合资一开始,我们就开始了桑塔纳轿车的国产化进程。国家对国产化非常重视,明确规定了国产化率和质量标准。时任国家经委副主任、后任上海市市长的朱镕基同志高度重视:我们要的是符合国际标准的国产化,绝不能"瓜菜代"。

桑塔纳轿车的国产化,几乎是从零开始的。当时面临的困难很多,既有质量方面的,也有资金方面的,还有认识方面的。国家在政策和资金上给予了极大的支持,上海市委、市政府把桑塔纳轿车国产化列为上海新一轮经济发展中战略调整的重点扶持项目,专门成立了国产化基金。国际标准国产化就是对质量的高要求,当时就是要坚持德国大众质量标准。达到这个标准需要中德双方的通力合作,要争取德方对国产化的支持。当时,朱镕基同志在国产化大会上，提出质量是上海的生命，并亲自出面向德国大众公司高层喊话：如果上海大众不能实现国产化，只能关门歇业。在这种情况下，上海大众公司德方负责人明确表态支持上海大众国产化。对一些有异议的德国专家说：不支持国产化，上海大众关门，你们也只能被解雇回国。

紧接着是解决零部件国产化中的技术难题。没有高质量的零部件工业体系，就不可能有整车的健康发展；有了符合国际水平的零部件工业体系，什么轿车都可以在中国制造、在上海制造，这是个基础。为解决零部件国产化问题，我们集全市之合力、全国之优势，以"上海牌"轿车现有零部件配套厂为基础，依托上海工业门类齐全、综合配套能力强的优势，走出上海、面向全国，走打"中华牌"的道路，引入竞争、择优扶持，对重点难点项目组织专家逐项进行调查分析，攻克了一个又一个难题。

如轿车密封条项目，开始委托外省一家航空系统的企业生产，这个厂能生产很多型号的密封条，但就是与桑塔纳轿车配不上。而密封条消耗外汇多，随着轿车品种增多，对密封条需求量大，如果没有自己的配套产品是不堪想象的。为此，我们研究建立了合资企业，从上汽公司选派敬业、好学的干部，向社会招聘各方专家共同攻关，很快攻克了这个技术专利问题，这不仅解决了上海大众的桑塔纳轿车配套的供应问题，以后又成功地为上海和全国许多其他品牌汽车配套。零部件体系能力的建成，成为上海汽车制造产业链的优势，得到了国内同行业的赞誉和青睐。

王：进入21世纪后，上汽加快了自主品牌建设。这方面有哪些创新举措？

蒋：在消化吸收引进技术的同时，上汽一心想着要自主开发，形成自己的核心技术和自主品牌。创建一个具有竞争力的汽车自主品牌及其经营开发体系，成为上汽进入21世纪后加快自主创新、提高核心竞争能力的重大战略任务。2002年上汽组建汽车工程院，搭建自主开发技术平台，主要负责集聚、整合国内外资源。在盘活国内整车存量资源的同时，进一步开阔眼界，积极寻找国际资源。"利用世界资源建设自主品牌"，这是上汽根据我国汽车业发展现状和上汽多年实践经验确定的总体设想，在自主品牌建设中我们还是看重这条发展路径。

时任上海市委书记习近平同志高度重视作为支柱产业的上海汽车工业发展，在他的亲自领导和支持下，实现了与南汽联合重组的重大举措，在整合英国罗孚汽车品牌技术等国内外资源的同时，积极抓好自主品牌制造、研发基地等硬件建设，建立上海临港地区自主品牌中高级、新能源汽车的制造基地。上海汽车从第一款自主品牌中高级轿车"荣威"的诞生，到实现向包括欧洲在内的海外主流市场批量出口的突破，终于走出了一条自主创新之路。2010年达到年销售20万辆的规模。

为了进一步加快上海汽车的发展，上汽集团从"九五"期间加快发展国内生产基地的布局和国外市场的拓展。2017年，整个上汽集团年销量已达700万辆，时任市委书记韩正同志要求加快新能源汽车的发展，包括与阿里巴巴合作的汽车物联网的开发，大力抓紧各种新能源车、智能化汽车的开发和市场运作。他们在不断寻找市场定位，提高竞争力，不断攀登创新发展的新高地。

党组织、工会赢得外方高管及员工充分信赖

王：中外合资中，企业规模、职工成分等都发生了很大变化，出现了许多新特点，上汽在企业管理上有哪些成功做法？

蒋：与德国大众合资初期，在上汽出现了改造厕所的事。这实际上是一次向旧的习惯势力发起冲击的信号。那时上汽主要还是靠手

工操作机械，靠简单的工装来控制产品质量与规格，基层厂管理秩序比较乱，比如工厂内部的厕所，就处于无人管理状态。在这种大环境下，能生产出达到国际水平的汽车吗？于是从改造厕所环境开刀，先改造了总部办公楼内原有的厕所设施，并安装了卷筒纸、烘干机，于是各企业均自行解决，并引起了整个行业的连锁反应，就较好解决了历史遗留的习惯性问题。后来外商来参观，说中国的工厂现在有整洁文明的厕所了。

受这个成功案例的启发，上汽又借鉴国家建立深圳特区的经验，提出了建立"生产特区"的思路，就是在资金、人力、物力都还不足的情况下，在部分企业、车间、生产班组先建立生产特区，推进管理国际化、现代化。生产特区的职工要经过特别的专门培训，身穿特制的工作服，增强了职工的责任感和荣誉感，最大限度地调动了工作积极性。生产特区的示范作用又带动全局，各企业也加快了生产车间的现代化建设和标准化建设，培养适应现代化管理的工人队伍。这是向传统管理体制和思维模式挑战的重要举措，成为上汽现代化管理的样板和示范区。后由点到面全面推开，成为上汽的一场管理革命。

王：上汽大众、通用公司是我国改革开放以来最早的中外合资企业之一，在合资企业中加强党建和工会工作本身就是创新，请您谈谈这方面的做法。

蒋：上汽公司一直重视在企业中开展党建工作，这是上汽公司的一个成功经验。我在1984年任该公司党委书记，我深感企业党组织是凝聚力量、发挥党员先锋模范作用的战斗堡垒。刚开始，国外高管对我们开展党建工作并不理解，后来他们发现：凡是党员职工，一般都是技术过硬、工作勤奋的，党组织开展的活动有利于团结稳定，有利于企业发展。这使他们渐渐认识到，企业中开展党建很重要。后来经常有外方高管向企业党组织推荐："这个人工作好，该发展党员了。"

上汽工会工作也是这样。工会不仅注重帮助员工解决困难，维护员工利益，而且还通过各种活动，提高他们个人的知识和文化素养。因此不论是中方还是外方员工，都把工会当成自己的家。每年圣诞节、春节期间，工会都会主动组织国外员工开展庆祝活动，这不仅增强了外方员工对工会的信任，更融洽了员工之间的感情。

王：企业管理和发展关键靠人才。上汽在人才管理上有哪些创新呢？

蒋：政策支持，广纳人才。在企业内部大胆选拔任用优秀人才，同时敞开大门，在市内、全国范围内招聘人才。仅1986年，集团主要领导专为引进人才先后四次赴外省市。由于市委领导关心，市委组织部、市人事局从政策上支持，选调了一大批技术人员和管理干部相继到上海大众工作，还定期派员到日本、德国、美国等国家培训，学习汽车工业发达国家的先进技术和管理理念。同时，上汽鼓励员工岗位锻炼成才，为全国汽车业培养输送了大批汽车研发和管理人才。另外，上汽还通过成立泛亚技术中心、上汽集团汽车工程研究院、嘉定上海汽车研发港等一系列研发基地，发挥集团科技人才的创造能力和集成能力，形成人才开发战略高地。在国内外新开办的企业中派出的领导都是这么多年集团各企业中成长的骨干。最重要的是通过设计开发、信息研究等实战演练，培养了一批以中西文化为底蕴、以创新整合为灵魂的设计师队伍，努力从制造型公司向着"智能型"和高质量公司转变。同时，面对激烈的市场竞争环境，大家深深体会到：对企业发展而言，研究制定留住人才的政策措施，减少人才流失，不容忽视，且势在必行。

（蒋以任，政协上海市第十届委员会主席。毕业于清华大学动力系燃气轮机专业，历任上海汽车拖拉机工业联营公司党委书记、上海市机电局党委书记、上海市工业工作党委书记、上海市外经贸党委书记、市经委主任、中共上海市委常委、副市长、常务副市长、上海汽车发展领导小组副组长等职；王依群，时任上海地方志编纂办公室副主任）

（整理：杨杨）

目睹亚洲1号卫星升空

黄国麟

荷枪实弹武装护送

1990年2月的一天傍晚，夜幕初垂，喧嚣的大都市渐渐恢复了平静。此时，坐落在上海西南郊的上海运载火箭总装厂房旁人声鼎沸，在一排排白炽灯的映照下，一列载着准备发射亚洲1号卫星的长征3号一、二级火箭和火箭发射队队员的墨绿色国家级专列，横卧在锃亮的轨道上，正待命出发。车站四周和专列的前后左右的重要部位，都威武地站着一个个荷枪实弹的武警官兵和铁路干警，气氛十分严肃而又神圣。站台上前往欢送的各级领导人，握着我们出征队员的手，千叮咛，万嘱托，代表上海航天基地和上海人民，表达了最良好的祝愿。

呜——！汽笛划破夜空，列车启程了。"祝你们一路平安！""一切顺利！""祝你们发射成功！"……在一片热烈的欢送声中，我和队友们登上了征程。

专列在武警护卫下，一路上穿山越岭，过江河，穿平原，历时七天六夜，行程近三千公里，终于安抵航天城——西昌卫星发射中心。未及洗尘，我们立即驱车奔赴发射中心火箭测试厂房，在指挥员的口令下，经过我们队员和技术测试区官兵的通力配合，火箭被吊装到一尘不染的测试厂房内。

由此,一场国内外瞩目的、以中国长征3号火箭发射美国老牌的休斯公司制造的亚洲1号卫星的硬仗,拉开了序幕。

美国专家大为惊讶

2月12日,一架美国飞机从大洋彼岸飞抵西昌,运来了亚洲1号卫星,它重1.24吨。这是第一颗为亚洲地区服务的区域性通信卫星。

卫星到西昌,美国休斯公司卫星技术首席专家斯坦豪先生即通知我方:由于卫星重量和远地点已重新确定,需要改动火箭软件。这句话说来轻巧,可它意味着:原先费时两个月设计的飞行软件,需要全部推倒重来。

火箭飞行软件是火箭的"神经中枢",火箭在飞行中拐弯、关机、俯仰、滚动等,都要靠飞行软件才能实施。可是,编制飞行软件,必须对几万个数据进行三个弹道的精确计算才能完成,任务十分艰巨。

为了保证卫星按时发射并准确入轨,指挥部命令必须在25天内,拿出质量绝对可靠的两套主要飞行软件。当时,担任这方面工作的华东计算所的7位科技人员,毫不犹豫地接受了这一挑战,立即投入了新的战斗。他们加班加点,付出比平时多两倍的精力,每天工作十三四个小时,每人平均承担三个人的工作量。有的同志一天要目测几万个只有缝衣针针孔那么大的数码孔,一天下来,弄得头昏眼花。高级工程师张文中由于睡眠少,熬夜多,火气上升,牙痛得脸颊肿大,一日三餐难以下咽。有人劝他休息几天,但他却执意不肯,他说:"就是病倒了,也不能拖发射亚星的进度。"就这样,他们夜以继日,废寝忘食,终于在限期内完成任务,以优异的成绩,交出了一份出色的答卷。这使美国专家斯坦豪先生大为惊讶。对于中国航天工作者的高度责任感、拼搏精神以及高超的科技水平，不能不表示钦佩。

无私奉献的航天人

在西昌卫星发射中心，生活条件比较艰苦。高原缺氧使人成天感到胸闷气喘，呕吐频仍，食不甘味。那里山上的泉水，碱性较大，水煮到80摄氏度就沸了，味道苦涩。这些对于初来乍到的上海航天人，很不适应。在如此艰苦的条件下，全体工作人员始终斗志高昂。论技术和效率，我们与美国同行相比毫不逊色。我们靠什么？靠的就是为国争光的无私奉献精神。

长征3号火箭设计副总工程师龚德泉同志已56岁了，他参加过我国第一代3个型号战术导弹的研制，主持过"风暴1号"火箭、战略导弹低弹道试验和一箭三星的总体设计工作等。在西昌，紧张的工作，常使他进入忘我的状态。一次，他匆匆离开房间去检查工作，忘了切断电热杯的电源，以致台面上留下了一圈深深的烙印。幸未酿成大祸。当长征3号进入三小时发射的紧张阶段，一位测试人员突然向他报告：火箭控制系统供电电压值偏高，需要立即调整，而有关科技人员此时已离开现场。在十分紧急的情况下，龚总果断命令：拿掉一个电池单体，保持控制系统的电压稳定，并立即派人登机操作，清除了发射前的隐患。

分队长肖岗负责地面测试设备，工作量大，常带病工作。高级工程师杨自成，在上海的妻子患乳房肿瘤，领导多次劝他回沪照料妻子，但他始终坚持留了下来。类似的例子，不胜枚举。上海航天人没有辜负祖国人民的重托。

为了发扬民族自豪感，火箭发射队领导决定在长征3号箭体上，喷涂上朱红色的汉字"中国航天"四字和五星红旗，在试验队内部征稿。结果上海立新机器厂工程师项广仁书写的字体当选。他怀着极大的兴奋，又花了两个通宵精心加工，最后被喷涂上火箭箭体，与火箭一起遨游太空。

"十五的月亮，照在外滩，照在西昌"

在欢度春节的晚会上，上海航天局苏世堃局长亲率慰问团专程赴西昌慰问，向每一位火箭发射队队员拜年。接着他清清嗓门，用他那纯正的北京口音，唱起了"十五的月亮照在外滩，照在西昌，宁静的夜晚她也思念，我也思念……"一曲终了，赢得了满堂的笑声和掌声，热烈的场面，不亚于中央电视台的春节联欢晚会。

春节期间，慰问团和部分上海队员还特地去看望当地七位失去父母的彝族兄妹。听说上海的同志要来，这几位彝族同胞马上把平时舍不得穿的艳丽服装穿在身上，精心打扮。一位年轻的上海队员风趣地说："彝族姑娘打扮后，走在上海南京路、淮海路上，要比阿拉上海姑娘漂亮。"主人盛情劝酒，平素不沾酒的苏局长一口喝下了一碗白酒，引起了一阵掌声和笑声。这七位彝族兄妹，与其他千百位彝族同胞一起，昼夜并肩地在通信线路旁站岗放哨，亚星的发射成功，也有着他们的一份贡献。

纪念证书——永恒的纪念

航天城气候宜人，四季如春，色彩斑斓，素有"月城"和"小昆明"之称，她宛如一颗晶莹的明珠，镶嵌在祖国西南苍翠欲滴的群山绿丛之中。

走进发射区，在比足球场大几倍的钢筋混凝土发射场正中，70多米高的发射塔顶天立地。发射塔底部巨型发射架下，一条庞大的倒抛物线形导井深入地下，又从侧面弯回地表。火箭点火起飞时喷出的烈焰，就是通过这条导井喷射到百米外的山坡上。发射塔中部，可以180度水平旋转的22只钢臂，此刻正合抱成11层活动平台。当火箭升空时，它张开双臂送行。发射塔顶部是一座吊装用的大型起重臂。卫星发射前，40多米长的长征3号火箭由它分别吊装，直刺蓝天。

　　火箭在发射区进行最后一次系统测试时，当发射塔臣大的钢臂徐徐展开，裸露出修长挺拔的乳白色长征3号火箭时，我和其他队员都以此为背景，留下了一张具有纪念意义的照片。1990年4月7日晚，我和一些队员站在距发射塔正对面约500米的山坡上，亲身感受了火箭点火升空时那火龙的烈焰，那巨大的轰鸣声、那地动山摇般震动带给我的震撼。当火箭变成一个运动的亮点在夜空中消失，当彩色信号弹"啪啪"升起，当山坡上成群结队的人流中发出雷鸣般的掌声和欢呼声时，我感到作为一个中国航天人是多么的自豪。第二天一早，我们上海发射队全体队员都领到了一份红底烫金的参加亚洲1号卫星发射成功的纪念证书。一张珍贵的照片，一幕壮美的景象，一份鲜红的证书，成了我和队友们参加亚洲1号卫星发射终生难忘的永恒纪念。

大国工匠胡双钱一生坚守飞机梦

韩建刚

上海制造

胡双钱在工作中

胡双钱是中国商飞上海飞机制造有限公司零件加工中心数控车间钳工一组组长,被称为"航空手艺人"。2009年,胡双钱获得全国"五一"劳动奖章;2015年,被评为"全国劳动模范""全国道德模范";2016年,又获得"上海工匠""劳模年度人物""全国最美职工"等荣誉称号。

喜从天降:爱飞机的青年进了飞机厂

胡双钱从小就有个飞机梦。13岁时,听说大场机场有飞机,他就从中山北路的家里走了2个半小时到大场机场,看飞机从跑道上起飞,非常激动。1978年,胡双钱考入5703厂(上海飞机制造厂)技校。在技校，胡双钱学习钳工和钣铆工。技校的杨老师是位修军机的老师傅，要求严格，钳工要站着，手持凿子不许戴手套，榔头甩起来要过肩膀，几天练下来右臂酸麻，左手肿痛。锤凿练得像样了，再练锉刀，将零件在台虎钳上夹紧，不停地锉，直到符合标准。

胡双钱爱动手，苦练手艺。他知道提高技能靠悟性，而悟性来自长期的实践。在技术考试中，胡双钱制作的"六角镶配"零件尺寸分毫不差，获得高分。于是，还在技校念书时，他就被破格允许进车间干活，参加"运十"飞机零件制造。胡双钱和同学一起联手做"运十"飞机零件模具，每天工作到深夜。技校里缺乏设备，飞机零件模具是流线型的，靠卡板卡，砂轮磨，一点点做出来。连续做了两个半月，终于完成任务。

1980年，胡双钱从技校毕业，成为上海飞机制造厂的一员，正式参与"运十"飞机零件制作。制作飞机零件是个精细活，精度要求高、加工难度大。胡双钱仔细观察师傅操作，他随身带个本子，手绘各种零件，并做标记。为突破技术难关，他利用下班时间，找废弃材料在钳床上练习，边做边领悟。他节衣缩食买了大量机械加工书籍，学习铣床、钻床、钳工等加工知识，提升技能。

在全体职工的努力下，上海飞机制造厂迎来了自行研制的"运十"飞机首飞。1980年9月26日，"运十"飞机呼啸起飞，飞机上的四台发动机喷出四条浓烟如同四条飞龙。胡双钱亲历了中国人在民航领域的第一次成功尝试。

廿年等待："运十"下马心依旧

二十几岁的胡双钱，已经能够独当一面，他常拿着做好的飞机核心部件去北京试验。胡双钱还参与"安12"大型运输机和螺旋桨直升机的维修工作。这两种飞机油箱气味很重，维修难度大，质量要求高。维修时，缺少备件和图纸，胡双钱依次做好记号，拍照取样，及时修复。

1985年起，上海飞机制造厂和美国麦道公司合作生产25架麦道支线飞机。胡双钱努力学习外国航空工业先进的质量管理方法和制造技术，提高质量控制能力。一天，车间主任来和他商量，厂里有一批麦道飞机零件，本来要等工装（钻孔模具）来了才能做，但工装一直不来，而交货期已快到了。主任焦急地问他："你能不能把这批活按时完成？"胡双钱说："行！"他带领厂里骨干加班加点，高质量完成了麦道飞机零件生产任务。

由于"运十"飞机在首飞不久后下马，和麦道公司合作的飞机生产了几架后，也因波音和麦道公司合并而停止。原来忙碌的生产车间清静下来，显得空落落的。没活干收入也减少了，一批批工友跳槽。看着工友离去，胡双钱百感交集。飞机是高科技产品，参加过飞机制造的人，到哪里都是宝贝。一些争抢飞机技师的企业甚至把小车开到上海飞机制造厂门口挖人。当时，有不少企业要挖胡双钱，一家企业开出三倍的高薪劝他走，另一家企业甚至以一套一室一厅新房为奖励。坚持还是放弃，胡双钱陷入沉思。当时胡双钱月薪只有1 000元，三口之家住在普陀区甘泉街道不足30平方米的旧屋里。思前想后，他决定还是留下来坚守。他说："我相信中国总有一天要造自己的客机，上海飞机制造厂不会倒，机会将留给坚守航空事业的人，我干中国客机制造的决心不变！"

没有了飞机产品制造，上海飞机制造厂就承接一些民用产品，如加工电风扇、绞肉机和大客车座椅零件，胡双钱抓住加工民用产品零件的机会磨炼技术，耐心等待时机。

精工细作：像精制手表一样制造飞机

20年过去了，胡双钱终于等到好消息。2002年我国ARJ21新支线飞机立项研制,2006年我国大型客机立项研制,2008年中国商飞公司成立,中国迎来了民航事业的春天。胡双钱全力投入我国自主研制客机项目中去。

胡双钱说:"每个飞机零件都关系着乘客的生命安全。确保质量,是我的职责。"他像精制手表一样制造飞机零件。有一次,在加工新支线接头零件的画线钻孔时,胡双钱按照图纸的要求,测量上道工序的零件,发现零件的外形尺寸没加工到位,马上补救,然后再打孔,保证了生产质量。旁边的组员惊叹:"好险!如果胡师傅没检查直接钻孔的话,这个零件就报废了。"

胡双钱一直记得技校老师说的话:"学飞机制造技术很重要,但做人更重要,干活,要凭良心。"一次,胡双钱按流程给一架在修理的大型飞机拧螺丝、上保险、安装外部零件。睡觉前,胡双钱都要"放电影",想今天做了什么,有没有做好。那天胡双钱回想工作时,他对上保险这一环节感到不踏实。保险对螺丝起固定作用,确保飞机飞行时不会因震动过大导致螺丝松动。凌晨3点,他骑自行车赶到

"运十"客机

单位，拆去层层外部零件，检查到已经上好保险，一颗悬着的心才放下来。

胡双钱始终绷紧"质量"这根弦。零件加工前先弄清加工规范，加工时谨慎操作。"稳一点、慢一点、精一点、准一点"，将质量问题彻底排除。在39年的航空产品制造中，胡双钱经手的零件数十万，没出现过一次质量差错。同事们夸赞："胡师傅做的零件，是我们厂的免检产品。"

工匠攻关：为国产大客机飞天开道

国产客机制造，是一项前无古人的事业，困难重重。胡双钱坚持创新攻关，为中国民航客机飞天开道。

搞创新攻关，胡双钱有师承。他曾和上海市劳模杨妙根结对，加工航天火箭零部件，杨师傅改革创新的思路让他大开眼界。331大梁头部开档尺寸图纸标注精度为0.08毫米，但机床加工精度差，无法达到要求。面对困难，擅长技术改革的杨妙根自制了两块标准止通块，作为加工时尺寸对照标准。工作中，先用锉刀将工件锉到基本尺寸，再用研磨块进行研磨，使产品质量达到要求。

谈到工匠精神，胡双钱说："工匠精神，一是爱岗敬业专心工作，二是精益求精追求完美。要有品牌意识，遇到困难多动脑筋，要勇于创新。"2014年12月的一个星期六，车间接到C919客机首架机上壁板长珩对接接头特制件加工任务，要求三天内完成26个局部结构不同的零件加工，在无工装且无法短时间完成数控机床编程的情况下，零件只能以普通加工和钳工方式加工。时间紧任务重，需要团队合作。胡双钱任项目组长，他集合工艺组、铣工组等骨干组成攻关团队。经过分析零件、图纸和数模，确定这是一批特殊零件，相对角度大小不同，角度的精度要求高。胡双钱发现，如果按照已有

ARJ21飞机

工艺方案以角度标注画线加工,极小的角度偏差都会引起零件实际加工尺寸的大幅度超差。于是,他采用新方法,要求工艺人员分析计算,将工艺图纸的所有角度尺寸转化为位置尺寸标注,并优化加工步骤和工艺方案。加工中,他将各工序分成粗、细、精三个阶段,结合组员的技能水平分配任务。加工每个零件,他都向组员做示范,传授加工的细节和重点。经过团队三天三夜的通力合作,所有零件都保质保量按时完成。

首架C919大客机制造,难关一道又一道,想过关就必须搞技术创新。制造加工C919大型客机升降舵支座时,有一道工序需要画线钻孔。由于该零件外形复杂,孔位与基本面有角度要求,很难保证产品的加工质量。面对难题,胡双钱根据图纸要求反复计算测量,创新工作方法:制定了用角度台虎钳装夹、用丝表固定的方案来保证孔的位置精度,从而达到零件孔的位置与基准面的精度要求。在做产品之前,他还用同类材料进行试验,保证了零件加工的质量和进度。"我经常试验做第一个活,在没人走过的地方走出路来。第一个活靠画线打孔,要保质保量做好,真像走钢丝一样。"

C919大客机由数百万个零部件组成,其中80%的零件是我国第一次设计生产，很多公差极小的零件靠高级技工手工操作来控制精度，胡双钱就是这样一位出色的高级技工。他用自己的勤劳和智慧，为国产大客机飞天开道。他经常早上第一个上班，晚上最后一个下班。如今他也在带徒弟，希望年轻人爱岗敬业，工作精益求精。

2014年起，厂里设立胡双钱"大国工匠"工作室，几年来完成各类精益项目600多项，为公司节约成本1 000多万元。2019年，ARJ21新支线飞机已进入航线运营，C919大型客机已多架次试飞成功。胡双钱说："我很幸运，一生做了一件事，把39年的手艺和精力献给了中国的航空事业。"

（本文部分图片源于上海飞机制造有限公司）

中国唐装倾倒世界

吉鸿盛

历来的APEC会议形成了一条不成文的规则，就是与会的各国元首和政府首脑在会议期间要穿一回由主办国提供的具有民族特色的休闲类服装进行会晤，以表示APEC会议作为非正式领导人会议的宽松气氛。2001年10月在上海举办的APEC会议期间，上海向与会各国和地区领导人提供了富有中国传统文化特色的唐装，立刻博得了出席会议领导人的欢迎和赞赏。他们穿上了五颜六色的唐装，个个喜气洋洋，并引起各国媒体竞相报道，掀起了一股中国唐装热。

中国唐装是怎样设计制作出来的呢？笔者走访了有关的研究所和服装公司，所见所闻，令人感动不已。

历时两年的唐装外套设计

这20件中国唐装设计和制作费时整整两年，是上海乃至全国许多一流服装设计师和服装制作师共同努力奋斗的结果。

1999年，上海有关部门接到这个重要任务，立刻就行动起来。第一件事，就是要挑选一流的设计师来完成唐装的设计方案。这项艰巨的任务最终落到了上海服装研究所助理设计师俞莺肩上。一天，作为主设计师的俞莺接到通知，随同上海纺织控股集团总裁李克让和上海服装公司领导以及上海服装研究所设计组组长闻红，去市里承接一项服装设计任务。由集团领导、公司领导带队去接一项设计任务，俞莺多少感觉到这项任务有些特别。后来她才知道集团公司总裁李克让原来是这次唐装设计制作的总策划。当时有关领导郑重告诉她，是为亚太经济会议参与者设计一套中装，并特别强调了这是一项政治任务，设计水平要绝对高，制作工艺要绝对精。俞莺掂出了这项任务的分量，于是她毅然推掉了手头所有其他业务，一头扎了进去，日夜构思设计。

俞莺是个有实力、责任心很强的设计师，她进入上海服装研究所20年来，已获得过近20项局、市、国家乃至国际级服装设计大奖，多次获得市级、国家级服装导向设计师大奖，其中获国家级奖约10次。尤其令她骄傲的是在1996年荣获'96上海国际服装文化节"中华杯"全国服装设计大赛（非针织类）银奖和"上海—日本横滨时装发布会"特别奖这项国际性大奖。

其实，俞莺开完会回去，连夜就拿出了第一个设计方案。之后，她不断修改，又先后设计了50多稿。

新颖独特，是俞莺这一代服装设计师追求的目标。她设计的第一稿画得很美，既是古典的，更有现代味。纹样上布满了我国中式服装传统的团花图样，大大小小，错落有致；同时又加上了现代设计语言，

俞莺正在专心设计

显现出线条感、块面感。给人的印象是，第一眼是现代的，第二眼是中国的，第三眼还是现代的。用她自己的话说，画得很漂亮。这一稿送上去以后，很快被否定了。人们评价说，画得太现代了，像是学相声的大山穿的。

于是俞莺听取了多方面意见，推倒重来。在第二稿上，减去了一些花哨内容，并同时画了几稿。每次送审，都被一一否定。对此俞莺毫不气馁。她说，失败正使她向成功一步步接近。

她又夜以继日地伏案参阅大量资料，重新构思设计了一个又一个方案。在图形上，大花、小花；在线条上，直线、曲线；在构图上，繁复、简单；在材质上，毛兰布、蜡染布；在式样上，长袍、短套；在图案上，各种纹样，甚至龙袍的纹样也出现在图纸上……在无数次的设计中，她白天、夜晚乃至梦中都沉浸在这套中装的设计中。

其间，俞莺的同行们以及来自全国各地的竞标者们，都像俞莺一样，经历了无数次尝试。从唐朝的斜襟无领胡服（属于直襟以外的另一中装流派式样），一直到清朝无领中装，设计师们几乎尝试过每一种艺术形式的中装设计。

一次次设计被否定，俞莺却不气馁。同时，俞莺还在一次次设计稿送审反馈中逐渐明确了这套中装的穿着对象是中老年人，而且其中可能有我国的与会领导人。因此她在设计中特别注意符合中老年人的特点。几十次设计下来，她越来越向传统回归，中国味的平面越来越多了，现代感的块面越来越少了；中国化的简洁、意到笔不到多了，现代味的繁复、具体也越来越少了。

俞莺的设计一次次地做着减法，渐渐回归到纯粹的中国味的设计中，表现出更多的平静、柔和、高远和含蓄的中国风韵。

在图案设计中，俞莺从第一稿到最后一稿始终保留着团花图形。她十分喜爱这种独特的中国衣饰纹样。她认为这种中国传统的图形和分布方式，具有强烈的民族风韵，既有很强的生命力又有一种富丽色彩。这又很符合亚太经贸会议的主题——发展经济，追求富强。

在衣料的选择上，俞莺也特别注重选择最具民族特色而又适合与会者穿着这一特点。她选用了第一设计方案织锦缎。这是传统布料中最为富丽堂皇的绸缎类织品，质地柔滑又挺括，含蓄而又热烈，光泽闪烁而又平稳。后来，她又反复尝试了多种布料，最终依然回到了第一方案，最后，经有关部门拍板定局，极具民族特色的织锦缎获得了青睐。

进入具体设计后，她取用了一块色泽沉着的暗红色织锦缎，配以黑色团花，图案一配，令她眼睛一亮，感到极具富态和沉稳感，显示出一种全新的光彩夺目的中式服饰效果。

2001年初，在最后一次筛选设计方案时，俞莺的这一设计方案从10家竞标单位中脱颖而出，连同其他4个入围方案被市外办封样，送中央审定。

半年以后，即2001年6月，俞莺忽然接到通知：她设计的作品最终被选定。俞莺顿感一阵轻松和快乐，一年多来的辛苦被一扫而光。

满以为定稿以后可以松一口气了，可是她没想到，有关方面又向她出了一个大难题：要求在这件唐装的团花纹样设计中嵌入"APEC"这4个字母。

要将这西式字母与中式字符纹样有机地融为一体，俞莺过去从来没做过这种尝试。于是，俞莺又陷入了苦苦思索之中。想得有点头疼了，就到大街上散步。一天，她去散步时忽然瞥见一个男孩骑一辆自行车在她眼前飞驰而过，她看到男孩的汗衫背后有几个外文字母拼成的圆形图样。她若有所悟，马上回家试着按此结构画图，但怎么也画不好。后来，她几次上街想再等那个骑车男孩出现，却再也没有等到。

忽而有一天，她想出了可以把APEC字母来替代传统团花中的篆体寿字的各个部位的设计。于是她很快就画出了一幅，把那4个字母分置于1/4个圆形寿字的图样里，并依照篆体寿字的4个局部形态来变形。初看仍像一个篆体寿字，细看则是"APEC"，但不经提醒又无人能认出，达到了天衣无缝的境界。这一设计很快获得通过。

匠心独运的唐装衬衫设计

上海APEC唐装衬衫的设计师，是上海秦艺服饰有限公司董事长兼总经理李建秦。她是一位面容清秀、气质典雅的女性私营企业家。

本来，给上海APEC会议与会领导人设计制作的唐装是没有衬衫的。但李建秦虑事周密做事认真，她在承接参与竞标设计唐装外衣时，就在想：倘若身着唐装的贵宾们将外套的纽扣解开了，里面露出的是西式衬衫，那是多么不协调啊！

于是，她就主动地设计与唐装外套相配的唐装衬衫。孰料，就是这样一件衬衫的设计，也搅得她坐卧不宁，茶饭不思。她反反复复想，如何才能在她设计的衬衫上体现出"王者风范"，而不仅仅是一件普通的中式内衣。

最终她选择了万寿缎这一质地精美而又意含吉祥的传统精品衣料。万寿缎的特有图案是大团花和四周小花相衬，小花的字样便是"万寿无疆"4个字。在背景图案上配用云花，云给人以开阔远大之象，正好衬托领导人广智博识的胸襟。尤其是在对衬衫造型起着重要作用的长线条型的纽扣和领袖的装饰上，她更是费了一番苦心。

她在设计衬衫袖口时，大胆地引入中式袖口原来没有的西式袖口宽边，并用上了超宽型袖口边。超宽、挺括的袖口边的设计，显示出异常高贵的品质。袖上的3档中式纽扣，形成一种排比的气势，造型上又恰好形成一个"王"字，巧妙地隐喻了"王者风范"。

之后，她又在晚上入睡时，思考胸襟上的纽扣如何与袖口上的相配。想了好久，都不满意。于是，她索性来到工场间，和制作师傅一起在衣服上摆放纽扣的位置。摆着摆着，当她把三个纽扣摆成靠近的三条横线时，觉得很好。于是，又隔开相同的距离，再放上两组三个横排中式纽扣。她退后一看，感觉心头一亮：她看到在衣襟当中形成了三个"王"字，这不正和她袖口上的"王者风范"交相辉映吗？

　　这件唐装衬衫被送到APEC筹备组审查时，很快就被确定，作为入选的衬衫样品。

唐装制作连闯五道难关

　　唐装设计方案一经敲定，就进入了紧张的制作阶段。

　　设计难，制作也很难。首先，唐装面料选用要求非常高。外套面料采用的是织锦缎，色彩鲜艳，又不能过于刺眼，要色泽沉着，又不能过于暗淡。在手感上，要柔软、手感好，又要挺括，在会议座椅上靠过或在轿车里坐过起身后不能背上起皱。

　　上海丝绸研究所、上海丝绸进出口公司全力以赴，选择了环保型新型面料，取用特优级的皇后蚕丝和绿色纤维合成交织，以优质真丝作衬里，获得了极佳的手感和视觉效果。经反复试制，直至2001年8月终于生产出了这批特制的小批量面料。

　　这种前所未有的特制面料给成衣制作带来新的工艺难度，况且为各与会领导人制作服装更要讲究品位，也就更难。当然，承接这样的国家级项目是企业的光荣。

　　原先决定，哪一家单位入选设计样品，就由哪一家制作。唐装外套由上海服装研究所设计成功入选，本应由他们来制作，但由于他们只是一家设计单位，没有成套的制作设备和人员，于是，设计并制作衬衫的上海秦艺服饰有限公司李建秦主动请缨，提议免费承接外套与衬衫的全部制作任务。一家仅有100多人的私营企业敢于承接这个国家级的项目，让人吃惊。

其实，上海秦艺服饰有限公司虽是私营企业，却已是一家在服装界颇有知名度的中式服装公司了。5年前，李建秦还是个因单位效益不好而退职的女工。她曾经在服装厂做过工，当过教师，后来又到服装店当过营业员。她对中国服饰文化情有独钟。最终她下海了，办起自己的服装公司。创业初期只有2台缝纫机，2名工人，然而，李建秦有着不同常人的执着。她对质量要求非常严格。她听说北京举办MBA服装经理人培训班，竟毅然放下手头的生意自费赴北京学习。凭着她的一丝不苟和刻苦钻研，公司的业务蒸蒸日上。短短5年时间，秦艺公司生产的服装进入了上海各个最高级别的服装商场，令人刮目相看。所以当李建秦提出承担APEC唐装整个制作项目的请求时，市有关部门领导马上予以重视。

不久，上海市外办郦志浩和上海纺织控股集团总裁李克让等来到秦艺服饰有限公司视察。让领导们惊讶的是，这家公司已全方位地进入了制作APEC与会的领导人唐装的角色。20多位即将与会领导人的身材尺寸虽然不能当面测量，但他们已从网络上、报刊上将他们在各种会议上、休闲时的照片搜集齐全，从中分析测量出这些领导人的高矮、胖瘦乃至体型。同时，公司已经制定了APEC与会领导人唐装制作工作的企划案，细到手工缝边的30多道工艺流程——被列出，并已落实到每一个责任工人。这样的效率、这样的作风，还有什么可挑剔的呢？市有关部门和集团领导当即拍板：APEC唐装制作任务就交给秦艺服饰有限公司。

制作唐装的任务也是十分艰巨的。由于衣料材质特殊和制作工艺要求高，纺织控股集团派出高级技师，秦艺服饰公司更汇集了21名制衣高手，集中攻下五道难关。在攻关中，周慕尧副市长也前来"秦

李建秦（前排右一）向周慕尧副市长汇报唐装制作情况

艺"视察鼓励大家，李克让更是先后十几次来"秦艺"察看和协调。

第一道关是领子的制作。过去一般制作中式衬衣时，领子边不露出，这一次要求让衬衫领子边沿均匀露出，用衬衫的白色边沿衬出外衣立领的造型，使外衣顿生美感。这样做自然增加了难度，制衣师反复试验，达到了使衬衫领边极其均匀地露出外衣领边的规定标准。

第二道关是对花形。要求使衣服领口、衣身、袖子等各部分的团花，在平面的布裁剪开来成立体的服装的情况下，处处花形对称并完整，这很难达到。但制衣高手集中攻关，使每处花形左右对称，所有开缝处花形完整，制成如艺术品一般完美的精品唐装。

第三道关是装袖。这次唐装是改良式中装，其中重要的一点是改旧式中装的连袖为西装式装袖。然而使用的面料仍是中式面料，致使难以实施西装装袖。结果制衣师傅们研制出了全新工艺，成功完成装袖，制成了面目一新的唐装。

之后，他们又攻下了缝制和烫衣等难关，终于顺利制成了全套唐装。

为APEC与会领导人制作的唐装质量之高，堪称国际一流。据制衣师傅介绍，在手工缝制衣服的边缘时，每一针的针距要求不能超出一毫米。在做完这道工序后，还要用尺子来一个针距一个针距地衡量。这套唐装由此成为中式服装中的精品，获得一片赞赏声。

这些唐装一经送达与会领导人之手，几乎人人都爱不释手，喜不自胜。日本首相小泉试衣后，反复玩味，像对一件艺术品一样赞赏不已。他对工作人员说，我是不是能在这里天天穿？巴布亚新几内亚总统在穿唐装会晤之后的第二天，其他领导人都换上原来的服装，可他却仍然穿着喜爱的唐装出席会议和进行外交活动。市外办了解到菲律宾总统阿罗约对衣着十分讲究，要求很高，这一次她对为她定制的唐装连连称好。她还说，穿上这么高雅的中装，我的下半身该配什么呀？

中国唐装在APEC会议上露面后，很快在国内外掀起了一波唐装热。许多外国朋友在会议一结束就给APEC唐装设计和制作单位打电话，要求定制同样类型的唐装。几位外国朋友还专门赶到上海服装研究所办公室，要求设计师为他们制作相同的唐装，不管价格多少都要。当被告知为APEC与会领导人制作唐装的衣料已被封存时，他们顿感十分遗憾。那20套与会领导人的唐装已成绝版。目前市面上流行的模仿面料与之相去甚远。国内也有不少个人和团体纷纷向上海服装公司、服装研究所定制唐装，订单雪片般飞来，令原来举步维艰的上海服装研究所顿显生机。而秦艺服饰公司的门市部更是门庭若市，订做时装的顾客排起长队。查询"秦艺"的电话铃声整天响个不停，使擅长设计和制作中国民族服装的秦艺服饰公司生意更红火。